本书由全国教育科学"十二五"规划2015年一般课
绩效评价中的应用研究"(课题编号BIA150093)资助出版

价值最优

JIAZHI ZUIYOU

——高校绩效评价中价值管理模型的*构建与应用*

王国平 ◎ 著

知识产权出版社

全国百佳图书出版单位

——北京——

图书在版编目（CIP）数据

价值最优：高校绩效评价中价值管理模型的构建与应用/王国平著. —北京：知识产权出版社，2022.8

ISBN 978-7-5130-8113-9

Ⅰ.①价… Ⅱ.①王… Ⅲ.①高等学校-财务管理-研究-中国 Ⅳ.①G647.23

中国版本图书馆 CIP 数据核字（2022）第 051927 号

内容提要

本书借鉴价值管理方法之优势，将其创新性地运用于高校绩效评估之中，对高校运行过程中的功能成本进行分析和价值界定，构建了高校运行绩效的价值评估模型。在此基础上，运用该评估模型，以江苏省属理工类本科院校为样本，对人力资源管理、财务管理、院系运行、图书馆资源利用、大宗物资采购、学科建设等方面的运行状况开展价值绩效评估的实证研究，提出绩效改进方案，提高绩效评估的科学性与可操作性。

本书适合高校管理者和教师参考阅读。

责任编辑：李叶　　　　　　　　　　　责任印制：孙婷婷

价值最优——高校绩效评价中价值管理模型的构建与应用

JIAZHI ZUIYOU——GAOXIAO JIXIAO PINGJIA ZHONG JIAZHI GUANLI MOXING DE GOUJIAN YU YINGYONG

王国平　著

出版发行：知识产权出版社有限责任公司	网　址：http://www.ipph.cn
电　话：010-82004826	http://www.laichushu.com
社　址：北京市海淀区气象路 50 号院	邮　编：100081
责编电话：010-82000860 转 8745	责编邮箱：laichushu@ cnipr.com
发行电话：010-82000860 转 8101	发行传真：010-82000893
印　刷：北京中献拓方科技发展有限公司	经　销：新华书店、各大网上书店及相关专业书店
开　本：720mm×1000mm　1/16	印　张：22.25
版　次：2022 年 8 月第 1 版	印　次：2022 年 8 月第 1 次印刷
字　数：345 千字	定　价：100.00 元

ISBN 978-7-5130-8113-9

前　言

　　价值管理以功能和成本之间的关系为突破点，通过创造性地找寻提高价值的方法和途径，以达到用最低的成本向用户提供所必要的需求的目的，实现价值的最大化。高等学校（简称"高校"）的办学过程离不开资源成本的输入和功能效益的输出，为实现办学目标而投入一定量的人力、物力和财力资源，来实现培养人才、科研创新和服务社会的基本职能。

　　随着西方政府改革运动的开展和新公共管理理论的流行，关注成本投入、注重资源效率、开展绩效评价成为各国政府实施公共管理的基本手段，绩效评价的理念和实践不断渗透到各个领域。伴随我国政府职能的转变和高校办学质量提高的现实需要，对高等学校实行绩效评价已经是政府管理高校的一个重要手段。《国家中长期教育改革和发展规划纲要（2010—2020 年）》明确提出，要在高校"引入竞争机制，实行绩效评估，进行动态管理"。2015 年 10 月 24 日，国务院印发了《统筹推进世界一流大学和一流学科建设总体方案》的通知，2017 年 1月，教育部、财政部、国家发展和改革委员会印发《统筹推进世界一流大学和一流学科建设实施办法（暂行）》中明确提出，"坚持以绩效为杠杆。建立激励约束机制，鼓励公平竞争，强化目标管理，突出建设实效，构建完善中国特色的世界一流大学和一流学科评价体系，充分激发高校内生动力和发展活力，引导高等学校不断提升办学水平"，"建立健全绩效评价机制，积极采用第三方评价，提高科学性和公信度。在相对稳定支持的基础上，根据相关评估评价结果、资金使用管理等情况，动态调整支持力度，增强建设的有效性。对实施有力、进展良好、成效明显的，适当加大支持力度；对实施不力、进展缓慢、缺乏实效的，适当减少支持力度"。开展绩效评价已经是当前我国高校实现"双一流"建设任务的重要手段。

因此，我国高等教育事业的改革和发展迫切需要对高校绩效评价进行深入的研究和探讨。将价值管理的基本思想和方法引入高校绩效评价，站在政府、第三方的立场，或者在高校组织内部，结合高校提供的产品——高等教育服务的特殊性，对高校运行的成本和功能进行分析，建立高校运行绩效的价值评价模型，制定统一的评价标准，根据绩效的内在原则对同一类型高校在办学过程中投入的成本和所实现的功能进行科学、客观、公正地衡量、比较和综合评价，以期在高校办学和发展过程中，提高资源配置和利用的效率，用最少的资源占用满足高校发展所必要的功能，实现价值最优化，对推动高校事业健康发展、提高办学质量具有重大而深远的理论和现实意义。

首先，开展绩效评价是政府对高校实行绩效管理的需要。近年来，地方政府和中央政府逐步加大对高校的财政投入，教育经费投入在国民生产中占据着重要的位置。2012 年我国已经实现教育经费占国内生产总值（GDP）4% 的目标，"十三五"规划提出将比例逐步提高到 4.5%，2017 年 9 月正式公布的"双一流"建设名单标志着国家建设高等教育强国战略已进入了实施阶段。然而，逐步增加的财政性教育经费仍然无法满足大众化阶段高校实际发展需要，高校实际办学过程中所需的经费与国家能够提供的财政支持之间依旧存在差距。解决二者之间的差距对于我国高等教育内涵式发展具有基础性意义。用价值管理的思想和方法对高校绩效进行评价，对不同类型高校的办学绩效有一个全面和科学的评价和比较，可避免高校发展中的"马太效应"，实现社会总体教育资源的合理配置。

其次，开展绩效评价是提升高校内部管理水平的需要。西方的新公共管理运动催生了高校绩效管理的兴起，在市场化条件下，政府拨款机制的改革激发了高校间的竞争意识。同时，随着封闭性被打破，高校发展离不开外部资源的支持，办学绩效也日益受到外部利益相关者的关注和重视，提高高校的运行绩效是回应高校竞争和公众监督的必然选择。通过建立高校绩效价值评价模型，对高校办学的成本投入和所实现的功能进行分析，客观反映高校运行的绩效，分析高校运行发展中存在的问题，有助于高校了解自身运行的状况，不断提高办学质量和效益。

最后，开展绩效评价是完善高校绩效评价方法的需要。绩效评价最初适用于企业管理领域，后来才渐渐应用到高等教育领域。因此，现有的高校评价很多仍采用绝对性评价的方式，高度关注高校发展的结果而忽略高校发展过程中不同程度的投入，以绝对量作为评价高校绩效的标准，在评价结果的指向上出现了负面效应，造成资源配置的不合理，损害部分高校办学的积极性，形成高校发展的"马太效应"。同时，高校评价缺乏一套建立在严密数据分析基础上的科学、统一、完整的指标体系，不能对不同地区、不同类型的高校进行横向比较，影响了对高校办学绩效的客观评价。借鉴价值管理的基本思想和基本方法对高校进行绩效评价，克服了绝对性评价的不足，是对当前高校绩效评价方法与路径的一种有效补充。

目　　录

第二部分　模型建构篇

第三部分　实证分析篇

第一部分　理论基础篇

　　价值管理理论源于20世纪40年代美国工业运动的兴起，是一种现代管理方法。从学科历史发展角度看，价值管理理论的演进经历了价值分析—价值工程—价值管理动态研究的历程。高校绩效评价是高等教育发展到一定阶段的产物，其产生和发展受到教育经济效率理论、新公共管理理论、利益相关者理论、委托代理理论、投入产出理论和高等教育管理理论的影响。高校绩效评价自产生以来，内涵不断丰富，方法日趋多元。本部分回溯价值管理和高校绩效评价的发展历程，探寻高校绩效价值评价的思想基础，构建价值管理应用于高校绩效评价的基本原理。

第一章
价值管理的基本原理

"为顾客创造价值"是市场经济环境中企业生存的重要法则，也是在激烈竞争的环境中获得先机的制胜宝典。如何满足顾客的真实需求，为顾客创造更优的价值，一直是困扰众多企业决策者的难题。价值管理自从诞生之日起，以其系统的理论和科学的方法而广泛应用于生产实践之中，产生了积极的社会效益和经济效益。随着理论研究的逐步深入，实践应用领域的不断拓展，越发显示出强大的生命力。

第一节　价值管理的发展背景

价值管理理论源于 20 世纪 40 年代美国工业运动的兴起，是一种现代管理方法。从学科历史发展角度看，价值管理理论的演进，经历了价值分析—价值工程—价值管理动态研究的历程。在我国，价值管理理论也经历了不同的发展过程。从价值管理发展的历程可以看出，价值管理是企业管理思想的重要组成部分，是经济学家与管理学家对企业现存的管理意识、理念、哲学和价值观等实践活动进行的概括、总结与分析，从而高度理论化、系统化，然后再用于指导企业实践活动，因而价值管理的思想、理念与生产实践紧密相连、息息相关、不可分割。因此，要在实践中充分运用好这个现代管理手段，就必须深入研究其理论的发展脉络与现状。

一、价值管理的发展历史与现状

价值管理是从价值分析（Value Analysis，VA）和价值工程（Value Engineering，VE）发展起来的现代管理方法。第二次世界大战期间，市场原材料供应十分紧张，给生产企业的物资采购带来了很大的困难。麦尔斯（Miles）时任美国通用电气公司工程师，在通用电气公司副董事长尔里彻（Erlicher）的领导下，具体负责材料采购部门的工作。麦尔斯是一位善于观察和研究的工程师，对公司现行的许多选用高成本材料的方案十分不满，他专门针对材料替代问题进行了深入的研究。尔里彻和麦尔斯发现，一种产品使用某种材料的目的是使用该材料的某种或多种功能，而不在于原材料本身，他们所采用的廉价替代品不但可以满足产品设计所要求的功能，甚至获得比原来更好的预期效果。第二次世界大战结束后，尔里彻鼓励麦尔斯就这一现象开展研究，以发现其中的奥秘，并为其专门成立了一个技术部门。从 1944 年到 1952 年，麦尔斯经过大量的市场调查和分析，研究了功能分析概念和成本间的关系，创立了以功能为导向的降低产品成本的"替代品法"，该方法在通用电气公司 92 个部门内部推广，得到了广泛的运用，不仅提高了产品的功能，还降低了产品的成本，产生了显著的经济效益，使得通用电气公司在战后的 10 多年间保持着显著的竞争优势。麦尔斯将这一方法加以整理，并以"价值分析"为名发表在《美国机械师》杂志上，这一方法从此公布于世，传播开来。

在美国，鉴于价值分析给通用电气公司带来的显著降低成本和大幅度提高产品性能的好处，后被其他公司广泛应用。1954 年，美国国防部海军船务署（Navy Bureau of Ships）开始采用价值分析。勒吉特（Leggett）上将认为，这种分析方法不仅可以用于已改进投产的产品或已建的工程，而且更应该应用到产品或工程的设计阶段，从而及早地提升产品和工程的价值。为此，他将价值分析重新定义为价值工程。这一名称上的转变具有深刻的内涵，极大地拓展和提升了价值理论，使得价值分析从一种改进、后发性的手段上升为预防、前导性的管理措施。

20 世纪 50 年代后期，价值分析/价值工程的理念和方法被越来越多的企业所运用，影响力日益增强，涌现出许多价值工程的实践者。不同领域的各种团体、学术组织和公司中价值工程实践者的交流非常活跃，为此，1958 年，美国电子工业协会（Electronic Industries Association）成立了价值工程专业委员会。该委员会首任主席由海军上将麦迪科恩（Mandelkorn）担任，后麦尔斯接任。随着价值工程在全美国的广泛应用，独立的价值工程专业学会应运而生。1959 年，美国价值工程师学会（Society of American Value Engineers，SAVE）诞生了。截至2007年，该学会的会员遍布全世界35个国家和地区，是世界公认的价值管理领域具有较强影响力的专业组织❶，为适应研究和推广应用的全球化，该学会更名为国际价值工程师学会（SAVE Internation）。

学术组织的建立推动价值工程的研究和应用，理论体系逐步健全，应用的领域不断扩大。从最初解决一些"硬性"问题，如降低产品的成本、改善产品的设计等，发展到广泛用于解决一些"软性"问题，如制定公司的战略规划、确定公司的发展策略、合理调配资源等。这种方法逐步从一种较低层次的、针对具体产品和项目的技术手段，发展成为提升整个组织的价值创造效率的管理手段。理论研究和实践应用进入了一个新的发展阶段。从产品局部到产品整体，从后发改进到先期预防，从低端的具体运用到高层的战略管理，其应用的范围更广、领域更深。1974年，美国公共服务管理部（General Services Administration）在价值分析和价值工程的基础上，首次提出了价值管理（Value Management，VM）。事实上，从价值分析、价值工程和价值管理的定义中可以看出，这三种方法都是麦尔斯所创造的价值理论在不同阶段的演进，后一种方法涵盖了前一种方法的使用范围，是前一种方法的提升和拓展。

随着价值管理理论的不断发展，其应用也从美国工业界迅速走向世界。1963年，美国海军后勤工程部将应用价值工程的激励条款写入建筑工程承包合同中，并在工程实施中取得了显著效果，这是价值管理第一次被用在建筑行业。1968年，美国公共建筑部门决定将应用价值工程作为一项强制性条款列入建筑设计和施工合同中，因为其在降低工程成本、提高政府投资效益等方面具有相当大的潜力。随即美国航天工程部门、联邦高速公路管理部门和城市环境保护部门也纷纷效仿，在建筑业中掀起了一股价值管理的热潮。而在日本，1955年，日本考察团通过其在美国的学习考察，首先认识到了价值工程的价值所在，成立了价值工程师协会（SJVE），虽然起步比美国晚，但是其范围和成绩远远超过了美国，跃居世界首位。美国主要把价值工程用在设计阶段，而日本主要着力于工程发展阶段，并把价值工程作为施工过程中的控制手段。20世纪60年代，在西欧各国中，

---

❶ 美国价值工程师学会网页，http：//www. value-eng. org/about，php.

英国在制造业中首先应用价值工程，在应用过程中发现美国的方法不能照搬照抄，因为本国的工程项目的成本节约问题已有完善的工料测量师体系来负责，所以美国以成本为导向的价值工程没有单独实施的必要性，英国则把价值工程发展成符合其基本国情的价值管理。相比较价值工程，价值管理在时间和研究内容的范围上加以拓宽，由设计阶段、施工阶段向前延伸到项目决策阶段，向后延伸到项目运营阶段，研究内容涵盖了对项目功能和目标的分析、评价和论证。德国是西欧各国运用价值工程最好的国家，1967 年，德国工程师协会设立价值分析委员会，专门从事价值分析的技术咨询及推广。西欧各国比较重视价值工程的标准化工作，1970 年制定了价值工程的部门标准，1973 年把价值工程的程序纳入国家标准（DIN-69910）中。❶

二、价值管理在中国的发展与应用

在我国，价值管理更多地被称为价值工程，我国学界对其的应用从引入开始。价值工程首先是 1978 年通过日本被传入中国，其发展轨迹呈现如下特征：一是行业发展的不均衡，刚开始应用较多的领域在机械制造行业，而后在其他领域逐步展开；二是区域发展的不平衡，总体较好的有华东、华北、台湾和香港地区，经济发达地区应用较多，而欠发达地区应用较少；三是整体发展呈波浪式前行，经历了蓬勃发展—停滞低迷—逐步复苏的发展历程。

从 20 世纪 70 年代末到 90 年代初，我国价值管理进入了一个快速发展的时期。1978 年是中国的改革元年，党和政府提出了将工作的重心转移到经济建设上来，全国上下掀起了经济建设的热潮，企业发展寻求技术的进步和效益的提升，价值管理的先进理念和方法迎合了这种需求。1978 年 6 月，复旦大学沈胜白教授在上海市哲学社会科学联合会上作了题为"价值工程概论"的报告；同年12 月，长春汽车研究所戴俊波在第一机械工业产业技术情报研究所的《国外机械工业消息》杂志总 276 期上介绍了"价值分析法——在日本企业的一些应用情况"，从此揭开了我国研究、推广、应用价值工程的序幕。1981 年，第一机械工业部组织召开全国机械行业推行价值工程研究会，从政府部门的角度把应用价值

❶ 陈阳君. 基于价值工程的建筑施工项目成本控制研究 ［D］. 大连：大连理工大学，2008：2-4.

工程当作行政命令加以推行。当时，全国建立的省部级以上的价值工程团体就有60多个，如中国企业管理协会，机械、纺织、煤炭、航天和军工等行业协会，以及四川、辽宁、浙江、江苏、河南、山东、广东、上海、天津和北京等省（市）企业协会都有下设的价值工程专门组织；在高等院校系统有中国高等教育学会价值工程分会❶。1982年，我国唯一的价值工程专业刊物《价值工程通讯》在河北石家庄市创刊，1984年更名为《价值工程》，该杂志为价值工程的理论研究和应用推广发挥了重要作用。1987年，国家标准局颁布第一个价值工程标准《价值工程基本术语和一般工作程序》。1988年，我国成立中国企业管理协会价值工程研究会。这些行业组织在政府的支持下举办了大量的培训班，参加培训的人数达几百万人。据不完全统计，截至1994年，全国正式出版的价值工程专著、教材和图书有60余种。价值工程得到了全社会的广泛关注和重视，呈现出方兴未艾之势。

从20世纪90年代中期到90年代末期，价值工程活动出现了低迷与继续深入并存的局面。这一时期，我国的经济体制改革进入了新的阶段，1996年《政府工作报告》中提出了"两个根本性转变"——"从计划经济体制向社会主义市场经济体制转变，经济增长方式从粗放型向集约型转变"，由此带动了20世纪90年代末期的政府职能转变和管理方式的创新，随之而来的是政府对企业的管理活动影响作用减少。价值工程作为企业自身的一种管理方式，不再受到政府（官方）和企业协会（半官方）的直接干预，原来依托于计划经济的推广模式不能很好地适应市场经济的环境，全国性的组织没有建立，缺少与世界先进国家和地区的学术交流，价值工程从业人员的认证制度没有建立，加之价值工程的理论研究成果在解决生产实践中遇到了发展瓶颈，其应用的领域没有得到进一步的拓展，一些企业在实际工作中放弃了价值工程的应用，造成了价值工程发展出现低潮。

1998年召开全国首届价值工程代表会，会议总结了价值工程20年的发展经验，研究了价值工程的今后发展，联合全国19个价值管理组织和11个开展价值工程卓有成效的单位，共同发起成立了中国价值工程协会筹备委员会。1995年5

---

❶ 沈岐平，刘贵文. 建设项目价值管理：理论与实践［M］. 北京：中国水利水电出版社，知识产权出版社，2008：28.

月，该委员会在杭州召开了"价值工程与技术创新"国际会议，促进了国际与国内的交流，扩大了影响。此外，中国机械工业协会价值工程专业委员会于2000年10月正式成立，2001年11月北京价值工程学会（VESB）成立，所有这些都对价值管理的应用推广起到了积极的促进作用。2004年，第二届"价值工程与技术创新"国际会议再次在杭州召开。2005年11月，中国技术经济学会价值工程专业委员会成立，并以China Society of Value Engineering（CSVE）作为对外统一称谓，标志着价值工程在中国的发展进入新的阶段。

值得一提的是，北京价值工程学会自成立以来，就价值工程和项目管理的学术研究与推广普及，与国内同行进行广泛的合作和交流，同时与美国、英国、法国、日本、韩国等价值工程与项目管理组织建立了密切联系，至今已连续举办5届"价值工程与项目管理国际会议"，美国价值工程师学会、日本价值工程协会、韩国价值工程师协会、中国台湾价值管理学会、中国香港价值工程学会、中国科学院大学、北京航空航天大学、北京建筑大学等单位参与协办。价值工程中价值的功能转化面更加广泛，已应用到环保、天体空气、智能化网络、智能化城市等领域。价值工程核心点功能理念发展到对人的功能研究，例如，对人的智能化服务、医护、生活提高及人的能力提高方法思路。价值工程学术理念已经发展到技术、经济、国防、绿色环保、人类生存能力、医疗保健等方面。2016年11月，国际价值工程学会中国认证委员会在北京成立，该委员会在中国全面开展价值工程人才培养、资质认证及项目咨询工作，为建设节约型社会及企业持续创新提供新的思路和科学方法。2017年3月4日，中国技术经济学会价值工程专业委员会2017年会暨换届会议在重庆大学召开，会议就价值工程前沿理论与实践、价值工程理论发展的方向、价值工程信息收集的现状与不足、价值管理在新常态下的融合创新、价值工程理论研究的新趋势、价值工程在企业全价值链的应用等方面多元发声，碰撞思想。这次会议进行了换届工作，标志着价值工程学界新老交替工作的完成，价值工程发展进入了一个新的发展阶段。2018年11月30日至12月1日，2018年中国价值工程学术会议暨中国技术经济学会价值工程专业委员会年会在贵州民族大学举行，与会专家学者围绕"新时代背景下的中国VE/VM的实践与发展"这一命题，共同探讨和研究学科相关方向的前沿问题。本次大会结合世界前沿理论与中国实际，在大会交流过程中进一步发展和丰富价值工程的理论和方法，迎来了价值工程理论应用的又一个新高潮。

我国香港和台湾地区的价值管理的研究与应用各具特色，在几十年的发展中取得了令同行瞩目的成就。香港地区政府在促进和实施 VM 在公共建设项目中的应用方面起到了积极的推动作用。1997 年，香港工务局（现更名为"环境运输与公务局"）成立了价值管理指导委员会。1998 年，香港工务局以政府公函的形式要求每年至少在超过 1 亿的公共工程项目中应用价值工程。香港环境运输及公务局发布新的公函，要求在投资超过 2 亿的工程项目中必须应用价值工程。2002 年香港环境局、运输及房屋局和劳工及福利局签署了技术升级文件，号召在公共领域更广泛地应用价值工程。而台湾地区的价值工程活动更多的是实行"拿来主义"，主要是依靠外部力量，通过与美国价值工程师协会的密切联系而实现本地化，以台北"捷运系统"（快速运输系统）的价值工程应用为代表的一大批项目取得了良好的社会效益和经济效益。

目前，在美国和亚洲一些国家，如日本、韩国，价值工程这一专业词汇被广泛采用，中国内地的机械行业也采用该词。而在英国、澳大利亚、奥地利这三个国家，以及中国的香港地区，价值管理却是流行的词汇。虽然这些不同名称的方法有一定区别，但其核心的内容和理论基础都是类似的，是麦尔斯所创造的价值理论在不同阶段的演进，后一种方法涵盖了前一种方法的使用范围，是前一种方法的提升与拓展。[1] 本书为了避免混淆，将在以后的章节中统一使用"价值管理"作为这一方法的特定称谓。

三、价值管理在高校管理中的应用

在价值工程的管理价值被挖掘以来，越来越多的高等教育界学者开始认识到企业价值管理理念对于高校管理的借鉴意义与应用价值，理论研究和实践应用取得了初步成效。

价值管理在高校中的应用发表的第一篇文章由李艳霞于 1989 年发表在《佳

---

[1]　沈岐平，刘贵文. 建设项目价值管理：理论与实践 [M]. 北京：中国水利水电出版社，知识产权出版社，2008：17.

木斯工学院学报》上，题目为"价值工程在高校图书馆管理中的应用"。从 2005 年开始，这方面的研究日趋活跃，王家斌、张绪分析了市场经济条件下高校管理遇到的诸多问题，认为要解决这些问题必须挖掘、借鉴企业价值管理思想，并且根据这些问题对高校价值管理作出了对策选择。❶ 蒋红焰、沈国良在《价值工程在高校校园规划决策中的应用》中构建了高校校园规划价值工程实例。❷ 胡守忠、郑凌莺在《基于价值管理地方高校重点学科建设评价研究》中认为可以把重点学科看成一种具有功能和成本的产品，并通过功能评价指标的量化和成本分析，将重点学科的价值管理模块化和程序化。❸ 王清水、江雪梅在《价值管理在高校建设项目投资控制中的应用》中利用价值管理对建设项目进行功能和成本分析，从而在实现必需功能的前提下控制投资规模。❹ 刘莉在《基于价值管理的高校财务风险管理研究》中将企业价值管理理念引入高校财务风险管理中，通过对财务风险管理的价值创造、价值支持、价值保持活动分析，试图通过价值管理防范高校财务风险，实现高校财务可持续发展。❺ 柏凯在《价值工程原理在高校教师资源管理中的应用分析》中阐述了价值工程的基本原理及其对高校教师资源管理的借鉴意义，并把价值工程原理运用到高校教师选用、高校教师薪资管理、高校教师绩效管理等方面。❻ 王国平在《价值管理：新形势下中国高等教育管理的必然选择》中对高校价值管理作出定义，并提出高校价值管理重点在人力资源管理、组织运行、产品技术、资财运营及资源利用 5 个方面。❼

总体而言，高等教育领域引入价值管理晚于其他行业，理论研究需要进一步深化，实践应用需要不断拓展。一是研究的活跃度不高，需进一步挖掘应用领域。从 1989 年李艳霞发表的第一篇论文开始❽，从数量上看，经过 30 多年的发

---

❶ 王家斌，张绪. 价值管理研究综述与评价 [J]. 管理教育，2007 (6)：65-66.

❷ 蒋红焰，沈国良. 价值工程在高校校园规划决策中的应用 [J]. 中州大学学报，2008 (3)：108-110.

❸ 胡守忠，郑凌莺. 基于价值管理地方高校重点学科建设评价研究 [J]. 科研管理，2009 (5)：120-122.

❹ 王清水，江雪梅. 价值管理在高校建设项目投资控制中的应用 [J]. 莆田学院学报，2009 (4)：13-15.

❺ 刘莉. 基于价值管理的高校财务风险管理研究 [J]. 重庆科技学院学报，2011 (9)：98-100.

❻ 柏凯. 价值工程原理在高校教师资源管理中的应用分析 [J]. 价值工程，2012 (24)：1-2.

❼ 王国平. 价值管理：新形势下中国高等教育管理的必然选择 [J]. 价值工程，2013 (2)：204-206.

❽ 李艳霞. 价值工程在高校图书馆管理中的应用 [J]. 佳木斯工学院学报，1989 (1)：52-56.

展，所发表的有关价值管理在高校管理中应用的研究性文章数量偏少，整体研究还不够活跃，这与高等教育事业迅速发展的背景不相适应，也与价值管理在国内其他领域的发展状况相差较远。事实上，高校作为一个非营利性的社会组织，承担着为社会培养人才、输出科研成果及为社会服务的特殊使命。高校提供的产品实质上是为政府、社会、企业、个人提供的教育服务，高校在办学的过程中要消耗必要的人力、物力和财力资源，而对任何一所高校而言，资源永远是稀缺的，如何提高资源的使用效益，实现其最优的价值，是每所高校在发展过程中永恒的主题。价值管理的核心理念就是以最少的生命周期成本获得必要的功能，实现资源投入价值的最优化。价值管理的这一核心理念与当下高校内涵式发展的理念有异曲同工之处，价值管理中对功能成本分析的方法在高校管理的各个方面一定会有其用武之地，需要广大研究者拓展研究思路，深入挖掘其在高校管理中的应用领域，以吸引更多的从事高等教育的管理者开展研究并付诸实践。二是研究的系统性不强，需进一步提高研究层次。从研究内容来看，除了基本建设、课程建设和人力资源管理三个方面的研究略多一点外，其他方面的内容只是偶有涉及，缺乏连续性。连续性的缺陷带来了研究的深度不够，发表的文章层次不高，研究基金支持的力度明显薄弱。因此，要提高研究的系统性，必须增强其理论性，价值管理应用于高校管理之中不是将企业界的理论生搬硬套，而要结合高校的本质特征和管理特点，从概念界定到方法选择，从功能成本分析到价值评价，建立一整套符合高校运行规律、系统化的价值管理模型。要提高研究的层次，必须争取更多研究基金的支持，特别是国家层面研究基金的资助，这样才能吸引高水平的学者参与研究，产生高水平的研究成果。三是研究的实证性不够，需进一步贴近高校实际。实证研究要求研究者亲自收集观察资料，从个别到一般，归纳出事物的本质属性和发展规律，为提出理论假设或检验理论假设而展开的研究，具有鲜明的直接经验特征。从目前的研究来看，大多是一般的理论探讨，针对某校某项职能事项的实证性研究方面的文章偏少。价值管理的产生来源于生产实践，它在企业界的迅速发展的关键在于其解决问题的方法和路径具有极强的实践和可操作性，以及为企业的资源配置带来的直接效益。因此，价值管理应用于高校之中的研究，其研究发展的方向在于实证性，研究者要善于从高校管理的实践中发现问题，创造性地运用价值管理的分析方法和手段，破解高校管理的亟待解决的难题，价值管理才能常用常新，才能用出效益，价值管理在高校管理中生命力就在于此。四是研究的学者群单一，需要进一步加强合作研究。目前的研究还是以单个研究者居多，合作研究不够，研究者大多来自高校。研究群体的单一的来源，以及相互合作研究的薄弱是造成目前整体研究成果不多、研究水平不高的原因之一。价值管理发源于企业管理，在企业界培养了许多有理论水平和实践经验的价值工程方面的专家，因此，价值管理应用于高校管理时需要高校管理者的自身努力，形成团队合作，团队式的研究可以发挥集体的智慧，保持研究的连续性。除此之外，还要注意聘请价值管理方面的专家，特别是企业界价值管理方面的专家与高校管理专家组成价值管理团队，通过价值管理工作室进行方案创造，进而指导高校的办学实践。

第二节　价值管理的基本理论

价值管理作为一种科学的管理方法，来源于生产实践，是一种有组织的、系统的创造性活动及系统的管理思想和方法❶，着重对系统的功能、成本关系进行改善和创新，其目标是提高价值管理对象系统的价值，作为一种科学的理念和方法有着自身系统的理论体系和实践操作程序。

一、价值管理的内涵及其特征

价值管理中的价值不是政治经济学中的价值，也不是货币价值，更不是货币价值的表现形式——价格。价值管理中的价值是一种评价事物有益程度的尺度，价值高说明其益处大，价值低则说明其益处小。价值高低怎么确定则要通过对价值管理对象的功能成本分析来确定。

对于价值管理的具体定义，有许多大同小异的版本，不管是从何种角度下的定义，都离不开对价值管理对象功能成本分析的强调，这是价值管理理论的核心。同时，价值管理作为价值分析与价值工程的发展，它不仅仅局限于管理过程

---

❶ 张如潮. 价值管理（VM）简介 [J]. 价值工程, 1998 (5): 11-13.

的某一个方面或者某一环节，而是更加突出一种管理过程的连续性与系统性。鉴于此，本书对价值管理作出如下定义：价值管理作为一项有组织的活动，旨在通过对管理对象功能成本的全面系统分析，在保证实现管理对象必需功能和主要特性的前提下，采取精心的行动寻求最有利的方式来降低、控制或者适当提高管理对象的全寿命周期成本，以期达到特定环境中组织所要求的价值最优的现代管理方法。

由上述定义可以看出，价值管理具有三大内涵特征。

① 精心的行动。价值管理是一个结构性的循序渐进的管理科学，根据一定的管理目标按照缜密的工作计划有序开展，是一个连续的过程和长远的行为，涵盖了管理对象的全寿命周期。"精心的行动"贯穿了价值管理的始末，包括组织身份和责任、目标的确定、实施步骤的制定、教育和培训等，这一系列活动也是整合利用各部门人、财、物资源的综合性管理行为。

② 必需功能和主要特性。价值管理必须弄清楚市场需要什么，而不是组织能提供什么。这个过程联结了工程学和营销学，是站在顾客的角度去定义什么是必需的功能，并且在此过程中把目标价格和生命周期成本考虑在内。同时，产品或过程除了具备必需功能以外，还需满足其他主要特性，如质量、投入市场时间、安全性、耐久性等。❶

③ 最有利的方式。实现功能目标有多种备选方案，在此过程中需要评价这些备选方案的好坏，包括新的概念、重新配置、将某些产品停产或者合并生产及过程或程序的变化。同时，还要考虑产品在其正常生命周期中的运行和维护费用——成本。最有利的方式试图在保证必需功能和主要特性的前提下追求"成本效率"，包括成本的削减、销售的增加和利润的提高。

二、价值管理的基本原理

价值管理产生之初作为寻找原材料替代品的手段或工具，现已经逐渐发展成熟并演化成为一种方法论。它按照一系列操作原则通过特定的操作程序成功解决了世界范围内许多领域的管理问题。价值管理理论的创始人麦尔斯认为"一种产

---

❶ 杰瑞·考夫曼. 价值管理 [M]. 贾广焱，译. 北京：机械工业出版社，2003：6.

品或者服务如果有适当的功能和成本，通常就会被认为其拥有好的价值"，因此，他从本质上将价值看成是功能与成本之间的关系，表达为

$$V = \frac{F}{C} \qquad\qquad (1-1)$$

式中，V 为价值管理对象的价值（Value）；F 为价值管理对象的功能或效用（Function）；C 为价值管理对象的全寿命周期成本（Cost）。

在许多价值管理的著作中，用式（1-1）来表达价值。这虽是关于价值的狭义定义，却是整个价值管理原理的奠基石，是利用价值管理原理解决具体管理问题的核心。

需要说明的是，式（1-1）只是说明了价值与成本和功能之间的关系，并不能真正用于计算价值的大小。成本通常可以用消费者为购买某种产品所支付的费用来衡量，但由于功能具有主观和客观的双重性质，很难完全运用客观的标准来统一测量。

许多价值管理的专家学者认为，一个项目或产品的价值与业主或消费者的主观愿望、需求感知相连。从这个意义上来说，价值必须满足顾客的需求，本质上它是产品或者项目在适当成本支出的基础上满足使用所要求的功能的能力，因此，从广义的角度，价值的定义为

$$价值 = \frac{满足需求}{所用资源} \qquad\qquad (1-2)$$

三、价值提升的有效途径

根据价值管理的公式，用以下图示来阐释价值公式的运动方式（黑色实心箭头代表功能，空心箭头代表成本），并且指出价值增值的方法，同时列出坏的价值选择的情况（见图 1-1，图 1-2）。

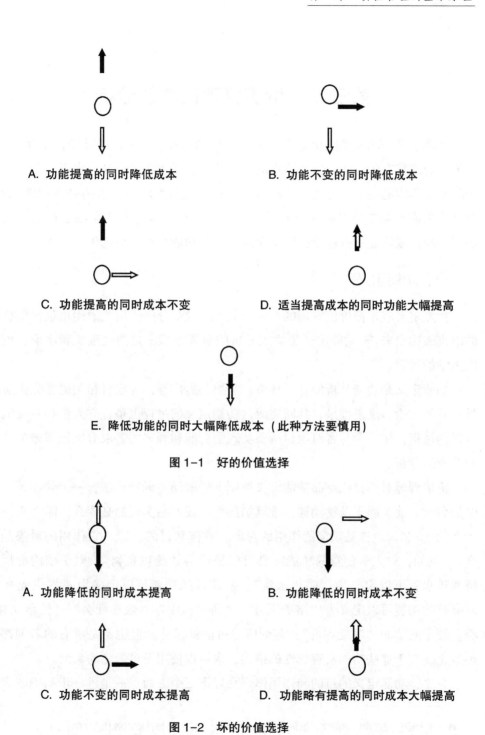

A. 功能提高的同时降低成本

B. 功能不变的同时降低成本

C. 功能提高的同时成本不变

D. 适当提高成本的同时功能大幅提高

E. 降低功能的同时大幅降低成本（此种方法要慎用）

图 1-1　好的价值选择

A. 功能降低的同时成本提高

B. 功能降低的同时成本不变

C. 功能不变的同时成本提高

D. 功能略有提高的同时成本大幅提高

图 1-2　坏的价值选择

第三节　价值管理的功能分析

功能定义和功能系统化分析是价值工程的基石，它不同于传统的成本管理，是价值管理特有的方法。价值管理的理论认为，顾客购买产品，本质是购买这种产品所能提供的功能。因此，功能分析的任务是从顾客所要求的必要功能出发，对其需求进行系统的识别和明确的定义，突破和超越现有产品或已有设计的界限，对项目或产品进行优化，以确保顾客所需功能的价值最优化。

一、功能定义

功能定义就是把价值管理的对象及其各组成部分的作用或效用用最简明扼要的语言表达出来。❶ 功能定义是功能分析的重要步骤，是透过现象看本质、创造性思维的过程。

功能定义是功能分析的首要环节，需要集思广益，与项目相关的各方人员经过充分的讨论，反复推敲，共同完成。功能定义的过程也是各方人员相互交流和沟通的过程，使得参与者对项目所要实现的功能和顾客的需求有比较清晰的认识和系统的分析。

价值管理对项目或产品功能定义原则上采取动名词精选法，一个是动词，一个是名词。前者属于及物动词，准确描述项目或产品实现的是什么，即"它是做什么的"。名词应该是动词所作用的对象、载体和目的，即"它作用的对象是什么"。例如，对大学食堂的功能定义可以描述为"提供食物"；对学校内部桥梁桥面排水管可以定义为"防止水淹"；对路灯的功能可以定义为"提供光亮"；对高校的功能可以定义为"培养人才""研究科学""服务社会""传承文化"等。便于后续的"功能评价"，名词应尽可能被量化。但也不是所有的名词都必须量化，对于那些功能具有感性的描述，也可以使用不可量化的名词。

总之，功能定义的目的和作用体现在以下三个方面：一是进一步明确顾客或

---

❶ 王乃静，刘庆尚，赵耀文. 价值工程概论 [M]. 北京：经济科学出版社，2006：55.

业主所要求的功能，这是价值管理活动开展的逻辑起点，也是最终目的；二是准确、完整的功能定义能够揭示价值管理活动的本质，为功能评价奠定良好的基础；三是能够使得价值管理活动的参与者打开思路，从功能定义的内涵中得到启发，构思不受现行方案的束缚，从而寻求价值优化的路径。

二、功能的分类

就价值管理对象的整体和组成部分的功能而言，对应于顾客的需求，所起到的作用不尽相同。因此，准确地把握顾客的真实需求，有必要对功能进行分类。

（一）基本功能和辅助功能

从顾客或业主的需求角度出发，可以将功能分为基本功能和辅助功能。

基本功能是为达到使用目的所不能缺少的功能，它是满足顾客或业主本质需求的功能，而不是那些表达人们希望的功能。如高校的图书馆，"储存图书""提供空间"是其基本功能，而图书馆旁边的停车场的"停车"功能就不是基本功能；"培养人才""研究科学""服务社会""传承文化"是高校的基本功能，而"提供就业"（校园后勤服务提供就业岗位）、"带动消费"（师生群体的存在拉动大学城周边的消费）等也不属于基本功能。

辅助功能也称二次功能，它也是功能的一种特性，但是这种特性并不直接被顾客或业主所需要，而是在基本功能实现的过程中附加出来的功能。上述图书馆旁的停车场的"停车"功能就是辅助功能。辅助功能通常是作为达到或完善基本功能而存在的，图书馆旁停车场的"停车"功能可以更方便读者进入图书馆学习。有些辅助功能是不能缺少的，如学校各间办公室中的烟雾探测器，对办公室的基本功能"提供办公"并无直接作用，但对于保证工作人员的安全是必须的，也称为"所必须的辅助功能"。

（二）使用功能和品位功能

根据顾客或业主的使用需求，还可以将功能分为使用功能和品位功能。

使用功能是指给顾客或业主带来使用效用的功能，即能达到某种特定用途的功能。高校图书馆的使用功能是"储存图书""提供空间"，实现其知识的殿堂和学习的天堂的使命。学校道路上的路灯"提供光亮"是其使用功能，而路灯的灯杆、灯架美观的外形显然是其品位功能。有时，路灯也能从一个侧面反映出一所高校的特性。

品位功能是指计划外的外观功能、艺术功能或其他功能，它是通过基本功能和辅助功能来实现的。高校图书馆除了两项基本的使用功能"储存图书""提供空间"外，还有着自身的品位功能；从外观而言，图书馆是一所大学的象征，属于标志性的建筑之一，其外形设计应体现学校的特色；从内部来看，图书馆还承担着环境育人的作用，其内部的装饰美化体现了馆内的艺术氛围，对身在其中的人有着潜在的影响，蕴含了丰富的育人功能。所以，从内到外，图书馆的设计应该将使用功能和品位功能完美结合。

此外，从功能的从属关系来分，可以将功能分为上位功能和下位功能，也称为母功能和子功能。上位功能是目的，下位功能是手段。需要指出的是，上下位功能是相对的，如 A→B→C 三个功能，B 是 C 的上位功能，又是 A 的下位功能。根据顾客和业主对功能实现质量的要求，功能还可以分为不足功能与过剩功能、必要功能与不必要功能。

三、功能关系分析

一个研究对象的功能往往种类复杂、数量众多，笼统地进行简单的功能定义，不便于进行价值管理分析。因此，必须厘清功能之间的相互逻辑关系，建立功能分析模型。常用的功能关系分析模型有：根据功能分析系统技术（Function Analysis System Technique，FAST）建立的功能系统图（FAST Diagram）和功能结构层次模型（Function Hierarchy Model）。

（一）功能系统图

该方法是由美国比萨尔威（Bissalway）于 1964 年首先提出来的，并在 1965 年被美国价值工程师学会正式推荐使用。

1. 基本概念

FAST 用图表来描述功能之间的关系，能够非常直观地表达功能的等级和联系，以及它们之间为什么具有这样的逻辑关系，通过这样的一个图表，可以更好地方便价值管理团队成员之间的交流和沟通，其基本逻辑是用"目的—手段"

的方式明确价值管理对象各功能之间的相互关系并形成功能网络系统。为了达到目的 A，需要采取相应的手段 B；而为了 B 手段的实现，又需要进一步采取低一级的手段 B1，前面的手段 B 相对于低一级水平的手段 B1 来说，又成了目的 A1，如图 1-3 所示。

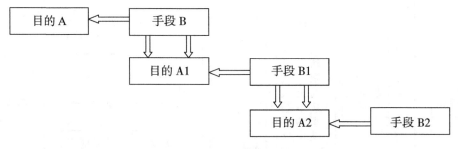

图 1-3 "目的—手段"逻辑关系图

2. 基本模型

功能系统图是没有坐标维度的，它通过"问题是什么"（What）、"为什么做"（Why）和"怎么做"（How）的逻辑关系，将功能定义所鉴别出来的功能关联起来，建立起完整而系统的功能体系，如图 1-4 所示。从需要解决的问题（最高层次的功能）入手，从左往右，利用问题"怎么做才能完成最高层次的功能"，可以顺延推演到紧邻最高层次功能的下级功能，即图中的"基本功能"；再利用问题"怎么做才能完成基本功能"，顺延推演到紧邻基本功能的下级功能，即图中的下一级基本功能，即实现上级基本功能的手段。由此类推，一直延续到最右边"最低层次的功能"；反之，从最右边的最低功能，以问题"为什么要具备这样的功能"，可以顺延推演到紧邻低层次功能的上级功能，即低层次功能（手段）实现的目的（上级功能），由此类推，可以一直延续到最左边"最高层次的功能"。

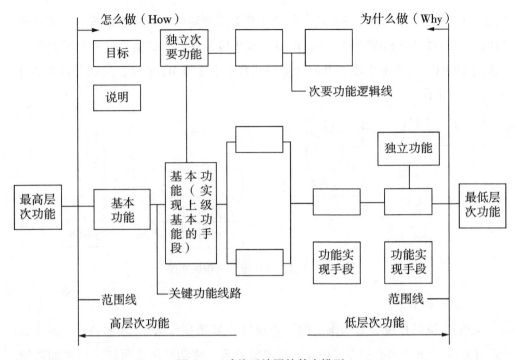

图 1-4　功能系统图的基本模型

资料来源：《建设项目价值管理：理论与实践》，知识产权出版社 2008 年出版。

功能系统图的基本元素和绘图的基本规则如下。

范围线：研究问题的范围。

目标和说明：将功能分析对象所要实现的目标、分析对象的基本参数、主要限制条件和主要说明标注在图中最左边"基本功能"上方的方框内。

最高层次功能：研究对象需要实现的根本目标和基本功能存在的根本意义，标注在左侧范围线的外侧。

最低层次功能：实现研究对象根本目标的最基础级别的手段，标注在右侧范围线的外侧，也是整个功能系统图的最右边。

关键功能线路：按照"为什么做"（Why）的逻辑关系，逐步向上推进，最终达到最高层次功能完全由基本功能构成的线路。

独立（或辅助）功能（即图 1-4 中"独立次要功能"）：按照"怎么做"（How）和"为什么做"（Why）的逻辑关系，独立功能存在的目的并不是直接实现上级的基本功能，而是实现上级基本功能的辅助手段。

功能实现手段：为实现功能而选择的实施方法。

（二）功能结构层次模型

功能结构层次模型是一种非常有效的功能分析工具，尤其是在分析大项目、复杂系统和新型项目的时候，功能结构模型具有一定的优势。

1. 基本概念

功能结构层次模型反映了研究对象功能的层次性特征，对于一个复杂的研究对象而言，其具有的功能是按照一种内在的有序层次排列的，相互之间构成了一个完整有序的体系。各个功能所处的层次位置是由其自身特性所决定的，最上面的功能是整个项目必须具有的基本功能，是实现顾客或业主需求的根本目的，而其下级功能的存在是为了实现它们的上级功能，在数量关系上，上级功能实现的成本是下级功能实现成本的总和，如图 1-5 所示。

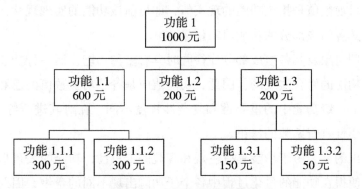

图 1-5 功能结构层次模型

资料来源：《建设项目价值管理：理论与实践》，知识产权出版社 2008 年出版。

需要指出的是，任何一个上级功能如果具有下级功能，则必须具备 2 个或 2 个以上。

2. 作图的基本步骤

①价值管理小组成员讨论，确定研究对象的最高层次的基本功能。

②沿问题"要实现最高层次的功能，必须完成下级哪些功能"，确定最高层次功能下面的第二层次的功能。

③以同样的问题，可以确定实现第二级层次的功能，需要完成的第三层次的功能，以此类推，完成更下一个层次的功能。

④完成自上而下的功能层次定义后，从最下面层次的功能开始，由下而上，以问题"它们是完成上一层次功能所必需的吗"进一步检验功能结构层次模型的正确性。

四、功能的计量

功能的计量是指在功能定性分析的基础上，对功能系统图中的功能进行量化，并用某种数量形式表示功能值的大小，它是价值管理中功能价值评价的前提和基础。功能的计量主要包括功能的目前数值计量、功能的目标数值计量及功能重要度系数的计量。

（一）功能的目前数值计量

功能的目前数值是指该功能的现实值，即目前该功能的实现现状，包括价值管理对象及其各组成部分的功能值的计量。

价值管理对象及其各组成部分往往同时具有多种功能，而一种功能又往往是通过若干子功能的组合实现的，因此，功能值应是各子功能数值的总和。由于各子功能所在上一级功能中的重要性和复杂性程度不同，在对其进行综合计算时，还应对其重要性进行系数的修正。

需要指出的是，由于功能具有主观和客观的二重性，功能的表现形式呈多样性的特征，使得在功能的量化过程中各个子功能出现不同的量纲，因此需要采取一定方式统一量纲，以便于功能数值的计算。

（二）功能的目标数值计量

功能的目标数值是指某一功能理论上可以实现的水平（或现实中可以达到的最高水平），它是评价一个方案在某一特定的功能上的实现效率的基准，是价值管理所要追求的理想状态。

因此，正确地理解并合理地确定功能的目标数值是价值管理的核心要素，它能够客观地评价目前的方案，并给出改善的理论预期。确定功能目标数值主要有以下3种常用的方法。

①实际调查法。这种方法又称实际价值费用法，它是根据具体的功能类别，广泛收集研究对象（产品或项目）实现该功能的不同水平的各种方案费用和资料，其中各强度水平上的最低值就是该功能在各强度水平上的功能目标值。由于选择的目标标准是实际已经达到的功能水平，因此，有可靠的依据也容易实现。

②经验估算法。这种方法采取的是邀请一些有经验的人，从用户的立场出发，对现实中某种功能的设想方案进行评价，以确定实现该功能的最低费用，再取每个人的估计值的平均值作为实现功能的最低费用，即为功能的目标值。该方法简单易行，但是，依据估算者的经验存在主观性，对复杂的对象或没有经验的评价对象无法采用。

③功能标准表法。这种方法就是依据各种功能的目标值表格进行计算。人们可以根据这个表格查到自己所需要的功能目标数值，从而完成功能评价工作。这种工作量表通常具有行业的性质，是在工作实践中反复运用并不断完善中产生的，借助于计算机管理的应用，可以大大地方便价值管理工作者使用。

（三）功能重要度系数的计量

功能重要度系数又称功能系数，或称功能评价系数，是指在价值管理对象的各功能中，某一功能与其他功能相比的重要和复杂程度。设 n 为分析对象的数量，此处为功能个数，每一个功能的值分别是 F_1，F_2，F_3，$\cdots$，F_n，这时总功能为 $F = \sum_{i=1}^{n} F_i$，若 F_i 代表第 i 个功能值，则第 i 个功能的重要度系数为 $\mathrm{FI}_i = \dfrac{F_i}{F}$。

当功能目标值不适宜或者不便采用直接方法得到时，通过功能重要度系数进行推算的间接计算方法来确定功能目标值，也称为功能重要度系数评分法。

通常聘请相关专家组成评分小组，对各功能的重要性程度进行评分。评分的关键在于评分者对各功能间的相互强弱关系要有准确的把握。常用的方法有直接打分法、0-1 两两对比法、0-4 两两对比法、多比例两两对比法、实际困难评价法、逻辑流程法及功能系数评分法等几种方法。

五、功能价值评估方法

由式（1-1）可知，价值管理中功能价值的评价就是通过功能的目前成本与功能的目标成本的比较，选出功能价值低、改善期望值大的功能作为价值管理的对象，通过价值管理小组成员的创造性思维，达到最大限度地提升系统的功能价值的目的。

（一）绝对值法

所谓的绝对值法，就是通过对方案中具有合理功能强度的必要功能的目前成本与目标成本的比较，给出方案的价值及其改善期望值。也称为功能价值，如式1-3所示：

$$功能价值(V') = \frac{功能目标成本(F')}{功能目前成本(C')} \qquad (1-3)$$

由式（1-3）可以得出如下结论。

①当 $V'=1$ 时，即 $F'=C'$ 时，说明实现功能的目前成本（现实费用）与实现功能的目标成本（最低费用）相等。这是理想状态，代表对该功能不必进行价值分析。

②当 $V'>1$，即 $F'>C'$ 时，说明实现功能的目前成本（现实费用）低于实现功能的目标成本（最低费用）。如果最低费用是合适的，说明此方案的功能价值是溢出的。

③当 $V'<1$，即 $F'<C'$ 时，说明实现功能的目前成本（现实费用）高于实现功能的目标成本（最低费用），即此方案的功能价值是低下的，需要保证在现有的功能前提下，设法降低成本，以提高功能的价值。

（二）相对值法

对于一个方案或项目而言，有时功能的目标成本不易得到，通常情况下采用功能重要度系数与功能成本系数相比得到的价值系数来进行价值分析。

设价值管理对象有 n 个功能，每个功能分别是 F_1，F_2，F_3，$\cdots$，F_n，功能的成本分别为 C_1，C_2，C_3，$\cdots$，C_n，这时总功能为 $\sum\limits_{i=1}^{n} F_i$，总成本为 $\sum\limits_{i=1}^{n} C_i$，则功能重要度系数 $\mathrm{FI} = \dfrac{F_i}{\sum\limits_{i=1}^{n} F_i}$，功能成本系数 $\mathrm{CI} = \dfrac{C_i}{\sum\limits_{i=1}^{n} C_i}$，将 FI 与 CI 相比，得到功能价值系数 VI。

$$功能价值系数（VI）= \frac{功能重要度系数（FI）}{功能成本系数（CI）} \qquad (1-4)$$

由式（1-4）可以得出如下结论。

①当 VI=1，即 FI=CI 时，说明功能系数与成本系数相等，即实现功能与所需成本相匹配，这是理想状态，对该功能不必进行改进。

②当 VI>1，即 FI>CI 时，说明用比较低的成本实现了必要的功能，或者说有过剩的功能存在，若是前者，是一种高效率状态；若是后者，则需要进行价值分析，去除过剩的功能。

③当 VI<1，即 FI<CI 时，说明功能系数与费用系数不相当，即实现功能与所花成本不匹配，功能偏低或成本偏高，此方案的功能价值是低下的，需要保证在现有的功能前提下，设法降低成本，以提高功能的价值。

除了以上两种方法外，价值评价还有其他的方法，如功能评价图解法、逐次收缩法等。❶

第四节　价值管理的实施步骤

价值管理作为一项系统性工程，具有严密的方法体系和工作计划，遵循基本的工作步骤和程序是整个价值管理活动取得成功的重要保证。根据价值管理的目标和任务，大致分为以下四个阶段。

一、组织构建与对象选择阶段

（一）建立价值管理专业小组

实行价值管理是一项系统化和专业化的工作，需要建立相应的组织，依据专业化的知识才能有效开展工作，为此，需要聘请有关的专家学者组成价值管理专业小组，统筹负责并开展价值管理工作。

建立的价值管理专业小组，要考虑到具体实施价值管理理论的环境，价值管理小组人员的选取不仅要兼顾人员学识的综合性，还要考虑人员分布的均衡性，

---

❶ 王乃静，刘庆尚，赵耀文. 价值工程概论［M］. 北京：经济科学出版社，2006：101-109.

既要有所在单位的相关部门的管理人员，也要有涉及相关项目专业领域的专家学者，同时还要有相应的价值管理领域内的专家参与，这样既能够有价值管理理论专家的专业指导，又能够根据所开展项目的实际情况给予评判，把理论和实际进行最大限度的结合。

价值管理专业小组的职责是从项目的整体层面上运用价值管理的方式和方法，对价值管理的对象进行功能成本分析，并提出改进方案。具体有以下八个方面的职责：一是确定价值管理的对象；二是收集数据，对项目的运行状态进行对比分析；三是建立价值管理的分析模型；四是制定功能、成本指标赋值绩（级）点标准；五是收集整理功能和成本数据信息；六是对价值管理对象进行功能成本分析；七是对其运行状况作出价值评价；八是提出提高工作对象价值的改进方案。

（二）选择价值管理工作对象

价值管理工作对象的选择是开展价值管理的首要任务，需要根据工作主体的需要明确目标、限制条件和分析的范围。一般而言，价值管理分析的对象及其工作范畴的确定需要综合考虑以下因素：一是价值改善需要的迫切性，希望通过价值管理尽快提升项目或产品的价值；二是价值提高预期的大小，只有那些价值提升空间大的对象才需要重点分析；三是价值分析条件的可行性、成熟性，包括信息来源的可靠性、分析方法的科学性、目标对象的可比性等。

价值管理分析对象的选择方法分为定性和定量两类，常用的主要有以下方法。

1. 经验分析法

这是一种根据分析者的经验来选择对象的定性分析方法。由价值管理小组邀请一些对分析对象非常熟悉的技术或管理人员，他们通过集体讨论的方式共同确定价值管理的对象。这种方法简单易行，分析问题较为全面。但其缺点是从定性出发，无定量的依据，工作的质量受参与者主观因素影响较大。一般结合其他定量方法一并进行，以有效克服这种缺陷。

2. 成本比重法

这是一种根据各个部分成本所占总成本的比重来选择价值管理对象的方法，也称相对费用法。一般而言，就一个观察对象而言，其成本投入的总额最高的项目或产品，价值改善的空间也是最大的。步骤大致如下：根据各组成部分的成本计算出总成本；求出各个部分所占总成本的百分比；选择比重大的部分作为价值管理的对象。这种方法操作简单，不受经济和知识面的限制，但是，它只考虑成本而不考虑功能的片面性，容易造成对象选择的失误。

3. 功能比重法

与成本比重法相同，此种方法是选取功能比重大的作为价值管理的对象。其实施的方法是，先对各个部分的功能的重要性程度打分，求出各自的功能重要性系数，选取功能重要性系数大的作为价值管理的对象。此种方法注重的是顾客对功能重要性的区分度，尽管能保证顾客认为重要性大的对象入选，但对于那些顾客认为重要性次要，但功能过剩严重的确需改进的对象会漏选。

4. 功能成本双重比重法

这种方法显然是综合成本比重法和功能比重法而形成的一种方法。其步骤为：计算各要素的功能费用、成本；求出功能比重、成本比重；求出功能、成本比重算术平均值，选大者为价值管理对象。此方法综合了两种方法的优点，不受分析人员主观因素的影响，不受知识面的限制，定性与定量相结合，判断价值管理对象比较客观准确。但是如果功能、成本数据不全，则此方法不能进行。

除上述四种方法外，还有 ABC 分析法、价值测试法、降低费用可能性指数法、目标成本法、相互关系法等。

二、信息收集与数据整理阶段

信息收集与数据整理贯穿于价值管理的全过程，信息收集的完整性和数据处理的科学性决定着价值分析的质量，因为价值管理的分析和决策所依据的基本前提在于各方面信息的收集及对收集的信息进行有效的数据化。

（一）信息收集

一旦确定价值管理的研究对象，项目小组就要针对该研究对象收集价值管理过程中可能用到的所有信息，包括文字数据原材料，建立初步的项目管理数据库。

信息的收集要注意两点：一是信息的完整性。信息的来源可分为直接来源和间接来源。直接来源包括专业人员和技术资料，专业人员通常有市场营销人员、设计人员、成本管理员、承包商、物业管理人员和咨询工程师；技术资料包括图纸、项目说明书、招标文件、项目计划、年度报告等。间接来源包括同类商品的供应商、文献资料、设计标准、法律法规、实验数据、测试结果、定期报告，以及相关类似项目的资料。二是信息的准确性。小组人员要保持灵敏的头脑，善于分析各方面的公开信息，去伪存真；不道听途说，注意信息来源的渠道，特别要关注消费者和使用者这一重要的信息来源，多用权威性的信息和公开的信息，确保收集到的信息是真实可信的。

信息收集的方法有如下几种：一是询问法。询问法就是通过某种方式向有关人员询问问题而收集所需要的信息的一种方法。询问法有人员访问法、邮寄调查法、电话调查法、混合调查法等几种形式。二是观察法。这种方法避免直接向当事人提出问题，而是观察所发生的事实，据此收集所需要的信息。主要有直接观察法、亲身经历法、实际痕迹测量法、行为记录法等几种形式。三是实验法。实验法是指从影响某问题的诸多要素中找出一个或几个因素，将它们置于一定条件下进行实验，利用分析结果得出正确的结论。除上述方法外，对价值管理信息的收集，还可以采取收购、交换、索取、现场采集、复印等方法进行。

（二）数据整理

收集到的大量资料是反映总体单位特征的原始资料，这些资料都是零星的、分散的、不系统的，只能表明各个被调查单位的具体情况，反映的是事物的表面现象，不能说明被研究总体的全貌，也不能说明事物的本质特征，更无法揭示事物的发展规律。因此，必须对这些调查资料进行加工和整理，以反映现象的总体特征。

数据整理是对询问、观察、实验等研究活动中所搜集到的资料进行检验、归类编码和数字编码的过程，它是价值分析的基础。数据整理是根据分析研究的任务和要求，对统计调查搜集到的大量原始资料进行审核、分组、汇总，使之条理化、系统化，得出能够反映总体综合特征的统计资料的工作过程。

整理数据要注意以下几个方面：一是现场收集数据，应逐日、逐周和主管部门所收集的数据做核对，以求整理真实且具有代表性的数据；二是数据改善前后所具备的条件要一致，如此所做的数据整理和比较才有意义；三是发生异常时要采取措施，一定要以整理后之数据为研究依据；四是使用经别人发表的次级数据时应注意原收集数据之目的与数据之来源，原使用单位是否与所要研究者一致，原来收集所得数据的可靠程度，原来收集方法有无重复或遗漏之处等。

三、功能分析与方案创造阶段

功能分析与方案创造是价值管理的核心技术和关键环节，它依据价值管理的基本原理和特有方法，通过分析顾客所要求的必要功能，寻求更优的方案，以实现顾客价值的最优化。

（一）功能分析

该步骤的主要任务是在具体确认价值管理对象所满足的用户的真正需求及需求的最恰当性能强度的基础之上，按照系统的层次，明确地给出价值管理对象及其各部分的功能定义，并提炼出相应的功能系统结构，实现委托方或顾客最大的价值。具体有以下几个步骤：一是识别和定义项目或产品的功能；二是对功能进行分类和整理；三是建立功能关系模型；四是建立功能成本模型；五是鉴别原有方案中需要改进的部分；六是确定价值管理的研究对象。

（二）方案创造

方案创造是指根据顾客的功能要求，在对价值管理研究对象进行功能分析的基础上，根据价值评估的过程及结果，利用头脑风暴法、戈顿法或联想类比法等方法，尽可能多地构想价值替代方案。替代方案相较于管理对象基准方案的改进之处要详细说明，对于管理对象功能提升、成本择优方面要重点突出。要鼓励价值管理工作团队打破等级、部门和传统的障碍，打破权威思维定式，积极思考，畅所欲言，大胆创新，以利择优。

四、价值评价与持续改进阶段

价值评价和持续改进是价值管理的终极目的，对功能分析和方案创造进行价值评价，筛选出最优方案，进而提出价值优化的具体路径。

（一）价值评价

借助于价值分析的方法，对通过功能分析和方案创造阶段产生的新方案进行初步筛选，舍弃一些明显不适合的方案，对剩下的方案进行逐个评价。这种评价具有诊断性的特征，具体从以下几个方面考虑：一是方案是否符合顾客的功能需求；二是明确投入的成本是多少；三是该方案的构思是否可靠、可行；四是新方案投入的成本是否合算；五是新的方案是否可以与其他方案进行综合运用；六是如果可以综合运用，综合后的方案如何更好地实施。

（二）持续改进

在所有替代方案中进行综合评比，确定最终替代方案，展开实施计划。该阶段是价值管理工作实施阶段的具体化，通过实验研究，将替代方案进一步优化和完善，形成较为完整的工作设想，并在详细分析和评价的基础上形成最终的改进设想，最终提供提案建议，并组织实施。具体有以下几方面的内容：一是将替代方案的设想具体化；二是对全部系统和部分子系统进行实验研究；三是将替代方案与原方案进行比照分析；四是对保留的替代方案进行详细评价；五是给出改进方案设想及其影响范围的说明；六是完整整理改进方案设想的内涵及其执行要求；七是形成改进方案的建议提案，将其编号并提交审批；八是对执行过程进行跟踪反馈，审查纠正，对替代方案在实施过程中产生的问题进行及时回应与解决；九是价值管理活动成果总结。

第二章
高校绩效评价的理论基础

当今世界，绩效评价作为各国重塑政府公共管理的基本手段，已经被各国政府广泛采用，发挥着越来越重要的作用。随着高等教育的发展，属于公共管理范畴的高校绩效评价，其产生和发展必然受到新公共管理理论、企业管理理论和高等教育理论的影响。高校绩效评价自产生以来，内涵不断丰富，方法渐趋完善，功能逐步拓展，形成了具有自身特色的评价思想和体系。

第一节　高校绩效评价的发展历程

一、高校绩效评价产生背景

绩效评价最初适用于企业管理领域。伴随我国政府职能的转变和高校办学质量提高的现实需要，对高校开展绩效评价成为政府管理高校的一个重要手段，也是提升高校内部管理水平的核心环节，因此高校绩效评价是高等教育发展到一定历史阶段的产物[❶]，经历了产生萌芽、逐渐走向成熟的过程。其兴起的背后有诸多因素。

（一）高等教育大众化进程与有限经费供给之间的矛盾是萌芽的土壤

美国是世界上高等教育大众化的先行之地，也是世界上第一个完成高等教育大众化进程的国家。20世纪40年代后期，战后的美国人口出现了较大幅度的增长，无论是经济领域还是科技领域，都呈现出前所未有的繁荣景象，高等教育的重要性更是被提到了新的高度，政府通过各种措施保障高等教育的发展。随着退役军人法案的颁布，美国政府出资超过一百亿支持退伍军人接受教育，20世纪

---

❶　张男星. 高等学校绩效评价论［M］. 北京：教育科学出版社，2012.

40 年代末期，进入高校的退役军人约占在校大学生的一半。随后，政府两次延长高等教育法的有效期，保障联邦政府对高等教育的资助。在这种背景下，美国高校的入学率达到了 15%，率先进入大众化阶段。20 世纪 70 年代，入学率达到了 50%，由此进入普及化阶段。无论是高校数量的不断增加还是在校生数量的不断增加，均使得高等教育的规模不断扩大。

20 世纪 70 年代末期，经济危机席卷各国，生产水平大幅度下降，缩减高等教育经费成为特殊情况下缩减财政支出的重要手段，部分国家教育强国的步伐不得已减缓。20 世纪 80 年代以后，美国高等教育进入调整阶段，对高等教育的诉求从规模扩大转为质量提升，高校的绩效被重视，高等教育规模扩张和有限的经费供给成为高校绩效评价产生的土壤，高校绩效水平成为其获得政府补助或者经费资助的参考与依据。

（二）竞争是重要推动力

随着经济全球化浪潮席卷各国，高等教育在国际范围内流动和合作成为一种越发普遍的情况，高校面临来自境内和境外的双重竞争，推动和刺激了高等教育评价的产生。

一方面，随着学生跨境流动数量的增加，对国际高等教育的质量和效率的认识迫切需要一个评价标准，以体现和保证高等教育跨境合作的公平，并作为互相承认学位的参考。另一方面，伴随高等教育和劳动力市场关系的调整，高等教育必须更加重视市场的需求，避免出现某些学科毕业生难以就业，而部分学科招不到学生的尴尬局面。因此，提升绩效水平成为高校在竞争中生存和占有一席之地的重要因素。

（三）公共部门绩效评价是重要影响因素

20 世纪 80 年代，一场重大的公共组织绩效运动在西方国家兴起，这场变革给西方国家公共部门管理带来了很大的改变，行政改革开始追求绩效和效率。以英国为例，1979 年，英国受新公共管理运动所倡导的效率与效益观点影响，政府将这种观点引入高校。1984 年，英国大学校长委员会成立了贾勒特委员会，贾勒特报告在指标体系的设计上从内部、外部、运行三个角度构建了高等院校评价的分类体系。❶ 以此为开端，英国政府引入了一系列绩效管理和评价举措，构建了"立法—评估—拨款"三位一体的绩效管理与问责体系❷。两年之后，英国开展了第一次科研绩效评价，并将评价结果与绩效拨款挂钩。从此，众多发达国家都将效率作为政府机构改革的重要抓手。公共部门绩效评价的观念也深刻影响了绩效评价在高校领域的延伸。

二、高校绩效评价的产生与发展

高校绩效评价的产生与发展经历了不同阶段，从兴起逐渐走向成长，最后形成当前较为成熟和多样的局面。

（一）萌芽阶段

20 世纪 70 年代末期，绩效评价在各国开始萌芽，初现雏形。受经济危机的影响，高等教育经费不得已缩减，人才强国的进度减缓。经费缩减使得有限经费的分配必须考虑绩效因素。这个阶段，高校绩效评价最重要的测量模式就是各种类型的大学排行榜，出台了以各种标准为依据的大学榜单，以对各大学开展比较。

（二）成长阶段

从 20 世纪 80 年代开始，受政府问责思想的影响，高校绩效评价得到了比较迅速的发展，进入成长阶段。

在此阶段，外国学者从评价对象的多角度界定高校的绩效评价，但并没有形成高校绩效评价的权威定义。经济合作与发展组织（OECD）在对高等教育院校管理调查时，将高校管理的绩效评价定义为一种定量的价值，指标测量的对象为那些无法量化或难以量化之物。❸ 英国校长协会和大学拨款委员会的联合工作组提出绩效评价的对象为高校为达到某一具体目标而使用资源及所获得成就之关系陈述，这种陈述通常是定量的，但也包含有价值的信息。❹ 马丁（Martin）对高

❶ 高艳梅，赵国金. 当代英国高等教育绩效评估研究及借鉴 [J]. 中国高等教育评估，2013 (2)：57-61.
❷ 黄丹凤，杨琼. 英国高校内部绩效管理模式探析 [J]. 复旦教育论坛，2015 (2)：87-93.
❸ CAVE M, HANNY S, KOGAN M. The Use of Performance Indicators in Higher Education: A Critical Analysis of Developing Practice [M]. London: Jessica Kings leg Publishers Ltd，1998：40-41.
❹ 代蕊华. 西方高校的绩效指标及其评价 [J]. 全球教育展望，1999 (6)：56-59.

校绩效评价概念作出了一个总结性的概括，认为高校的绩效评价旨在用数量形式对高校的活动特征进行测量和评价，测量的对象在于高等教育机构及其构成要素的活动的关键属性。站在广义的层面来定义高校的绩效评价，并不局限于形式和程序固定的正式评价，也涵盖非正式的评价。❶ 高校绩效评价的概念以一种比较宽泛的方式呈现。

（三）成熟阶段

从 20 世纪 90 年代开始，高校绩效评价进入成熟阶段，各国都开展了适合自己国情的高校绩效评价，高校绩效评价在全球范围内呈现多样化的趋势，高校绩效评价的方法百花齐放。学者马丁使用数据包络分析法（DEA）评价了西班牙一所大学各系部的教学和科学研究绩效问题。随后，学者埃斯特尔（Estelle）也使用该方法对英国 45 所高等教育学校开展了研究，并且用效率来衡量评价结果。❷ 学者艾博特（Abbott）等人采用相对效率为评价方法对澳大利亚 36 所大学的 3 方面绩效开展了评价，并且提出可以借助投入量的减少来提高高校的相对效率。除此之外，同行评价也是国外绩效研究使用较多的方法。国内在绩效评价指标选择和框架构建上，平衡计分卡是数量最多且最常用的一种方法。投入-产出法也是构建评价体系的常用方法。此外，还有因子分析法、熵值法、课堂观察法、档案袋评价法、分类评价法、模糊多属性决策法、面板数据模型、三角模糊数法、随机前沿面模型、博弈论分析法、多准则决策分析模型、效率模型、证据理论、战略成本管理理论、前景理论、模糊数学等 20 多种研究方法。❸ 虽然这些方法在相关研究中使用得较少，但在高校绩效评价中都有所实践和运用。

---

❶ CAVE M，HANNEY S. Performance Indicators In The Encyclopedia of Higher Education ［M］. Oxford：Pergamon Press Ltd，1992：1411.

❷ ATHANASSOPOULOS A D，SHALE E. Assessing the Comparative Efficiency of Higher Education Institutions in the UK by the Means of Data Envelopment Analysis ［J］. Education Economics，1997（2）：117-134.

❸ 王国平，项怡. 国内高校绩效评价研究现状及趋势分析 ［J］. 高等建筑教育，2016（6）：168-173.

第二节 高校绩效评价的理论基础

一、教育经济效率理论

教育经济学研究起源于 20 世纪 20 年代的苏联，其理论形成于 20 世纪 60 年代，主要建立在以舒尔茨（Schultz）为代表的西方经济学家所创立的人力资本理论基础之上。人力资本理论之后由贝克尔（Becker）等学者进一步发展，成为教育经济学的理论基础和核心内容。进入 20 世纪 70 年代，由于西方国家的经济危机，人力资本理论受到质疑，涌现出新的流派。影响比较大的理论主要有三种，筛选假设理论（Screening Hypothesis）、劳动力市场分割理论（Labour Market Segmentation Theory）和社会化理论（Socialization Theory）。这三种理论表面上看来都是对人力资本论的挑战，甚至反对，事实上则是从其他侧面强调教育会带来经济效益的增长，不管是对个人还是对社会。

随着教育的不断普及，教育经济学的研究也逐步深入，涌现出各种新理论，如具有代表性的理论——基于新制度经济的教育产权理论。随着新制度经济学这一新的研究范式的兴起，国外学者很快将其方法的普适性运用到包括教育在内的社会分析之中。例如，美国学者汉斯曼（Hansman）研究发现，营利性企业和非营利性组织的逻辑是相同的，学校这类非营利性组织的非营利性实质是为了减少组织运行成本和交易费用的一种制度安排。新制度经济学在教育经济学领域中的运用基本有两个走向：一是把新制度经济学作为一种新的视角，继而作为一种方法来分析教育中的问题；二是从新制度经济学中挖掘出与教育活动不同层面之间的联系。教育经济学中关于第一个走向的研究就是运用制度变迁理论作为解释高等教育体制改革与结构调整的理论基础。关于第二个走向的研究则是将产权理论引入教育领域，对教育资源配置效率和公平问题进行制度分析，并且提出了教育产权的概念及需探讨的有关问题。

教育经济效率是教育经济学领域研究的重要组成部分，旨在借助于经济学的理论和方法研究教育领域中的投入和产出问题，该理论奠定了高等教育绩效评价的理论基础，为评价的开展指明了方向。一方面，明确了教育经济效率的存在性。遵循人类活动特有的运行机制，高等教育也拥有经济效率和社会效率两种表现形式，其中，经济效率由人力资源利用效率、财力资源利用效率、物力资源利用效率三个组成部分。● 另一方面，教育经济效率是可以定量计算的。该理论所提出的教育经济效率可量化思想，为本文高校绩效评价模型的构建及实证研究奠定了假设和基础，教育经济效率的三个组成部分也奠定了高校价值评价模型中从人力、物力和财力三个角度进行成本分析的理论基础。

二、公共管理理论

新公共管理运动发源于 20 世纪 70 年代的英国，最早由胡德（Hood）提出，以新自由主义经济学及私营企业管理理论和方法作为自己的理论基础，经济、效率、效能成为新公共管理的基本目标。其中比较有影响力的经济理论主要有新公共选择理论、委托代理理论和交易成本理论，这些理论都是新制度经济学的代表。

新公共管理理论的内容主要有：政府职能的重新定位，政府是掌舵（决策）而不是划桨（执行），政府在公共行政管理中应该把管理和具体操作分开；政府应广泛采取授权或分权的方式进行管理，分权是一个具有较高绩效的行政组织必备的特征，只有将权力下放和分散化才能够灵活迅速地调整自身结构以适应形势的需要；在行政服务的态度上，坚持"顾客导向"的价值理念，由"顾客"驱动的政府是能够提供多样化和高质量的公共服务的；将竞争机制引入公共管理之中，通过市场的力量推进政府的变革，竞争机制的引入带来了公共部门服务的市场检验、优胜劣汰的局面；政府部门可以引进私营部门成功的管理经验和先进的技术方法来提高效率，公私部门管理在理论和方式上可以实现融合和贯通；管理是一项需要技能的职能，公共政策领域需要专业化的管理；用绩效和计划预算取代原来的预算制度，对公共部门提供的公共服务以经济、效率和效益为标准进行系统的绩效评估。

● 靳希斌. 教育经济学［M］. 北京：人民教育出版社，2009：3.

在新公共管理理论视角下，绩效管理成为当时政府提供公共产品和服务有效的手段，政府的生产率得到显著、持续的增长。[1] 20 世纪 80 年代，政府财政有限供给和高等教育大众化发展对于经费的极大需求间的矛盾成为制约高等教育规模发展的主要因素，在这个背景下，新公共管理模式逐渐由公共管理领域向高等教育领域渗透，严格的问责制度得以建立，绩效评价和绩效拨款成为政府管理高校的重要手段。为了促进政校分开、管办分离，切实落实高校的办学自主权，政府需要转变直接服务和管理的方式，采用多样化的新型高校管理模式，其中，高校契约管理模式在很多国家得到实践，通过契约来改变资源的自然平均分配方式，进而采用以绩效为基础的竞争模式，即政府和高校建构"伙伴"关系，签订契约，以契约条款为依据，并以绩效拨款等方式作为问责结果的处理措施，旨在通过绩效因素加强高校的履约质量，同时通过绩效评估来考量高校的质量责任。[2]

三、利益相关者理论

利益相关者理论引导了企业绩效评价的价值取向。利益相关者理论认为，任何与企业的经营和发展直接或者间接相关的主体都是企业的利益相关者。每一个利益相关者在以不同方式作用于企业生存和发展的同时，也对企业提出不同的利益要求，企业的决策和发展必须通过相关的实现方式来满足他们的利益诉求。基于该理论所形成的利益相关者价值取向的绩效评价体系已经逐渐成为主流的绩效评价模式，从企业管理视角来看绩效评价和利益相关者的联系，企业管理的目标是多个利益主体共同作用和相互妥协的结果，不同利益主体的利益诉求都可以归根到企业稳定可持续的发展，实现更多价值的创造和增值，以实现企业绩效目标和利益相关者目标的统一，即实现价值的最大化。事实上，该理论的不断成熟和完善也在很大程度上推动和引导了企业绩效评价模式的变革，绩效评价的价值取向也逐渐由以成本为核心逐渐向利益相关者价值转变。

我国高校是一个典型的利益相关者组织，高校的利益相关者包括所有能够在

❶ 戴维·奥本斯，彼德·普拉斯特里克. 摈弃官僚制：政府再造的五项战略 [M]. 谭功荣，等，译. 北京：中国人民大学出版社，2002：146.

❷ 周湘林. 基于新公共管理理论视角的高校管理模式分析 [J]. 教育研究与实验，2014（3）：43.

不同程度上影响大学的决策和发展，同时也被大学的发展过程所影响的个人和群体，包括在高校就读的学生及其家长，在高校就职的教师和管理者，还包括政府、用人单位、校友、债权人、其他高校、社区等。高校内部利益相关者主要指高校内部的学生、教师、院校管理和服务人员。政府和社会各方是高校发展的两个重要外部利益相关者。高校的发展和办学过程也伴随着这些内外部利益相关者的利益诉求，因此绩效评价在某种程度上可以说是满足利益相关主体的一种手段和渠道，表现为回应利益相关者的问责。高校绩效评价的最终目标在于实现不同群体的利益最大化，这和企业管理是相通的。

从利益相关者与行动主体的角度来看，绩效评价意味着高等教育机构回应政府部门、市场、学生、家长等社会公众对问责的要求。因为绩效评价是组织机构回应问责的主要机制，与效率和效能，以及诚实提供有关达到特定目标的行为信息有关。

四、委托—代理理论

委托—代理理论（Principal-agent Theory）源于委托—代理关系，它是商品经济发展的产物，始于20世纪30年代，在20世纪70年代得到迅速发展，由美国经济学家伯利（Berle）和米恩斯（Means）提出，他们认为企业所有者兼经营者的做法存在极大的弊端——倡导所有权和经营权分离，企业所有者保留剩余索取权，而将经营权利让渡。所谓委托—代理关系，詹森（Jensen）和麦克林（Meckling）认为，它是一个人或一些人（委托人）委托一个或一些人（代理人）根据委托人利益从事某些活动，并相应地授予代理人某些决策权的契约关系。授权者就是委托人，被授权者就是代理人。委托—代理理论早已成为现代公司治理的逻辑起点。对此作出开拓性贡献的有威尔森、威廉姆森、罗斯、马里斯、格罗斯曼和哈特等人。

委托—代理理论包括以下几个假设前提：其一，经济人假设。该假设认为委托人和代理人都是追求自身利益最大化的经济人，这是委托—代理关系产生的必要条件。其二，目标函数不一致假设。在委托—代理的关系当中，由于委托人与代理人的效用函数不一样，委托人追求的是自己的财富更大，而代理人追求自己的工资津贴收入、奢侈消费和闲暇时间最大化，这必然导致两者的利益冲突。其三，信息不对称假设。该假设认为委托人和代理人在信息占有中地位是不对等的，代理人比委托人更直观地了解所委托事宜的信息，委托人一般处于劣势，从而给委托人的监督和控制带来了很大困难，增大交易和谈判成本。其四，不确定性假设。代理结果除了受代理人努力程度的影响外，事实上还受到许多代理人难以把握的不确定性因素的影响。❶

委托—代理理论认为，委托—代理关系是随着生产力大发展和规模化大生产的出现而产生的。其原因一方面是生产力发展使得分工进一步细化，权利的所有者由于知识、能力和精力的原因不能行使所有的权利了；另一方面是专业化分工产生了一大批具有专业知识的代理人，他们有精力、有能力代理并行使好被委托的权利。但在没有有效的制度安排下，代理人的行为很可能最终损害委托人的利益。委托—代理理论的中心任务是研究在利益相冲突和信息不对称的环境下，委托人如何设计最优契约激励代理人。

委托—代理理论是过去30多年里契约理论重要的发展之一。该理论认为，不管是经济领域还是社会领域都普遍存在委托—代理关系。自20世纪80年代末期以来，我国高等教育体制改革问题已经展开了全面的探索，建立现代大学制度已成为学界的共识，我国学者正在将委托—代理理论应用于政府与高校关系的研究，越来越多的社会管理活动被纳入委托—代理理论的分析框架，代表新制度经济学的委托—代理理论成为政府与高校之间责权利、放权与让渡博弈的契约理论。在这种委托关系中，政府处于信息劣势，是委托人；高校处于信息优势，是代理人。在政府与高校委托—代理关系的建构中，作为委托方的政府，需要构建授权、宏观、监督、竞投委托—代理负反馈机制；作为代理方的高校，需要构建激励、约束委托—代理的运行机制。两种机制的建立与互动明晰了各自的责任与权利。高校在诉求办学自主权的过程中肩负着从未有过的压力和责任，在政府、社会、高校诸关系中，政府通过自身的掌控，从社会中介组织获取高校的质量、绩效信息，由此确定政府与高校委托—代理的责、权、利边界，以契约或行政合

---

❶　楚鹏举. 浅谈委托代理［J］. 沿海企业与科技，2005（3）：135.

同的形式进行委托—代理。❶

五、投入—产出理论

投入—产出理论是由俄罗斯裔美国经济学家、哈佛大学教授列昂惕夫（Leontief）创立的。他于1936年发表了投入—产出理论的第一篇论文《美国经济制度中投入产出的数量关系》，并于1941年出版了《美国经济结构，1919—1929》一书，详细地介绍了投入—产出分析的基本内容；1953年又出版了《美国经济结构研究》一书，进一步阐述了"投入—产出分析"的基本原理和发展。列昂惕夫由于在投入—产出方面的卓越贡献，于1973年获得第五届诺贝尔经济学奖。应该指出的是，列昂惕夫的"投入—产出理论"曾受到20世纪20年代苏联的计划平衡思想的影响，因为列昂惕夫参加了苏联20世纪20年代中央统计局编制国民经济平衡表的工作。投入—产出技术，无论是在理论方面，还是在实践方面都得到了很大的发展，取得了丰硕成果。早期的投入—产出模型是静态的，后来，随着研究的深入，开发了动态投入—产出模型，投入—产出技术由静态扩展到动态。近期，随着投入—产出技术与数量经济方法等经济分析方法日益融合，投入—产出分析应用领域不断扩大。

投入—产出作为一种科学的分析方法和理论，在国内外曾有过各种名称，如投入—产出分析、投入—产出技术、产业关联分析方法、部门联系平衡法等。投入—产出分析是研究国民经济各部门、再生产各环节间数量依存关系的一种方法，并用于政策模拟、经济分析、经济预测、经济控制和计划制定等方面。投入是指社会生产（包括货物或服务）过程中对于各种生产要素的消耗和使用，包括物质和非物质产品消耗、有形和无形产品消耗（有形：原材料、辅助材料、燃料、动力、固定资产折旧、办公用品等；无形：劳动力、金融、保险、技术专利、服务等）。产出是指生产活动的成果及分配使用去向、流向，包括中间产出（或使用）和最终产出（或使用）。中间使用是指生产过程中使用的产品，最终使用是指当期离开生产过程被用于投资、消费和出口的产品。

---

❶ 李建奇，唐琼玲. 我国政府与公立高校关系研究［J］. 中南林业科技大学学报（社会科学版），2011（6）：3.

投入—产出分析的主要内容包括三个方面：一是投入—产出表。这是投入—产出分析法的基础，反映一个经济系统内部各部分之间的投入与产出之间的数量依存关系的表格（部门联系平衡表或产业关联表）。例如，棋盘式平衡表，将投入纵向排列，产出横向排列，形成棋盘式表格，它的主要功能是为投入—产出分析提供系统的统计数据。投入—产出分析的准确性与编制的投入—产出表有直接的关系。二是投入—产出模型。由于投入与产出分别按产品部门排列形成矩阵形式，可以运用矩阵代数建立投入—产出模型，也可以看成投入—产出表的数学表达式。从不同的方面去分类，投入—产出模型可以分为：按经济内容，可分为固定资产投入—产出模型、劳动投入—产出模型、投资投入—产出模型、生产能力投入—产出模型等；从产品的计量单位，可分为实物型投入—产出模型和价值型投入—产出模型；从所包括的范围，可分为全国投入—产出模型、地区投入—产出模型、部门投入—产出模型、企业投入—产出模型及世界性或区域性投入—产出模型；从投入—产出表的性质，可分为静态投入—产出模型和动态投入—产出模型。三是投入—产出分析的应用。投入—产出分析的应用是在建立投入—产出表和投入—产出模型的基础上作出的各种经济分析进行经济预测，编制计划，并作经济政策分析与模拟研究。投入—产出表是进行投入—产出分析的基本条件，需要第一步完成，而投入—产出模型是投入—产出分析的核心环节，是最重要的步骤，最后一个步骤是针对实际情况应用投入—产出模型进行分析。

投入和产出两者的比值反映出组织效率和效益，一方面是完成目标的程度，另一方面是运用资源的能力。由于投入—产出理论和方法能够体现高校绩效评价，突出办学效益的目的，在高校绩效评价领域中也逐渐得到应用。因为从本质上而言，教育投入也是一种生产性投入，人力资源、财力资源、物力资源都是办学成本的不同投入形式，因此也存在效益和效率的问题，符合投入—产出绩效评价的基本条件，将高校评价置于投入和产出向量的二维空间。

第三节　高校绩效评价的基本原理

一、高校绩效评价的内涵

（一）绩效

绩效，从字面语言来理解，包含"绩"和"效"两个部分，即成绩和效率。在经济领域中，其含义为社会经济管理活动的成效和结果；在人力资源管理中，表示投入和产出在主体的行为和结果中所产生的比值；在政府公共管理领域中，它是一个包含多元目标在内的衡量政府公共行为和活动成效的概念。因此，我们对绩效的概念作如下理解：绩效是指一个社会组织（包括政府、企事业单位、社会团体等）或者个人在一定时期内，就某项作业或活动中所有投入及产出的情况，投入是指在该作业或活动中消耗的人力、物力、财力等物质资源，产出是指该作业或活动在数量、质量及效率方面的完成情况。

（二）高校绩效

就高校而言，绩效是指在其办学的过程中投入一定的人力、物力、财力等物质资源，满足用户（政府、社会、企事业单位和个人）在人才培养、科学研究、社会服务及文化传承等方面的需求，实现其办学目标和任务，在数量和质量方面的完成情况。从这个定义中可以看出，高校的绩效包含两组要素，即投入与产出、数量和质量。产出与数量直接相关，通常情况下是以绝对值的形式出现；质量不仅与数量相关，更与投入紧密相连，质量关注的是投入在多大程度上转化为产出，通常情况下是以相对值的形式表现出来。所以，评价一所高校办学绩效的高低，既要关注其产出的绝对量，更要关注实现这些产出所有的投入。

（三）高校绩效评价

由上述概念出发，可以对高校绩效评价作如下定义：社会组织或高校组织内部依照预先确定的标准和一定的评价程序，从投入与产出两个维度，运用科学的评价方法，按照评价的内容和标准对高校运行整体或局部状况进行定期和不定期的考核和评价。

二、高校绩效评价的特征

绩效评价理论和方法出现于企业，最早也适用于企业，因而对企业活动的绩效评价具有较强的适用性。只有在充分把握高校办学的本质特征和产出的特殊性的基础上考虑和借鉴，才能最大限度地体现高校绩效评价在评价目的、对象、范围等方面的针对性。

（一）全面性

组织目标是评价一个组织绩效的首要要素，对于营利性组织而言，其盈利能力是绩效评价的首要目标，通过定量指标可以充分体现其盈利能力，评价直观而简单。高校作为一个非营利性组织，承载着多样的办学功能和多元化的办学目标，其绩效目标也是多元的，这就要求高校绩效评价兼备全面性，具体表现在两个方面，一方面，从高校绩效的输出来看，在学校整体层面，既有人才培养、科学研究、社会服务等方面的总体发展目标，也有在总目标体系下设置的各职能目标，包括师资队伍、学科建设、教学工作、学生管理、国际合作和后勤服务等。另一方面，从高校办学的输入来看，高校的办学成本以政府财政拨款为财力资源的主体，还有人力资源设置和配备的投入，以及土地、房产、实验设备、图书资料等物力资产的投入。对高校绩效进行评价，无论是高校办学的输入方面还是输出方面，选择的指标都必须包含高校办学过程的整体特质，因此高校绩效评价具有全面性。

（二）特殊性

高校绩效评价的特殊性为产出的特殊性。高校的产出具有公共产品的特性，表现为培养的学生、取得的科研成果及为社会所提供的服务，实际是蕴藏其后的专业知识和发明创造。相比营利组织，其产出目标的衡量是模糊的。对其进行评价时，既要考虑数量因素，也要考虑质量因素，无形而无法量化，难以确定和衡量。因此在进行指标选择时，可采集性和可行性是重要的权衡因素。指标能否量化并且顺利采集，在一定程度上决定了评价的成败。高等教育服务的特殊性使得一些指标是高度定性的，因而定量研究和数据采集具有一定的困难，可在尽可能保留定性指标的内涵的同时选取可实现的替代性指标。此外，高校产出的功能之间不能完全独立和分裂，存在一定程度的交叉和互相影响，这为高校绩效评价指标的选择和确定增加了难度，也是高校绩效评价的特殊性所在。

（三）导向性

高校绩效评价的最终目的在于以评促改，不存在为了评价而存在的评价，评价开展的最终目的在于提高高等教育的质量，提高资源配置的合理性和有效性。因此，高校绩效评价的结果对于未来绩效的改进和提高具有导向和反馈作用：绩效评价是改进的基础，绩效改进是评价的最终目的，应通过绩效评价发现实际运行中的不足，并基于评价结果开展具有针对性的改进和提高。

通过对绩效评价的结果进行分析，继续保持绩效较好的部分，并针对绩效偏低的部分有针对性地改进，以更好地发挥绩效评价的导向作用。

三、高校绩效评价的功能

（一）开展绩效评价成为政府管理高校的必然要求

近年来，我国地方政府和中央政府逐步加大对高校的财政投入，教育经费投入在国民生产中占据着重要的位置。2012 年，我国已经实现教育经费占 GDP4%的目标，"十三五"规划提出将比例逐步提高到 4.5%，2017 年 9 月，国家三部委正式公布了建设"双一流"高校名单，标志着国家建设高等教育强国战略已进入了实施阶段。然而，逐步增加的财政性教育经费仍然无法满足大众化阶段高校的实际发展需要，高校办学实际所需的经费与国家所能够提供的财政支持之间依旧存在差距，解决这种差距对于我国高等教育内涵式发展具有基础性意义。因此，用价值管理的思想和方法对高校绩效进行评价，对不同类型高校的办学绩效有一个全面和科学的评价和比较，可避免高校发展中的马太效应，实现社会总体教育资源的合理配置。

（二）开展绩效评价是提升高校内部管理水平的核心环节

西方的新公共管理运动催生了高校绩效管理的兴起，在市场化条件下，政府拨款机制的改革激发了高校间的竞争意识。同时，随着封闭性被打破，高校发展离不开外部资源的支持，办学绩效也日益受到外部利益相关者群体的关注和重视，提高高校的运行绩效是回应院校竞争和公众监督的必然选择。通过建立高校绩效价值评价模型，对高校办学的成本投入和所实现的功能进行分析，客观反映高校运行的绩效，分析高校运行发展中存在的问题，有助于高校了解自身运行的状况，不断提高办学质量和效益，提升高校内部管理水平。

（三）开展绩效评价是"双一流"建设的重要手段

《国家中长期教育改革和发展规划纲要（2010—2020 年）》明确提出要将竞争机制引入高校，在高校范围内开展绩效评价，实行动态管理。[1] 2017 年出台的"双一流"建设办法中明确提出了要建立以绩效为高校激励杠杆的制度，将第三方评价引入高校评价之中，将评价结果作为政府对高校的动态支持和管控的重要参考因素，视高校发展的进程和实际效益适当增加或者减少支持，从而不断调整支持力度。开展绩效评价已经是当前我国高校实现"双一流"建设任务的重要手段。

我国高等教育事业的改革和发展迫切需要对高校的绩效评价进行深入的研究和探讨。将价值管理的基本思想和方法引入高校绩效评价，站在政府、第三方的立场，或者在高校组织内部，结合高校提供的产品——高等教育服务的特殊性，对高校运行的成本和功能进行分析，建立高校运行绩效的价值评价模型，制定统一的评价标准，根据绩效的内在原则，对同一类型高校在办学过程中投入的成本和所实现的功能进行科学、客观、公正地衡量、比较和综合评价，以期在高校办学和发展过程中，提高资源配置和利用的效率，用最少的资源占用满足高校发展所必要的功能，实现价值最优化，从而推动高校事业健康发展，提高办学质量。

四、高校绩效评价的原则

（一）对象分类性

分类是评价的基础。考核指标需要分类，"美国新闻与世界报道"（通俗称为"美新周刊"）的全美大学排名多次被誉为最合理的大学排行，拥有较大的

---

[1]　人民出版社. 国家中长期教育改革和发展规划纲要（2010—2020 年）［M］. 北京：人民出版社，2010：2.

影响力，归根结底在于其评价背后对于大学的合理分类。当前，我国高校的分类发展、特色化定位仍需要高校绩效评价的分类指挥棒体系。强调分类评价的思想，就是要劝诫不同的高校回归到自己能够立足的基石上。

（二）结果导向性

绩效评价的最终目的在于提高高等教育的质量，提高资源配置的合理性和有效性，不充分发挥结果的导向和反馈作用，评价的最终目的就无法达成。充分发挥结果的导向作用，必须实现结果的公开与财政拨款挂钩，从而实现绩效改进。评价结果的导向性是高校绩效评价的重要特征，评价结果必须与绩效改进相挂钩。一旦二者存在分离，基于评价结果的公开性与激励因素的相互分离，原本基于绩效评价基础之上的绩效改进就无法发挥应有的作用。绩效评价是改进的基础，绩效改进是评价的最终目的，应通过绩效评价发现实际运行中的不足，并基于评价结果开展具有针对性的改进和提高。

（三）过程的可行性

可行性是评价开展的基础，绩效评价的开展必须建立在可行性的基础上。因此，绩效评价过程的可行性也是绩效评价开展的重要特征。可行性表现为两个方面：一方面是数据的可量化性。高校作为非营利性组织，不同于企业，其产出具有一定的潜在性和长期性，存在不可量化的部分。出于绩效评价本身的定量性，要求评价必须建立在大量的数据和充分的定量研究基础之上，这样评价才更有说服力。但是，这是与高校功能中不可量化的部分，尤其与社会效益部分是相悖的，因此，采用可量化的替代性指标尽可能去实现绩效评价的可行性对于评价的顺利开展是必要的。另一方面表现为数据的可采集性。高校的绩效评价本身就是一项浩大的工程，涉及非常烦琐和庞大的工作量，尤其在指标体系的构建方面，无论是评价指标的全面选择，还是实证数据的获取和计算，要求研究者注入大量的心血和投入大量的研究工作，只有通过大批量数据的采集才能保证评价的可行性。

第四节　高校绩效评价的指标体系

一、绩效评价指标的概念

绩效评价指标是承载绩效评价的载体，作为评价组织和系统绩效的工具和手段，在绩效评价的开展中起到决定性的作用。绩效指标本身具有比较大的差异性，不同的学者和不同的研究之间都呈现较大的差异。世界经合组织强调，绩效评价指标的作用是测量那些难以量化之物的数量价值。[❶] 绩效评价指标作为反映评价对象某种产出水平的工具，在不同类型评价对象的比较中发挥着重要作用。

二、绩效评价指标的结构形式

绩效评价指标的结构是指标的构成形式，包括三种。第一，空间结构。典型的有 1985 年英国"贾勒特报告"将绩效指标分为内部、外部和运行三类。第二，时间结构。英国大学拨款委员会将绩效指标划分为输入、过程和输出三类。第三，形式结构。卡伦（Cullen）根据管理的概念将绩效指标分为经济指标、效率指标和效益指标。评价主体的视角不同，形成了绩效评价指标不同的结构形式，且不同的结构形式之间相互联系。

三、绩效评价指标的类型

当前，国内学者对于高校绩效评价做了很多探索，也出现了不同特征和类型的高校绩效评价方法。大学排行榜作为高校绩效评价最常见的方法，构建了不一样的评价体系，具有各自的特色，拥有一定的合理性。下面选择三种具有代表性的评价方法进行分析。

---

❶ 牛奉高，邱均平. 基于效率指标体系的高校绩效评价研究 [J]. 高教发展与评估，2013，29（6）：49-56.

（一）产出成果型

作为国内持续时间最长的大学评价，武书连组长主持的"中国大学评价"迄今已经有近30年历史，每年以高考志愿填报参考书的方式呈现，具有一定的社会影响力。由于评价只考虑了高校运行产出的成果指标，本书将其概括为产出成果型。

最新出台的《2020年中国大学评价》对全国所有的普通本科院校进行了评价。通过对排名的指标体系进行详细的分析发现，其是从人才培养和科学研究两个层面进行打分，下设研究生培养、本科生培养、自然科学研究和社会科学研究四个二级指标，选择了包括本科毕业生升学率、教师学术水平和新生质量等详细指标作为评价标准。

该评价方法以分数的形式呈现高校的综合实力——对高校的办学水平和运行情况进行打分和排名，同时将学校划分为不同的类型，非常直观明了地比较了不同高校在人才培养、自然科学研究和社会科学研究方面的产出成果水平。此类评价重点关注高校产出的绝对值，用人才培养和科学研究两个成果性指标来衡量高校的办学效益，简单有效。但是对此类评价的质疑也从来没有暂停过，一个重要的原因在于高校本身发展水平存在差异，资源投入水平也存在差距，用同样的绝对产量标准来衡量不同发展水准的高校，是对高校、存在自身水平和资源投入差异的忽视，使那些获得资源较少的高校即使努力程度再大也无法以绝对产量的大幅提升获得高评价❶，忽视其他因素直接比较高校产出成果的绝对值，容易造成高校发展的马太效应，即本身实力强的高校一直处于优势地位，而本身发展较为薄弱、资源投入较少的高校始终处于劣势地位。曾有学者质疑，我国的高校评价中重大轻小的问题非常普遍，也是广泛存在的。❷

（二）投入—产出型

2009年中央教育科学研究所（现更名为中国教育科学研究院）高等教育研究中心（现为高等教育研究所）发布了《中国高等学校绩效评价报告》，这个带

---

❶ 中央教育科学研究所高等教育研究中心. 影响高校绩效的主因是资源有效利用 [J]. 中国教育报，2009（12）：9.

❷ 彭灿.《中国大学评价》质疑——兼与武书连先生商榷 [J]. 科学学与科学技术管理，2000，21（12）：65-66.

有官方性质的机构将样本高校划分为综合类、大理类和大文类 3 个类型，对 72 所教育部直属高校进行绩效评价，将高校的绩效划分为绩效偏高、绩效相当和绩效偏低 3 种类型，显示了不同院校绩效水平存在的差异。❶ 鉴于其从投入和成本两个方面确定指标体系，本书将其概括为投入—产出型。

该方法以经济管理学中的投入—产出理论为基石，将投入与产出的比值作为评价依据，开展高校绩效评价，通过探讨高校资源投入和成果产出之间的相对关系来评价高校运行的绩效情况。该方法从人力投入、财力投入和物力投入 3 个方面选择了 12 项成本指标，从教学产出、科研产出和社会服务产出 3 个方面选择了 21 项产出指标以确定投入和产出两个方向的得分，并将得分排序之间的差数作为确定绩效的依据。

与武书连的"中国大学评价"相比，该评价方法最大的不同在于将高校的投入指标纳入了确定绩效的评价因素，不单单从产出结果的角度判断高校绩效，而是将投入和产出的相对值作为评价依据，克服了绝对性评价只考虑产出指标的不足，以产出和成本二者的比值得出评价结果，相对而言更具有科学性。但是随着教育资源的投入，高等教育产出存在一定的边际效应，即办学的绩效并不会随着成本的不断投入而始终保持上涨，该评价方法对这一问题没有作出很好的解释。

（三）投入—产出—效益型

武汉大学邱均平教授牵头完成的中国大学及学科专业评价报告，相比前两种评价类型，此类评价充分引入了效率指标，更好地实现了投入、产出、效益三者兼顾。因此，本书将其概括为投入—产出—效益型。

在 2018 年的研究报告中，该评价方法将高校划分为理工、综合、文法等 10 个类型，对我国共计 2600 多所高校进行了评价，在指标的选择上新增了部分与"双一流"建设相挂钩的指标。针对不同类型、层次的高校，在评价指标体系和权重中都做了相应的调整。

与前两种评价相比，这类评价在评价指标的确定和权重的调整上更具有灵活性，评价更具有针对性，考虑了高校运行的效益，克服了"同一把尺子"的评价误区，实现了完全意义上的相对评价，高校运行过程中局部功能的效益比较清

---

❶ 袁振国，张男星，孙继红. 2012 年高校绩效评价研究报告 [J]. 教育研究，2013（10）：55-64.

楚地得以彰显，以便更有针对性地开展后续的反馈和改进工作。

纵观当前比较有代表性的三种评价类型，各有所长，拥有自己特色的同时兼具一定的科学性，能够在一定程度上反映高校运行中存在的部分问题，兼顾终结性评价、形成性评价和过程性评价。但是，在对绩效评价结果的诊断分析中缺乏对未来绩效发展趋势的预测。是否以最少的教育资源投入获得最多的教育成果产出就是最好的？这种绩效水平是否可以继续维持？要如何保持这种稳定的绩效水平？在这几个问题上，还缺乏进一步的深入探讨。

第五节　高校绩效评价的方法论解析

一、常规的评价方法

（一）综合计分法

综合计分法是常规的评价方法里面比较简单可行的一种。该方法建立在专家打分的基础上，通过对评价指标进行打分，由各个单个指标评分的总和得出评价的最终结果。该方法作为评价中最简单的一种，简单可行，易于理解和接受。但是由于受到专家主观因素的影响较大，综合计分法具有比较大的主观性，不够科学和客观。

（二）最优值距离法

顾名思义，最优值距离法是以最优值为参照标准的评价方法。在确定了最优值的基础上，将各个指标的实际数值与最优值进行比较，二者之间的差值就是评价的结果。通过与最优值的比较，能够清楚地反应各指标的原始数值情况。但这种方法也存在一定的不足，即评价的结果呈现单向的结果，表现为单项正向或者负向，不存在两种都存在的情况。

二、系统评价方法与运筹学评价方法

（一）层次分析法

层次分析法（AHP）是一种通过确定权重系数进行评价的实用有效的分析方

法。1971 年，美国匹兹堡大学教授萨蒂（Satty）创建层次分析法，可对不确定问题的决策分析进行非常系统化的判断。该方法的主要目标就是将复杂问题系统化，主要优势在于解决矛盾和制定集合化的决策。在面对矛盾冲突时，根据各个指标因素权重分析，按重要程度、优势强度顺序排序，最后找到恰当的方案。

层次分析法在实际操作过程中也十分便捷：建立层级结构，结合定量分析与思维过程中的数学计算，根据客观现实的模糊判断，给出每个层次的相对重要性，计算各个因素对于整体的权重，最后进行一致性检验，具有很强的实用性。它用数学方法确定各因素相对重要性顺序的权系数，从而为决策提供科学依据。

（二）数据包络分析法

数据包络分析法于 1978 年由美国著名运筹学家查恩斯（Charnes）和库珀（Cooper）提出，主要利用多项投入指标和多项产出指标进行线性规划。数据包络分析法主要采用数学规划方法，利用观察到的数据样本资料，对决策单元进行生产有效性评价或处理其他多目标决策问题。[1]

数据包络分析法在企业绩效评价中得到了比较广泛的应用，逐渐向高等教育领域延伸。查恩斯和库珀最早将该方法应用到教学效果的评价中，从投入和产出两个维度确定指标，产生了一定作用。我国学者也逐渐将其应用到高校各个领域的绩效研究中。段永瑞、霍佳震通过构建数据包络分析模型，以 50 所科研院校的科研绩效为研究对象进行了实证研究。[2] 高校院系的绩效问题也是数据包络分析法应用的热门领域。郑美群、杨盛莉利用数据包络分析法，选取各学院的教职员工的数量、财务支出和基础设施投入作为输入指标，以各学院的在校生数、毕业生的就业率和科研积分为输出指标，对高校各院系绩效的相对有效性进行评价。[3] 李芳将该方法应用到医学专科学校的教学质量评价研究之中，选择教师教学态度、教学方法、教学内容等作为输入指标，选择学生平均成绩、教学满意度

---

❶ 焦宝聪，赵意焕，董黎明. 基于数据包络分析的教育信息化绩效评价模型 [J]. 电化教育研究，2007（4）：38-41.

❷ 段永瑞，霍佳震. 基于数据包络分析的高校科研绩效评价 [J]. 上海交通大学学报，2007（7）：1074-1077.

❸ 郑美群，杨盛莉. 数据包络分析法在高校学院绩效评价中的运用 [J]. 东北师大学报（哲学社会科学版），2008（5）：32-36.

等指标作为输出指标，对医学高等专科学校的 10 个班级的教学质量作出评价。●
刘利、贺向前等将该方法应用到高校院系的绩效评价之中，以某院校各个学院资源投入与产出数据为样本，测算得出各学院运行的相对效率，在此基础上提出资源配置的改进方案。❷

三、多元统计评价方法

（一）主成分分析法

主成分分析法是一种在统计学领域应用较多的方法，最初由皮尔森（Pearson）引入，随后由霍特林（Hotelling）进行推广。在进行研究的过程中，研究者往往要从多维度、多层面确定研究指标，以全面客观地反映研究对象的全部情况，因此不可避免地存在不同指标之间一定程度的重复，而不同指标会在不同程度对彼此造成影响，存在一定相关性，对研究结果造成影响。主成分分析法的核心思想在于降维，是通过构建一组全新的不相关的指标来替代原有众多互相相关指标的方法。因此，其最大的优点就在于可以消除指标之间相关性对评价结果带来的影响，使评价的结果更加科学、客观。主成分分析法在确定不同指标权重的时候也有比较广泛的应用。周宁、王惠文运用主成分分析法，针对样本高校某学院不同岗位和级别的教师的整体绩效动态变化进行了研究，在此基础上对高校教师的绩效管理有针对性地提出了建议。❸

（二）因子分析法

因子分析法是通过构建因子、解释因子，并在此基础上对因子变量计算得分的一种多变量统计方法。其核心思想在于对研究变量进行分类，将具有相关性的变量划分到同一类，每一类就代表了同一个结构，即公共因子。因子的构建可以减少项目的变量个数，简化研究变量。张国玉以教育部直属的 20 所综合性高校

---

❶ 李芳. 基于数据包络分析的医学高等专科学校教学质量评价研究 [J]. 中国成人教育，2012 (9)：86-88.

❷ 刘利，贺向前，李建平，等. 数据包络分析方法在高校院系绩效评价中的应用 [J]. 西南大学学报（自然科学版），2012，34 (3)：122-126.

❸ 周宁，王惠文，韩小汀，等. 基于简化的区间数据主成分分析的高校教师绩效分析 [J]. 数学的实践与认识，2012，42 (20)：28-37.

作为实证分析的样本，选取样本高校 2002 年度的数据，选择了 15 项产出和结果指标构建绩效评价模型，利用因子分析法开展实证研究，研究显示因子分析法在高校绩效评估中具有应用的可能性和有效性。[1] 与之相似，姜彤彤、武德昆在对高校绩效的影响因素充分分析的基础上，构建了由 4 个方面 18 个指标组成的高校绩效评价指标体系，利用因子分析法对教育部直属高校开展了绩效评价，根据实证结果对高校绩效的提高提出改进意见：提高公共因子是提高高校综合绩效的重要途径。[2] 吴晓莉将因子分析法应用到高校财务绩效评价研究中，得出影响高校财务绩效的 5 个影响因子，其中教学绩效因子和科研绩效因子为核心影响因子。[3]

---

[1] 张国玉. 高校绩效评估量化研究——因子分析法的应用 [J]. 国家教育行政学院学报，2008 (6)：16-24.

[2] 姜彤彤，武德昆. 基于因子分析的高校绩效评价方法及实证研究 [J]. 黑龙江高教研究，2011 (3)：39-42.

[3] 吴晓莉. 基于因子分析法的高校财务绩效评价研究 [J]. 财会通讯，2013 (5)：49-50.

第三章
价值管理在高校绩效评价中应用的基本原理

价值管理是在价值工程/价值分析的基础上发展起来的一种系统的管理思想和方法，广泛应用于企业生产和管理之中。将价值管理的理论与方法应用到高校绩效评价之中，建立"功能—成本—价值"绩效评价方法，是一种管理方法和手段的创新，必须完成自身的理论建构。对于企业及其他各种经营性事业单位而言，其绩效的高低可以通过获利率、市场占有率等指标来衡量。高校属于非营利性组织，没有营利动机的驱动，对高校进行绩效评价不能模仿企业的指标体系，就其操作层面而言远比企业要复杂得多，需要寻求新方法与路径。管理大师德鲁克（Drucker）认为，非营利性组织不是靠利润动机驱使，而是靠使命的凝聚和引导，评价非营利性组织的绩效应主要看其达成使命的程度。● 因此，高校作为一个非营利性组织，在社会的发展中有着自己独特的使命。通过人才培养、科学研究、社会服务和文化传承等职能实现自身的办学目标，从高校的使命出发，我们可以借助某种方法解析高校的办学活动，并通过设立指标体系进行量化，进而对其进行绩效评价。价值管理的基本原理是根据功能与成本之间形成的特定关系，从某项作业或活动的有关方面开展创造性的工作，以寻求提高价值的方法和途径。"要以最低的成本费用，向用户提供所需要的功能"，这是麦尔斯价值分析的思想基础。结合到高校绩效评价的实践之中，则可形成一整套源于实践，同时又高于实践的学理体系。

● 彼得·德鲁克. 非营利组织的管理［M］. 吴振阳，译. 北京：机械工业出版社，2007：2-6.

第一节 用户需求的功能本质性原理

在价值分析的过程中，功能是隐藏在价值管理对象背后的本质，高校的教职员工所从事的生产劳动的成果，表面上看是与教学、科研工作密切相关的活动，而实质上是隐含在该活动中所要实现的功能。教学、科研活动是实现功能的载体，是功能的具体表现形态。我们分析高等教育用户需求的本质就可以清楚地看出，用户需求的不是教学、科研活动本身，而是该活动所能给用户提供的功能，也就是为社会培养的具有专业知识的人才、蕴含在科研成果中的发明创造和为社会发展提供的各种知识服务。高校价值管理的核心是功能分析，从形式上看，分析的是教学、科研活动的过程，实质则是从价值管理对象中抽出其本质特征——功能，以从功能分析出发，通过创造性思维活动找到实现功能提升的新结构和新举措。功能具有如下特征。

一、功能的二重性

中华人民共和国国家标准《价值工程基本术语和一般工作程序》（GB 8223—87）对功能的概念进行了定义，即功能是对象能够满足某种需求的一种属性。从上述定义可以清楚地看出，功能是一种"属性"，是价值分析对象所固有的性质。从这个角度来理解，功能具有客观性，而作为"满足某种需求的一种属性"，必然与人的主观感受相联系，因此，功能又具有主观性。客观功能是可以计量的功能，可以用一定的数值来表示功能水平大小或高低，用定量的方法来表示；而主观的功能取决于人的主观感受，需要采用某种方式进行判断，用定性的方法来表示。

二、功能的系统性

与高校办学绩效相关的功能由相互联系、相互区别的诸多要素组成，是一个包含局部与整体功能在内的多层级的、有序的、系统的有机整体。总功能由各局部功能组成，但不是局部功能的简单叠加，而是局部功能的有机综合，彼此间既相互联系又相互制约。各局部功能还可以按序列再度细分，形成一个层级的结构。总体功能是局部功能的目的，局部功能是总体功能的手段。在功能系统中，目的功能是上位功能，处在功能系统的上端；手段功能是下位功能，处在功能系统的下端；同一功能既是下位功能的目的，又是上位功能的手段，从而构成功能的等级序列。

三、功能多余的无效性和不足的破坏性

具有系统性特征的功能是一个有机协调的整体。一方面，在高校教学、科研活动中，相对于用户需要的必要功能而言，存在着多余功能或称过剩功能，它们无法单独发挥作用而处于无效状态，用户为此还需要支付寿命周期费用，造成不必要的资源浪费。而另一方面，任何局部必要功能的不足或缺失都会造成总体功能的失血而影响整体功能的发挥，进而会造成整体功能水平的下降，影响高校的办学绩效水平。

四、功能载体的替代性

高校用户需求的本质是高校的办学功能，而实现功能的路径具有多样性的特征，也就是说实现同一个功能可以选择多个载体。从这个意义上说，实现同一目的的功能可以有多种不同的手段，具有相同功能的载体是可以相互替代的。功能载体的替代性是价值分析/价值工程有效进行的逻辑起点，也是高校价值管理创新活动的基本途径之一。在高校的教学、科研活动中，人才培养模式改革，科研工作的体制、机制创新等，都是功能载体替代性特征最好的诠释。

第二节　功能—成本统计相关性原理

高校办学功能的实现需要投入一定的人力、财力和物力资源，投入的资源是形成办学功能和物质基础，而在经济方面则表现为其中所含的物化劳动和活劳动的总量，即实现学校功能的办学成本。由于影响办学成本的因素非常多，从微观上讲，办学的功能与成本之间是一种不确定的关系，但是理论研究和经验统计事

实表明，这种不确定是相对的，高校办学的功能水平与其投入的成本之间具有宏观的统计相关性，即功能—成本的统计相关性原理。

一、功能—成本的正相关性

在一定的社会经济环境和技术条件下，对于给定的分析研究对象，观察其功能与成本之间的关系可以发现一个规律，即实现每一功能水平的成本都近似地服从正态分布的规律，也就是说存在一个成本额的高频值——期望值。如果将每个对应于功能水平的成本期望值连接起来，就构成了功能与成本的宏观相关曲线，如图 3-1 所示。

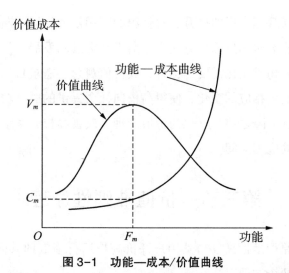

图 3-1　功能—成本/价值曲线

一般情况下，随着功能的提高，其成本也缓慢增加，当功能水平随着成本的增加而提高到一定的程度后，继续提高功能水平将会造成成本的大幅度提升，体现在曲线图上则是斜率增大。该原理的重要性在于为功能—成本/价值分析提供了理论依据和技术路径。从价值管理的理论公式可以看出，在功能水平较低的区域，由于功能的增加幅度大于成本的上升幅度，其分析对象的价值是上升的；而在功能水平较高的区域，功能提高的幅度小于成本上升的幅度，其分析对象的价值是下降的。因此，在两者运动过程中，当功能值为 F_m，成本值为 C_m 时，必然会出现一个极大值 V_m，此时价值最优。

二、最小成本存在性

由功能—成本正相关性原理可以推知，在一定的经济环境背景、办学条件和管理水平下，对于同一水平的功能可以由多种路径来实现，且在这些现实产生的诸多成本中必然有一个最低的成本。并且，随着办学外部环境的变化，以及高校内部管理体制机制的变革和管理水平的提升，相对于该功能水平的最低成本呈自然下降趋势。

三、功能及成本的外在干扰性

随着学校内部管理水平的提升，对资源的利用效率得以不断提高，高校内部活动所提供的功能的质和量两个方面产生渐进和突破的发展。但是，由于高等教育用户日益增长的物质文化需要的提升，其价值观念、需求目标心理因素及社会购买力水平也会发生相应的变化，使得高校向社会提供的原有功能对用户所显示的满足程度呈自然下降之势，这也为价值管理、改善高校办学绩效所作出的价值分析提供了广阔的应用空间。

第三节　价值准则性原理

价值准则性原理是指高校与其用户评价高校运行绩效的共同标准是其价值。具体表现在以下两个方面。

一、功能强度的相对必要性

从价值管理的公式 [即式（1-1），$V=F/C$] 及功能—成本统计相关性原理可知，只有适宜的功能水平才能使成本相对较低。在办学水平的低功能区，由于功能提高的幅度大于相应的办学成本的上升幅度，提高功能水平时其价值是上升的；而在办学水平的高功能区，由于功能提高的幅度小于办学成本的上升幅度，所以，其价值随着功能水平的提高而逐步降低，在由升转降的过程中出现了一个极大值，与这个极大值相对应的是实现的功能与其投入的办学成本比值处于最佳状态。这个极大值的出现为高校根据现状提升办学绩效提供了有效路径：当目前功能水平处于低功能区域时，由于实现功能投入的办学成本较低，提升价值以提高竞争力应该以加大成本投入为首选，较少的投入能够获得较高的收益；反之，当目前功能水平处于高功能区域时，由于实现功能投入的办学成本较高，提升价值以提高竞争力的主要路径应该以降低成本为首选，在此基础上，努力保持功能水平不变或略有提高，并积极采取措施消除过剩的功能，从而大幅降低成本，提高价值。

二、功能费用的用户立场性

高校用户需求的本质是高校所提供的产品（高等教育服务）的功能，用户在购买其产品时，总是将其获得的产品的功能与所付出的费用相比较，以获得更多的效用。当用户付出大体相同的费用时，总希望得到更多的功能，以最大限度地满足其需要；而当所购产品的功能大体相同时，又总希望尽量减少费用的支出，以求得最大的价值。

价值准则性原理要求高校必须站在用户需求的立场来指导自己的办学实践，通过内部管理水平的提升不断降低办学成本的投入，并改善所提供产品的结构，提高其功能水平，以不断提升办学水平和办学效益，达到学校满意与用户满意的统一。

第四节　高校绩效评价价值分析法的特征

一、绩效评价概念的价值导向

价值管理思想以寻找提升价值的有效途径为展开工作的基本思路，通过功能和成本之间的匹配关系，判断高校运行的价值状态，突破了传统经济学意义中以较小投入换取最大产出，即为效率最优的思维限制，创造性地提出价值最优概念只有在符合价值规律的运行状态，即实现高校运行中功能产出和投入成本的匹配才是稳定和可持续发展状态。运行中出现的价值溢出的高效率状态或者价值短缺的低效率状态，都是不可以持续、需要改进的。这种以价值为导向的评估方法促进了高校可持续的健康发展。

二、绩效评价过程的问题导向

价值管理在本质上是一个围绕价值概念发现问题、解决问题的过程，价值管理的诞生就源自企业在物资短缺的环境下材料采购面临的极大的问题，因而产生了如何实现产品必要功能，实现原材料替代的思路，有针对性地对原材料的功能和成本进行分析，找到改进的渠道，问题意识贯穿价值管理的全过程。高校虽然不同于企业，但通过功能与成本分析可以找到价值溢出和价值短缺的症结所在，问题意识始终贯穿于高校绩效的价值分析之中。

三、绩效评价结果的诊断导向

根据价值管理的基本理论，高校绩效评价的结果可能出现三种价值状态，无论是哪一种评价结果，在分析其功能和成本的基础上都会给予高校当前的运行状态一个诊断，这种结果代表了高校过去或者当前的价值水平。同时，根据价值分析原理对高校未来的发展状态给予相应的预测，因而属于一种诊断性评价。因此，针对不同绩效水平、不同价值运行状态的高校，提出有针对性的改进方案，重点部位重点推进。

第二部分　模型构建篇

　　本部分主要探讨高校绩效价值评价模型的构建。回顾总结了我国高校绩效评价的研究历程，对现有的评价理论和方法进行审慎反思，提出了新时代我国高校绩效评价的新使命和高校绩效价值评价模型的构建要点。借鉴价值管理的基本理论和方法，探索与完善了高校绩效价值评价的思想和指标体系，通过高校绩效价值评价的功能成本分析，对高校整体和局部运行的绩效进行价值分析，在此基础上提出了高校绩效改进的有效路径。

第四章
我国高校绩效评价的演化历程与审慎反思

对高校开展绩效评价有利于促进国家教育投入政策和决策的科学化，有利于满足人民群众对高等教育的新需求，有利于提升高校内部管理水平。经过近20年的探索和实践，中国高等教育各类评价初步形成体系。虽然争议不断，但已成为学校、社会和政府了解高等教育、了解学校、科学决策的重要参考，促进了高校和政府对学校管理理念和管理水平的提升。❶ 高校绩效评价总是在质疑中不断探索，不断完善，稳步前行，不同的方法和体系之间的相互合作、交流、提升，各居其位，从不同的侧面反映了各类高校的运行状态。国家"双一流"战略的正式实施，标志着中国高等教育进入了一个发展的新时代，提高质量、促进公平、深化改革是新时代高等教育领域的三大攻坚战，它赋予高校绩效评价新的使命，高校绩效评价只有不断完善自身的理论体系和评价方法，才能在建设高等教育强国的进程中发挥应有的不可替代的作用。

第一节　高校绩效评价演进历史

新中国成立以来的中国高等教育评价的发展历程可划分为五个阶段：停滞阶段、恢复阶段、借鉴摸索阶段、正规建制阶段、国际接轨阶段。

一、停滞阶段（1949—1977年）

由于历史原因，20世纪30年代西方蓬勃发展起来的高等教育评价理论未能及时传到中国。中华人民共和国成立以后，我国以苏联教育绩效评价方法为学习

---

❶ 张男星，王春春，姜朝晖. 高校绩效评价：实践探索的理论思考 [J]. 教育研究，2015（6）：19-20.

和借鉴的主要对象，同时对西方发展成熟起来的高校教育评价理论采取了全盘否定的态度。1966 年中国高等教育招生被迫中断，高等教育评价也一度中断，直到 1977 年恢复高考，高等教育评价才逐渐被重视。

二、恢复阶段（1978—1983 年）

1977 年中国恢复高考，实行统考统招制度，不仅促进了我国高等教育的发展，同时也为重启高校教育评价提供了契机。中国高等教育在中华人民共和国成立之后经历了波折和大起大落，有必要认真反思和评价高等教育发展历程、政策制度与实践效果，探究中国高等教育发展的一般规律。高校绩效评价也是高等教育自身发展的内在要求，应及时了解高等教育发展现状，改进教育政策中的不妥之处，确保高等教育质量与数量的均衡发展。

三、借鉴摸索阶段（1984—1989 年）

这一时期的主要特点是在借鉴和学习西方高等教育评价方法的基础上，不断开展高等教育的评价实践活动，积累高等教育评价经验。主要开展了四个方面的工作：一是通过系统引进和学习国外高等教育评价理论，提高理论基础；二是通过加入国际高等教育评价协会和在国内成立相应的高等教育评价机构，开展实践工作；三是由中国教育主管机构领衔在全国开展高等教育评价学术研讨会，讨论评价实践中存在的问题，分享成功经验；四是开展高等教育评价试点工作。在国家教育委员会（以下简称"原国家教委"）❶ 的统一领导和指导下，开展全方位、多层次高等教育评价活动，同时也进一步加强国内外高等教育评价领域的合作与交流活动。这一阶段所积累的经验和成果为我国高等教育评价指标体系的建立奠定了重要基础。

四、正规建制阶段（1990—2010 年）

在试点工作的基础上，原国家教委于 1990 年颁布实施了《普通高等学校教育评估暂行规定》，首次对中国高等教育评价的性质、目的、任务、指导思

---

❶ 1998 年更名为中华人民共和国教育部（以下简称"教育部"）。

想等做了规定。1993 年，国务院颁布了《中国教育改革和发展纲要》，明确要求"建立各级各类教育质量标准和评估指标体系……各地教育部门要把检查评估学校教育质量作为一项经常性任务"。2004 年，教育部正式成立了由教育部直接领导，具有独立法人资格的"高等教育教学评估中心"，专门组织实施高校教育评价和各项专业评价工作，履行高等教育质量监控职能。同时，国内出版了一大批具有代表性的优秀成果，为中国高等教育评价工作的理论发展奠定了重要基础。这一阶段，我国高校评价不仅完成了从"借鉴"向"专业化"迈进，还成立了专门评价机构和出台了一系列政策性文件，奠定了高校评价的合法性基础。

五、国际接轨阶段（2011 年至今）

2011 年以来，教育部先后颁布《关于普通高等学校本科教学评估工作的意见》和《关于全面提高高等教育质量的若干意见》，将国际评价列为高等教育质量评价的重要内容。2015 年，国务院颁布了《统筹推进世界一流大学和一流学科建设总体方案》，明确提出今后中国高等教育的发展目标：到 2020 年，若干所大学和一批学科进入世界一流行列，若干学科进入世界一流学科前列；到 2030 年，更多的大学和学科进入世界一流行列，若干所大学进入世界一流大学前列，一批学科进入世界一流学科前列，高等教育整体实力显著提升；到 21 世纪中叶，一流大学和一流学科的数量和实力进入世界前列，基本建成高等教育强国。高等教育的"双一流"建设对高等教育评价提出了更高的要求。

第二节　我国高校绩效评价的研究现状分析

在科学研究领域中，文献量的增减可以从一个侧面反映相应学科的发展现状，对文献的数量和内容上的变化进行统计和分析，可以客观公正地预测其发展趋势，从而有效地调节研究的重点和方向，促进相关学科研究领域的健康发展。本部分在中国知网"中国学术文献网络出版总库"收录的论文中，以"绩效评价"并含"高校"为检索词，并选取 2005 年 1 月至 2015 年 12 月发表的相关论文（共计 1072 篇）作为研究对象，运用内容分析法对文献内容分布情况、文献年份分布情况、文献来源情况、文献作者情况及文献中评价方法的运用情况等进行分析，对目前国内学界关于高校绩效评价研究的现状和问题进行探讨，预测研究发展的趋势，以期对高校绩效评价的深入研究和发展有所启示。

一、文献年份分布情况分析

经检索，2005 年 1 月至 2015 年 12 月，在各类期刊上发表的论文总共有 1072 篇，其中核心期刊共计 329 篇。具体年份的分布情况如表 4-1 所示。

表 4-1　高校绩效评价文献的年份分布情况　　　　　　　　单位：篇

数量	年份											
	2005 年以前	2005	2006	2007	2008	2009	2010	2011	2012	2013	2014	2015
全部期刊	14	11	29	53	65	99	106	135	147	142	151	134
核心期刊	6	3	9	23	18	44	34	33	46	41	38	40

从表 4-1 可以看出，在 2005 年之前仅发表相关论文共计 14 篇，其中核心期刊 6 篇。1994 年 1 月，石油大学冷寿中在《中国高校后勤研究》（第 1 期）上发表的题为"高校后勤管理工作绩效评价及应用"❶ 一文，是国内最早发表的相关研究论文，说明这个阶段对高校绩效的关注和研究还处于起步阶段，成果相对较少。从 2006 年开始到 2009 年，文献的数量每年成倍增加；2010 年及以后，每年保持在百篇以上，说明学界对高校绩效的关注程度不断上升，研究的成果也不断增加。

二、文献来源情况分析

对发表的 1072 篇论文中的 329 篇核心期刊上的论文分析统计，发表 5 篇以上的期刊有 17 种（见表 4-2）。

---

❶ 冷寿中. 高校后勤管理工作绩效评价及应用 [J]. 中国高校后勤研究，1994（1）：17-19.

表4-2　高校绩效评价文献来源情况　　　　　　　　单位：篇

期刊名称	数量	期刊名称	数量
财会通讯	43	国家行政学院学报	10
科技管理研究	25	财会月刊	10
会计之友	13	实验技术与管理	10
教育财经研究	13	实验室研究与探索	9
统计与决策	9	教育研究	5
中国成人教育	7	科研管理	5
黑龙江高教研究	6	比较教育研究	5
科学学与科学技术管理	6	财务金融	5
现代教育管理	5	—	—

这些期刊的类别如表4-3所示。

表4-3　高校绩效评价文献发表的期刊类别

期刊类别	教育类	财经类	科技类	大学学报	图书情报类	地方社科类	其他
数量/篇	110	87	47	29	21	14	22
所占比率/%	33.33	26.36	14.24	8.79	6.36	4.24	6.68

教育类期刊发表文章的总数列第一位，共计110篇，占33.33%；《教育财经研究》发表13篇，名列榜首；而高教研究类的顶级期刊《中国高教研究》（3篇）、《教育发展研究》（3篇）、《高等工程教育研究》（3篇）、《中国高等教育》（1篇）发表的文章偏少；财经类的期刊发表文章的总量列第二位，共计87篇，占26.36%，其中发表文章最多的期刊《财会通讯》共发43篇，列所有发文期刊的首位。可以看出，教育类期刊发文量占整体发文量的比例偏低，除此外，财经类期刊关注绩效评价的文章最多。

三、文献内容分布情况分析

对1072篇文章所研究的内容分析如表4-4所示。

表 4-4　高校绩效评价文献内容分布情况　　　　　　　　单位：篇

序号	研究内容	数量	序号	研究内容	数量	序号	研究内容	数量
1	教师	222	12	高校内部管理	20	23	后勤服务	9
2	财务管理	198	13	辅导员队伍建设	19	24	信息化建设	9
3	科研工作	133	14	院系二级管理	17	25	体育及场馆	6
4	高校绩效理论研究	101	15	实验室建设	17	26	中层干部管理	6
5	图书馆建设	55	16	党建与德育	16	27	研究生培养	5
6	固定资产及大型仪器设备	32	17	产学研合作	14	28	基本建设	5
7	学科建设	30	18	人力资源管理	13	29	内部资源配置	5
8	教学改革与实践	28	19	社会服务	11	30	教研室建设	2
9	中外相关研究比较	24	20	投资与资本运营	11	31	网站建设	2
10	学生管理工作	21	21	政府采购	9	32	廉政建设	1
11	专项资金管理	21	22	内部审计	9	33	档案管理	1

从表 4-4 可以看出，尽管我国高校开展绩效评估的历史不长，但涉及的内容非常丰富，几乎涉及高校办学的各个方面，体现了绩效评价的理念已经渗透到高校全部工作之中；教师、财务、科研三方面的内容位列前茅，体现了对师资队伍建设、财务运行及科研工作的高度重视。除了针对高校各职能绩效方面的研究外，对高校整体绩效的研究成为又一个研究的重点。

四、文献作者合作情况分析

文献作者的合作情况可以有效地反映研究的深度和成熟度，具体如表 4-5 所示。

表 4-5　高校绩效评价文献作者合作情况

年份		2005	2006	2007	2008	2009	2010	2011	2012	2013	2014	2015
数量/篇		11	29	53	65	99	106	135	147	142	151	134
独著	数量/篇	6	12	18	38	54	67	80	87	78	88	78
	所占比率/%	55	41	34	58	55	53	59	59	55	58	58

年份		2005	2006	2007	2008	2009	2010	2011	2012	2013	2014	2015
二人合著	数量/篇	4	10	26	16	23	21	35	36	29	33	30
	所占比率/%	36	35	49	25	23	20	26	25	20	22	22
三人以上合著	数量/篇	1	7	9	11	22	18	20	24	35	30	26
	所占比率/%	9	24	17	17	22	17	15	16	25	20	20

从表4-5可以看出，除2006年、2007年独立研究发表的论文占比少于50%外，其他各个年份，作者独立发表的文章占多数，维持在55%~60%，二人以上合作研究维持在40%~45%，说明对绩效评价的研究主要是以独立研究为主。同时，也应该看到，合作研究也逐步形成了一种较为稳定的态势，体现了对高校绩效评价的研究渐趋深入。

五、基金资助情况分析

发表的文章中共有143篇论文获得国家、省（部）各类基金的资助。其中国家及各部委基金资助的项目论文共计64篇，占比44.8%；各省（直辖市）也积极支持相关项目的研究，包括省自然科学基金、省社会科学基金、软科学研究计划、人文社科研究基金、科学技术研究项目等各类基金资助的项目论文共计79篇，占比55.2%（见表4-6、表4-7）。

表4-6　国家及各部委基金资助情况　　　　　　　　　　　　　单位：篇

基金名称	（资助）项目论文数量	基金名称	（资助）项目论文数量
全国教育科学规划	27	中国博士后科学基金	4
国家自然科学基金	16	国家软科学研究计划	2
国家社科基金	8	教育部科学技术研究项目	2
高校博士学科专项科研基金	4	教育部留学回国人员科研启动	1

表4-7　各省（直辖市）各类基金资助情况　　　　　　　　单位：篇

省份	（资助）项目论文数量	省份	（资助）项目论文数量
江苏	22	四川	2
浙江	11	河北	2
湖南	10	重庆	2
黑龙江	7	湖南	2
河南	6	内蒙古	2
安徽	4	山西	1
陕西	3	甘肃	1
辽宁	1	贵州	1
广东	1	湖北	1

从表4-6可以看出，国家基金资助量最多的是全国教育科学规划，共计发表论文27篇；国家自然科学基金和国家社科基金共计资助的项目论文24篇，说明从国家层面对该项研究给予了积极的关注。从表4-7各省资助力度来看，江苏以22篇资助数列榜首，浙江、湖南、黑龙江、河南、安徽、陕西随其后，2篇的有四川、河北、重庆、湖南、内蒙古5省市，其他省市仅有1篇资助的项目论文，而研究力量较强的北京、上海没有资助。

六、文献中评价方法运用情况分析

对1072篇论文中330篇核心期刊发表的论文进行分析，除了一般的理论探讨性的研究论文有76篇外，涉及和运用分析方法的有38种之多，发表论文2篇以上的方法按年份统计如表4-8所示。

表4-8　文献中各种评价方法运用情况　　　　　　　　单位：篇

方法	年份（论文数）											
	2005 (3)	2006 (9)	2007 (23)	2008 (18)	2009 (38)	2010 (33)	2011 (32)	2012 (46)	2013 (40)	2014 (38)	2015 (41)	总计
一般理论研究	—	4	9	5	10	6	7	8	10	6	11	76
层次分析法	—	2	4	—	5	4	5	9	6	11	10	56

续表

方法	年份（论文数）											总计
	2005（3）	2006（9）	2007（23）	2008（18）	2009（38）	2010（33）	2011（32）	2012（46）	2013（40）	2014（38）	2015（41）	
平衡计分卡法 BSC	1	1	2	4	8	7	3	6	2	4	3	41
模糊综合评价法	—	—	3	2	1	1	1	5	3	4	2	22
数据包络分析法	1	—	—	2	—	1	5	3	3	4	3	22
关键指标法 KPI	—	—	2	—	—	1	4	4	4	1	3	19
投入/产出法	—	1	—	—	—	4	2	4	5	—	2	18
综合计分法	—	—	1	3	5	—	1	2	—	1	—	13
灰色关联分析法	—	1	—	—	2	2	1	1	—	—	—	7
360 度法	—	—	1	—	1	—	—	—	1	2	1	6
网络层次分析法	—	—	—	1	—	—	—	—	—	2	—	3
绩效棱柱法	—	—	—	—	—	1	—	—	—	—	2	3
主成分分析法	—	—	—	—	—	—	—	—	1	1	1	3
TOPSIS 法	—	—	—	—	—	—	—	1	1	—	1	3
CORPS 法	—	—	—	1	2	—	—	—	—	—	—	3
杜邦分析法	—	—	—	—	1	1	—	—	—	—	—	2
贝叶斯网络法	—	—	—	—	1	1	—	—	—	—	—	2
其他方法	1	—	1	1	3	2	3	3	4	2	2	22

从表 4-8 可以看出，在用于框架构建的方法中，平衡计分卡法、关键指标法、投入—产出法列前三；在用于权重确定的方法中，层次分析法最多，灰色关联分析法次之；在用于指标量化的方法中，主要有数据包络分析法和模糊综合评价法；而其他的分析方法应用较少，有因子分析法、熵值法、课堂观察法、档案袋评价法、分类评价法、DHGF 算法、BP 神经网络、TEP 指数法、模糊多属性决策法、面板数据模型、三角模糊数法、随机前沿面模型、博弈论分析法、战略导向、多准则决策分析模型、效率模型、证据理论、战略成本管理理论、模型一致偏好关系模型、前景理论、Malmquis 法、模糊数学等 22 种方法。

第三节　高校绩效评价研究审慎反思

从上述分析和统计不难看出，尽管对高校绩效评价的研究已经引起学界的高度关注，从 2005 年起，发表的论文呈逐年增加的态势，至 2010 年，基本保持稳定，但现行的研究仍然不够成熟，存在研究的内容体系不完善、研究的主体力量不平衡、研究的理论基础薄弱、评价的结果缺乏权威性而难以推广等问题，需要引起高等教育管理部门和从事该课题研究的学者们共同关注。

一、研究的内容体系不完善

从统计的内容来看，在研究内容方面的关注程度差别非常大。一是关注的热点过于集中，而高校职能的重点方面关注不够。研究较多的是教师、财务运行和科研工作，非教育类期刊中财经类发文最多，说明学界对高校绩效评价的研究，更多的是从财务和投资效益的角度进行分析和探讨，而对人才培养、学科建设、社会服务等高校职能的重要方面研究得不够。二是对有形资源运行的绩效研究全面开花，而对无形资源绩效评价少有涉及。除了重点关注的三大热点（教师、财务、科研）外，几乎涉及学校管理和运行的各个方面，而对高校无形资源诸如办学理念、办学传统、校园文化、管理制度、大学精神等方面的研究远远不够，有些甚至是空白。三是对组织整体绩效的研究还不够，按职能研究的内容多，将学校或二级单位作为研究对象的研究偏少。

二、研究的主体力量不平衡

作为一项复杂的研究，高校绩效评价需要研究者合作才能取得较好的研究成果。[1] 从统计的结果可以看出，无论从国家层面，还是从学校自身发展的角度，对高校绩效评价的研究越来越被重视，但是研究的主体力量存在不平衡的现象。一是研究主体的层次不够高，从资助的基金来看，国家层面基金资助偏少；从发

---

[1] 王定，牛奉高，郎永杰. 高校绩效评价的研究现状及趋势分析［J］. 黑龙江教育（高教研究与评估），2011（1）：34-36.

表论文的期刊来看，教育类的顶级期刊关注不多。二是研究主体的力量分布区域不够广，从省级资助的基金来源上看，研究者的群体区域分布相对集中，江苏、浙江、湖南位列前三名，而研究实力较强的北京、上海等地支持力度不够。三是研究主体的协同性不够强，论文独著占有 60% 左右的份额，二人合著占 25% 左右，而三人以上团队合作的研究占 20% 以下，这也从一个层面体现了研究的高度和深度不够。

三、研究的理论基础薄弱

纵观国内外有关高校绩效评价的研究成果不难发现，高校绩效评价的产生和发展是伴随着新公共管理运动的发展而发展起来的，其思想和技术深受新公共管理理论的影响，自身的理论基础比较薄弱。无论是组织绩效评价还是个人绩效评价，均未形成规范、系统与完整的评价制度。❶ 一是对高校绩效评价相关概念的定义缺乏权威和统一的认知，以及相应的行业标准。二是从研究的评价方法来看，缺少符合高校自身规律的方法论，主要采用经济学、管理学、数学等评价模型和统计方法，显得非常散乱，除了平衡计分卡法、层次分析法、投入—产出法、数据包络分析法、模糊综合评价法用得稍多外，涉及的其他方法共有 22 种之多。三是从研究建立的指标体系来看，科学性、系统性及可操作性方面都存在值得改进的地方，特别是对不同类型和不同层次高校的绩效评价的差异性不够，存在"一把尺子量所有"的现象，需要在实践中不断完善。

四、评价的结果缺乏权威性

评价理论的薄弱直接导致评价结果的权威性受到了挑战，也就降低了实际的可操作性。一是对高校的绩效评价尚处在理论研究探讨之中，尽管已有民间机构针对高校开展了不同类型的评价，但至今没有得到社会公认的第三方机构对高校开展权威的绩效评价，评价的权威性受到质疑。二是研究数据的获取途径单一，实证性研究不充分。与国外研究更重实证性相比，国内的研究更注意规范性，或是提出一种思想，或是对指标原则进行研究，而以具体评价对象的实际数据为准

---

❶ 吴波. 国内高校绩效评价研究：现状、缺失与预见 [J]. 教育观察，2013（12）：33-36.

的实证研究较少，加之研究所获取真实数据的途径单一、不透明，结论的科学性和合理性有待证实。三是由于评价的方法不同，各种方法设立的指标体系各异，出现了同一所高校采用不同的评价体系评价出的结果不一致的现象，降低了评价结果的可信度和说服力。

第四节　新时代我国高校绩效评价的新使命

对高校开展绩效评价已经在高等教育领域得到了广泛的认同，并形成了国家、地方、高校和学界的多方共识。尽管我国高校绩效评价研究开展得比较晚，但是，经过近些年的积累，特别是 2005 年以后研究文献迅速增长、研究内容广泛、研究方法多样、多学科交叉的特点，展现出其发展的无限活力，高校绩效评价的研究必将进入新的发展阶段，呈现以下新的发展前景与趋势。

一、学习借鉴与理论创新相结合，提高绩效评价的科学性

绩效评价最初应用于企业界，包括对企业组织的评价及对企业中的个人进行评价。从 20 世纪 80 年代后期开始，西方教育界将这一广泛应用于企业界的方法引入高校的绩效评价之中，并以经济界的相关理论如教育经济理论、公共管理理论、利益相关者理论、委托—代理理论和投入—产出理论等来分析评价高校的绩效。[1] 从我国高校绩效评价的实践进程可以看出，规范、系统的评价体系尚未完全形成，对评价的目的、绩效的衡量、指标的设置和评价方法的选择需要有自己独立而且一致的理论，其科学性体现在以下几个方面：一是对绩效评价相关的概念做科学的界定，这是开展绩效评价研究的首要任务；二是建立科学的评价指标体系，重点是根据不同层次和不同类型的高校分别制订不同的指标体系，切不可搞"一刀切"；三是选择公认的研究方法，尽管百花齐放式的分析方法促进了研究的开展，但是过于分散的评价方法得出的结论不易形成共识，需要科学地甄别和筛选。

---

[1] 王韬. 高等学校院系绩效评价研究 [D]. 长沙：湖南大学，2007.

二、组织评价与个人评价相结合，提高绩效评价的全面性

绩效评价按评价对象可以分为组织评价和个人评价两个部分，组织绩效评价是评价主体根据高校的办学职能，评价其实现办学目标的业绩和成效，包括学校或二级单位整体性评价，以及各职能部门绩效评价。个人绩效评价是高校内部对其教职员工依其岗位职责设定的目标所取得的业绩和效率进行的评价。从绩效评价在我国高等教育领域中的应用发展不难看出，组织评价将成为未来研究的重点。一是从学校的内部来看，个人绩效评价融于职能部门的绩效评价之中，对学校二级单位的整体性评价和针对职能部门的绩效评价将成为主要的工作；二是从学校的外部来看，重点开展的是组织绩效评价，包括对学校的整体办学状态的绩效评价，也包括按不同职能划分的职能绩效评价，如学科建设、师资队伍建设、信息化建设、实验室建设等学校职能的各个方面。

三、规范研究与实证研究相结合，提高绩效评价的可操作性

规范研究与实证研究是两种不同的研究方法，前者是演绎推理，根据假设按事物内在联系运用逻辑推理得到结论；后者是归纳推理，通过对从调查中得到的样本数据进行检验来验证关于被研究总体所作的假设与推理的过程。从发表的论文来看，规范研究居多，而实证研究不够。因此，实证研究将成为未来关注的重点方向。要使得实证研究有效开展，一方面，高校绩效评价的指标体系的建立必须遵循 SMART 原则，SMART 是 5 个英文单词的缩写，分别代表"具体的"（Specific）、"可以测量的"（Measurable）、"可实现的"（Attainable）、"现实的"（Realistic）和"有时限的"（Time-bound）；另一方面，高校运行的客观信息实行对社会的全面开放，国内学者热衷于规范性研究而较少进行实证研究的重要原因在于对高校运行的实际数据难以获取。随着办学信息的公开化，实证研究必将成为绩效评价研究的新热点。

四、内部评价与社会评价相结合，提高绩效评价的针对性

当前的绩效评价更多的是一种终结性评价，而非发展性评价。❶ 内部评价是高校立足自身、主动发展、自我完善办学理念的体现，长期性、主动性、针对性是其主要特征，其是一种发展性的评价，注重的是过程；外部的评价大多是终极性评价，具有权威性、公开性和时效性，关注的是结果，两者体现了过程和结果的关系，相互之间各有侧重，互为补充，使得绩效评价对高校运行"把脉问诊"更有针对性。一方面，进一步健全高校内部的评价机制。高校内部应定期开展针对院系二级单位整体评价、依据各职能开展的专项评价，以及针对不同人员开展的个人评价，通过评价实施有效的过程管理。另一方面，进一步完善社会多元化的评价体系，提高评价的公信力。《国家中长期教育改革的发展规划纲要（2010-2020年）》高度重视中国现代大学制度中评估体系的建设，明确提出"整合国家教育质量监测评估机构及资源，完善监测评估体系，定期发布监测评估报告""鼓励专门机构和社会中介机构对高校学科、专业、课程等水平和质量进行评估。建立科学、规范的评估制度。探索与国际高水平教育评价机构合作，形成中国特色学校评价模式"。目标和方向都有了，现在需要的就是落实。

五、绝对性评价与相对性评价相结合，提高绩效评价的公正性

依据高校既有存量进行的绝对评价，其关注的重点是高校投入或产出的绝对产量，它客观反映了高校的办学实力。而依据产出与投入之比对高校进行的相对性评价，从投入与产出两个维度将评价建立在投入与产出的关系上，从投入的差异看产出结果的不同，反映一所高校如何通过自身的主观努力，充分利用好现有资源。相对性评价对合理配置高校资源提供了客观依据，指导政府精准实施高校绩效拨款制度，可以使政府将有限的教育资源投向那些办学效益好、发展潜力大的高校。

---

❶ 宋燕. 我国高校绩效评价的反思及展望［J］. 评价与管理，2012（6）：5-7.

第五节　新时代我国高校绩效评价的范式转换

中国特色社会主义已经进入新时代，教育发展也面临新的机遇和挑战。十九大报告指出"优先发展教育"，并将教育作为中华民族伟大复兴的"基础工程"。在此背景下，高校应从注重"外延式发展"向注重"内涵式发展"转变。高等教育的内涵式发展必然要求高等教育评价作出相应的调整，以适应新时期高等教育发展的目标和要求。

价值管理的目标是提高价值管理对象系统的价值，或使对系统的每一分投入取得最优的效果。麦尔斯将价值表达为 $V=F/C$。高校作为一个组织系统，其运行之中包含着成本的投入和功能的产出。高校是一个有机整体，可视为价值管理的对象。绩效价值内涵包含三个要素：一是投入的资源成本，包括人力资源、物力资源和财力资源；二是实现的功能产出，包括人才培养、科学研究、社会服务、文化传承、国际合作与交流等方面的成果；三是功能与成本之比。评价不仅要看功能产出的绝对数量及过程质量，还要看其实现的价值，即是否以投入的最小成本满足用户的必要需求。好的绩效既有"以数量为特征"的绝对产出值，也有"以质量为特征"的相对效率值，更有"以价值为特征"的价值最优值。

一、"价值最优"原则更切合高等教育评价的实际

传统教育评价方法是基于经济学的效率最优原则对高校的投入—产出进行简单计算和比较。但高校教育产出不同于企业的产出，难以完全用经济学的效率指标来测量。基于价值管理方法的高校评价，不再将效率最优作为最主要的原则，而是以"价值最优"为依据来确定成本投入与功能产出的标准。换言之，以寻找提升价值的有效途径作为工作开展的基本思路，通过功能和成本之间的匹配关系，判断高校运行的价值状态，突破了传统经济学意义中以较小投入换取最大产出，即为效率最优的思维限制，创造性地提出价值最优判别标准。对于高等教育评价而言，只有在符合价值规律的运行状态，即实现高校运行中功能产出和投入成本的匹配，才是稳定和可持续发展的状态。简言之，以价值为导向的评价方法

更契合高等教育的实际，从而才能更准确地评价高校教育发展水平。

二、问题意识贯穿评价过程，让教育评价更具针对性

价值管理在本质上是一个围绕价值概念发现问题和解决问题的过程。从评价的复杂性来看，教育评价比企业评价更复杂，要求更高。因此，在教育评价中不仅要全面评价教育发展水平，同时还应针对实际问题开展更为精准的识别和诊断。这就内在地要求高校评价不能采用"大水漫灌"的办法，而需要针对特殊的问题，以问题为导向，以价值最优为原则，寻找问题的根源。在高校绩效评价中，通过功能与成本分析可以找到价值溢出或短缺的本质原因，在一定程度上改善过去教育评价中导向不够的问题。

三、兼顾诊断性与前瞻性，改进传统方法的事后性

基于价值管理的高校绩效评价方法的另一个优势是可以融诊断性评价和前瞻性评价为一体。过去的教育评价注重诊断性评价（或者说终结性评价），即重在了解现实情况、发现存在的问题。而以价值为导向的教育评价方法不仅可以进行现状诊断评价，还可以进行具有前瞻性的"发展性评价"。高校绩效评价的结果可能出现三种价值状态，无论是哪一种评价结果，在分析其功能和成本的基础上都会对高校当前的运行状态予以诊断，这种结果代表了高校过去或者当前的价值水平。另外，还可对高校未来的发展状态给予相应的预测性评价，对不同绩效水平、不同价值运行状态的高校，提出有针对性的改进方案。

四、有效改进现有评价过程的偏倚问题

经过多年的发展，我国高等教育评价已经形成了许多评价体系，但无论哪一个评价体系，都很难称得上是绝对权威。这与我国高等院校发展水平、办学定位和发展目标不同有关。以价值为导向构建的高等教育评价体系，不仅可以改善现有评价方法的不足，也可以作为现有评价的有益补充，对完善现有评价体系、改进评价过程中可能存在的偏倚问题有较好的效果。

第六节　新时代高校绩效评价的优化路径

一、高校组织目标的多元性与评价指标体系的全面性

组织目标是评价组织绩效的重要标准，高校作为一个非营利性社会组织，组织的目标是多元的。从学校整体来看，既有人才培养、科学研究、社会服务、文化传承方面发展的总体目标，也有各个总目标下的职能目标，即师资队伍、学科建设、教学工作、学生管理、财务运行、基本建设、大宗设备采购、投资运营等。投入的资源成本，既有人力资源的投入，也有货币资金的投入，还有土地、房产、设备等物力资源的投入。价值管理中的功能指标和成本指标必须包含高校办学活动过程的整体特质，全面反映高校办学在成本的投入和功能产出方面的内容，力求使建立的指标体系具有全面性。

二、高校输出产品的特殊性与评价指标数据的可采集性

高校的产出具有公共产品的特征，从表面上看是培养的学生、取得的科研成果和为社会提供的服务，实质是蕴含在人才和成果中的专门知识和发明创造。由于功能属性的二重性，客观功能可以用一定的数值来表示大小或高低，而主观功能大多是无形的，取决于人的主观感受，其质和量缺少确定性和可度量性，需要采用定性的方法来表示。因此，在进行指标选择时要尽量选取能够量化、数据可以采集的指标，将一些概念化的指标转变为可以有效操作的指标，对一些难以定量而需要定性的指标，在挖掘其内涵的基础上，尽力选取可以替代的可采集性数据的指标，以保证绩效评价的可操作性。

三、高校绩效评价信息的稀缺性与信息来源的权威性

从信息论的角度来看绩效评价的过程，这就是一个信息流：从搜集、筛选信息，到加工、输出、反馈信息。绩效评价结果是不是有效，从某种程度上说取决于信息的真实性和准确性。信息的数量不足，不能全面反映评价对象的全貌；信

息的质量失真，则会造成评价结果的失误。因此，要提高绩效评价的科学性和准确性，必须要有充裕、准确而有用的信息作为保证。政府主管部门要发挥主导作用，积极推进高校信息公开工作，高校内部也要从信息化建设的高度来高标准建设信息管理系统。

四、高校投入—产出形式的多样性与评价量纲的统一性

从高校办学职能出发，高校投入成本及功能产出的形式是多样的，尤其在建立指标体系时，各种功能、成本指标量化的数据具有不同的量纲，因此，对功能指标、成本指标无量纲的处理是价值管理理论与方法应用于高校绩效考核中必须解决的重要环节。在实际应用中，引入功能绩点与成本级点的概念（功能绩点反映的是功能产出的水平，成本级点反映的是资源投入的情况），制定统一的定量标准，并对照标准进行定量计算，实现功能与成本数据的无量纲化。

五、高校绩效评价主体认知的偏差性与评价指标权重的科学性

高校投入指标、产出指标的权重确定是整个评价过程的重要环节，其赋值的大小直接决定了评价的结果。目前，确定权重的方法有客观赋权法和主观赋权法。两种方法各有利弊，前者依据指标间的相互关系或各指标的变异系数确定，比较客观，科学性较强，但也会遇到数据获取不全的困难，容易造成评价结果失真；而后者往往采取的是主观定性的方法，通常的做法是聘请价值管理方面的专家和高校内部的学者根据经验进行主观判断赋权，虽然简单实用，但受评价者的知识经验、价值取向的影响，评价结果往往带有主观色彩。因此，在实际操作中，需要兼顾两种方法的优劣，并尽量采取相应的措施以提高赋权方法的科学性。

第五章
高校绩效价值评价模型的功能成本分析

作为价值管理的基石之一，正确有效的功能成本分析能够深刻体现价值管理对象的本质内涵。通过对价值管理对象的功能成本进行描述，实现分类、整理和系统化，可为后续价值评价奠定坚实的基础。

第一节　高校绩效价值评价功能指标体系的建立

不同于其他组织管理领域，高校所提供的高等教育产出的特殊性表现在产品的多样性。教育过程中的投入和产出具有不统一性，涉及非市场变量，受到质量变量和时间变化的影响❶，对高等教育功能的测量充满复杂性和挑战力。因此，应秉持科学性、代表性与可操作性，结合"双一流"高校建设要求，构建出高校绩效价值评价功能指标体系（见图5-1）。

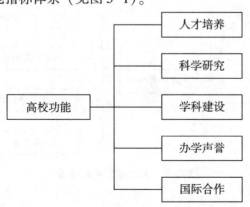

图5-1　高校绩效价值评价功能一级指标

---

❶　苑健. 高等教育绩效评估的困境及展望［J］. 江苏高教，2014（1）：58-60.

一、人才培养

卓越人才的培养是区分一所学校是否为一流大学的有力标志。尽管随着大学内涵的丰富化，其承担的功能和社会责任也在日益丰富和多样，但人才培养始终占据着中心地位，不可撼动。对于高校功能的划分，"三大功能论"是接受和认可度较高的，其提出大学具有的三个基本功能：育人、科研和社会服务。其中，人才培养作为教育活动区别于其他社会经济活动的本质区别，也是高校学校的本体功能。对人才培养功能成果的评价可以分为两个部分：人才培养的数量和人才培养的质量。数量是质量的基础，质量是数量的提升，二者不可分割。我国高等教育正处在由大众化向普及化过渡的阶段，高等教育人才培养的数量也在稳步上升，一个庞大的人才培养群体未必意味着人才培养优越的质量。对高校人才培养功能的数量指标探讨已经很多了，鉴于高校发展的特殊性及自身特殊的历史文化背景，故本部分在人才培养数量的指标外，也考虑从人才培养的质量角度来构建指标：采用毕业生初次就业率、毕业生薪酬水平、毕业生升学出国率、师生比（假设在相同的条件下，师生比越高，人才培养的质量越好）四个观测点（见图 5-2）。

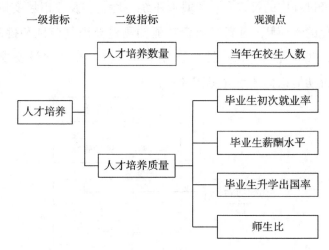

图 5-2　人才培养指标体系

二、科学研究

21 世纪是知识和科学技术的竞争，科学研究作为国家科学技术革新的重要手段，担负着提高国家创造力、充分发挥民族创新潜力的时代重任。相关数据显示，我国80%以上的科研项目和科技研发任务由高校作为主力军牵头完成，尤其是在自然科学领域，高校覆盖了国家科技三大奖获奖名单的半壁江山。科学研究是当代高校的重要功能之一，是知识创新、学术成果转化的基地。从科研项目、科研论文、科研获奖三个方面可以充分反映一所学校科学研究功能发挥的情况：科研项目表现为教育部自然科学基金项目和社会科学基金项目的数量，论文表现为高校年度核心论文数量，科研成果表现为高校在教育部和省级奖项的获得数量（见图5-3）。

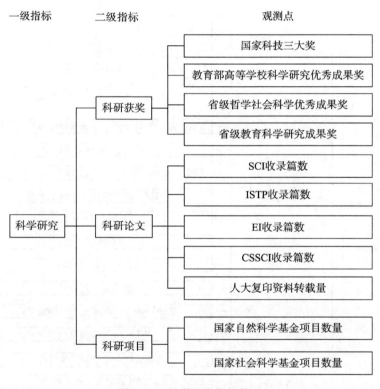

图 5-3　科学研究指标体系

三、学科建设

学科建设被誉为高校的龙头，是高校合理运作功能的核心。良好的学科建设不仅彰显着一所学校的水平和影响力，而且是人才培养、科学研究的基础和推动力。学者刘献君提出"学科梯队建设是学科建设的关键",师资水平是彰显学科建设水平的重要因素。学科建设水平还体现在高校的学科层次和学科平台。构建高校学科建设的功能指标体系,需围绕师资队伍、学科层次和学科平台选取相应的观测点(见图5-4)。

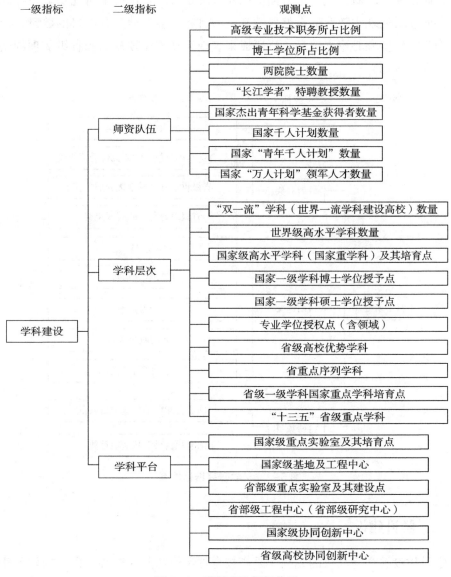

图 5-4　学科建设指标体系

四、办学声誉

办学声誉是高校在经过长时期的自主办学过程中综合形成的利益相关者对于其质量的感知系统，学生、学生家长、政府、学术界、用人单位及社会公众对其期望和诉求的不同，认知和情感及在此基础上的认可或者批判态度也会有所偏差。良好的办学声誉对于高校发展和运作具有正向激励作用，作为无形资产，充分彰显一所高校办学质量的水平。根据价值管理的功能本质性原理，学生进入高校旨在接受高等教育服务，而由于高等教育自身的特殊属性，其产品要比普通产品更难以测量，测量成本更高，信息不对称更严重，因此办学声誉对于大学系统发挥着更为显著的作用。对于当代高校，建立和维护良好的办学声誉是顺利办学、健康发展的重要部分，也是高校办学目标实现的重要功能。办学声誉表现在生源竞争力、媒体影响力和毕业生对母校的满意度这三个方面（见图5-5）。

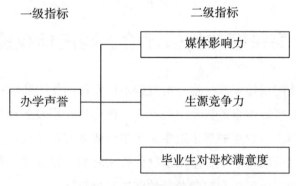

图5-5 办学声誉指标体系

五、国际合作

2016年国务院出台"双一流"建设方案，明确提出把国际合作作为高校评价的一个重要指标。事实上，随着高校内涵的不断深化，对高校功能的定义已经不再局限于传统的三大职能，对高校第四职能的定义出现了创造就业、技术创新等不同的说法。最早在1998年学者陈昌贵就提出了新的高校职能观，将国际合作定位为当代高校的第四职能。❶ 高校通过人才的输出和引入、学者的互相访问和交流、举办各种类型的学术会议来实现高等教育的交流和合作。笔者采取高等教育第四职能的国际合作说，将国际合作视为高校运行的一大重要功能（见图 5-6）。

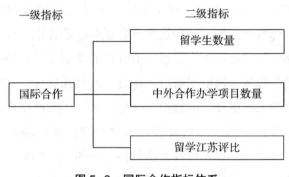

图 5-6 国际合作指标体系

第二节 高校绩效价值评价功能指标权重的确定

由于不同的功能指标在高校运行的过程中所发挥的作用和所占有的地位是不同的，因此需要对指标体系的权重进行定义，作为其在高校运行和发展过程中重要性和贡献度的回应。权重的界定通常采用主观或者客观两大类，笔者综合这两种方法，在专家打分的基础上，采用层次分析法对指标权重进行完善和修正，充分发挥定性决策的易于理解和定量分析的客观和公正性。

一、层次分析法的模型和步骤

第一步，建立各个目标之间的层次关系，确定目标和评价因素。p 个评价指标，$u = \{u_1, u_2, \cdots, u_p\}$。

第二步，构造判断矩阵。判断矩阵主要根据对每一层次的重要性程度的认识而写成矩阵的形式，通常使用标度法，用 1~9 及其倒数来表示（见表 5-1）。然

❶ 陈昌贵. 国际合作：高等学校的第四职能：兼论中国高等教育的国际化 ［J］. 高等教育研究，1998（5）：11-14.

而，当比较因素的重要性可以由实际值的比率来解释时，将判断矩阵的相应元素的值作为比率，即得到判断矩阵 $S = (u_{ij})_{p \times p}$。

表 5-1 元素相对重要性的比率标度

标度	含义	标度	含义
1	两个元素相比同等重要	9	两个元素相比,前者比后者绝对重要
3	两个元素相比,前者比后者略为重要	2,4,6,8	上述相邻判断的中间值
5	两个元素相比,前者比后者相当重要	倒数	若元素 i 与元素 j 相比得 a_{ij},则元素 j 与元素 i 相比得 $1/a_{ij}$
7	两个元素相比,前者比后者明显重要	—	—

第三步，计算判断矩阵。用 Matlab 软件计算判别矩阵 S 的最大特征根 λ_{max}，及与之相对应的特征向量 A。

第四步，计算一致性指标。

$$CI = \frac{\lambda_{max} - n}{n - 1} \tag{5-1}$$

平均随机一致性指标 RI，它构出 500 个随机样本矩阵，应将绩效评价体系和战略目标相结合。只有在确立科学有效的战略目标基础上，指标体系才能发挥效应。当随机一致性比率 $CR = \frac{CI}{RI} < 0.10$ 时，层次分析法的结果令人满意，即权系数的调配是合理的。

查找平均随机一致性指标 RI 参考表（见表 5-2）。

表 5-2 平均随机一致性指标

n	1	2	3	4	5	6	7	8	9	10	11	12	13	14	15
RI	0	0	0.58	0.90	1.12	1.24	1.32	1.41	1.45	1.49	1.51	1.54	1.56	1.58	1.59

二、判别矩阵构建及权重的求解

①我们采用层次分析的方法求出各项指标的权重。构造判断矩阵 $S = (u_{ij})_{p \times p}$，即表 5-3。

表 5-3　判断矩阵 1

汇总	A_1	A_2	A_3	A_4	A_5
A_1	1.0000	1.4420	3.4990	5.4915	5.1546
A_2	0.6935	1.0000	2.0868	4.5600	4.3611
A_3	0.2858	0.4792	1.0000	3.9063	1.2902
A_4	0.1821	0.2193	0.2560	1.0000	0.3125
A_5	0.1940	0.2293	0.7751	3.2000	1.0000

用 Matlab 软件计算判断矩阵 S 的最大特征根，得 $\lambda_{max} = 5.1354$。为进行判断矩阵的一致性检验，需计算一致性指标：

$$CI = \frac{\lambda_{max} - n}{n - 1} = \frac{5.1354 - 5}{5 - 1} = 0.0339 \qquad (5 - 2)$$

查得平均随机一致性指标 RI = 1.12。

所以，随机一致性比率：

$$CR = \frac{CI}{RI} = \frac{0.0339}{1.12} = 0.0302 < 0.10 \qquad (5 - 3)$$

因此认为层次分析排序的结果有满意的一致性，即权系数的调配是非常合理的（见表 5-4）。

表 5-4　权重系数 1

指标层	权重	指标层	权重
A_1	0.3401	A_4	0.0553
A_2	0.2843	A_5	0.1370
A_3	0.1833	—	—

②我们采用层次分析的方法求出各项指标的权重。构造判断矩阵 $S = (u_{ij})_{p \times p}$，即表 5-5。

表 5-5　判断矩阵 2

A_1	A_{11}	A_{12}
A_{11}	1.0000	0.2273
A_{12}	4.4000	1.0000

用 Matlab 软件计算判断矩阵 S 的最大特征根，得 $\lambda_{max}=2.0001$。通过一致性检验，可以得到 A_{11} 和 A_{12} 的权重系数，即表 5-6。

表 5-6 权重系数 2

指标层	权重
A_{11}	0.1852
A_{12}	0.8148

③我们采用层次分析的方法求出各项指标的权重。构造判断矩阵 $S=(u_{ij})_{p\times p}$，即表 5-7。

表 5-7 判断矩阵 3

A_2	A_{21}	A_{22}	A_{23}
A_{21}	1.0000	0.3030	0.2381
A_{22}	3.3000	1.0000	0.4762
A_{23}	4.2000	2.1000	1.0000

用 Matlab 软件计算判断矩阵 S 的最大特征根，得 $\lambda_{max}=3.0279$。为进行判断矩阵的一致性检验，需计算一致性指标：

$$CI=\frac{\lambda_{max}-n}{n-1}=\frac{3.0279-3}{3-1}=0.0140 \qquad (5-4)$$

查得平均随机一致性指标 $RI=0.58$。

所以，随机一致性比率：

$$CR=\frac{CI}{RI}=\frac{0.0140}{0.58}=0.0241<0.10 \qquad (5-5)$$

因此认为层次分析排序的结果有满意的一致性，即权系数的调配是非常合理的（见表 5-8）。

表 5-8 权重系数 3

指标	权重	指标	权重
A_{21}	0.1142	A_{23}	0.5668
A_{22}	0.3190	—	—

④我们采用层次分析的方法求出各项指标的权重。构造判断矩阵 $S = (u_{ij})_{p \times p}$，即表5-9。

表5-9　判断矩阵4

A_3	A_{31}	A_{32}	A_{33}
A_{31}	1.0000	1.2207	2.9326
A_{32}	0.8192	1.0000	2.0907
A_{33}	0.3410	0.4783	1.0000

用 Matlab 软件计算判断矩阵 S 的最大特征根，得 $\lambda_{max} = 3.0021$。为进行判断矩阵的一致性检验，需计算一致性指标：

$$CI = \frac{\lambda_{max} - n}{n - 1} = \frac{3.0021 - 3}{3 - 1} = 0.0011 \qquad (5 - 6)$$

查得平均随机一致性指标 RI = 0.58。

所以，随机一致性比率：

$$CR = \frac{CI}{RI} = \frac{0.0011}{0.58} = 0.0019 < 0.10 \qquad (5 - 7)$$

因此认为层次分析排序的结果有满意的一致性，即权系数的调配是非常合理的（见表5-10）。

表5-10　权重系数4

指标层	权重	指标层	权重
A_{31}	0.4674	A_{33}	0.1670
A_{32}	0.3656	——	——

⑤我们采用层次分析的方法求出各项指标的权重。构造判断矩阵 $S = (u_{ij})_{p \times p}$，即表5-11。

表5-11　判断矩阵5

A_4	A_{41}	A_{42}	A_{43}
A_{41}	1.0000	0.2273	1.1071
A_{42}	4.4000	1.0000	3.1566
A_{43}	0.9033	0.3168	1.0000

用 Matlab 软件计算判断矩阵 S 的最大特征根，得 $\lambda_{max} = 3.0371$。为进行判断矩阵的一致性检验，需计算一致性指标：

$$CI = \frac{\lambda_{max} - n}{n - 1} = \frac{3.0371 - 3}{3 - 1} = 0.0186 \qquad (5 - 8)$$

查得平均随机一致性指标 $RI = 0.58$。

所以，随机一致性比率：

$$CR = \frac{CI}{RI} = \frac{0.0186}{0.58} = 0.0320 < 0.10 \qquad (5 - 9)$$

因此认为层次分析排序的结果有满意的一致性，即权系数的调配是非常合理的（见表 5-12）。

表 5-12　权重系数 5

指标	权重	指标	权重
A_{41}	0.2629	A_{43}	0.0648
A_{42}	0.6723	—	—

⑥我们采用层次分析的方法求出各项指标的权重。构造判断矩阵 $S = (u_{ij})_{p \times p}$，即表 5-13。

表 5-13　判断矩阵 6

A_5	A_{51}	A_{52}	A_{53}
A_{51}	1.0000	0.1923	0.2703
A_{52}	5.2000	1.0000	3.4783
A_{53}	3.7000	0.2875	1.0000

用 Matlab 软件计算判断矩阵 S 的最大特征根，得 $\lambda_{max} = 3.0920$。为进行判断矩阵的一致性检验，需计算一致性指标：

$$CI = \frac{\lambda_{max} - n}{n - 1} = \frac{3.0920 - 3}{3 - 1} = 0.0460 \qquad (5 - 10)$$

查得平均随机一致性指标 $RI = 0.58$。

所以，随机一致性比率：

$$CR = \frac{CI}{RI} = \frac{0.0460}{0.58} = 0.0793 < 0.10 \qquad (5 - 11)$$

因此认为层次分析排序的结果有满意的一致性，即权系数的调配是非常合理的（见表5-14）。

表5-14　权重系数6

指标层	权重	指标层	权重
A_{51}	0.0929	A_{53}	0.2540
A_{52}	0.6531	—	—

经过整理，高校绩效功能体系权重见表5-15。

表5-15　高校绩效功能体系权重

一级指标	二级指标
人才培养 0.3401	人才培养数量 0.1852
	人才培养质量 0.8148
科学研究 0.2843	科研项目 0.1142
	科研论文 0.3190
	科研获奖 0.5668
学科建设 0.1833	师资队伍 0.4674
	学科层次 0.3656
	学科平台 0.1670
国际合作 0.0533	中外合作办学数量 0.2629
	留学生数量 0.6723
	留学江苏评比的成绩 0.0648
办学声誉 0.1370	媒体影响力 0.0929
	生源竞争力 0.6531
	毕业生对母校满意度 0.2540

第三节　高校绩效价值评价模型的成本界定

价值管理的第二个核心要素就是成本，在价值工程领域叫作寿命周期费用，在高校中可以简单理解为高校在满足高等教育用户的需要，实现自身功能，提供高等教育服务的完整过程中所发生的全部成本。根据其类型，划分为人力资源成本、物力资源成本和财力资源成本。

一、人力资源成本

人力资源作为高校发展的第一大资源，教学相关的教师、教学辅助人员和教学管理人员及与教学工作不直接相关的行政后勤人员构成高校的人力资源，在招募、维持、开发人力资源的完整价值运动过程中所发生的支出费用构成人力资源成本，包括引入成本、使用成本、开发成本、离职成本四个部分，其中人才的使用成本是最主要的部分，主要体现在教职工定期获得的工资和福利。

二、物力资源成本

从存在形式来看，高校所拥有的以固定资产或者实物形态为存在形式的内部资源，是财力资源的实物化，通常表现为各种类型的固定资产，包括高校的实物建筑、土地和不同用途的设备，因为它们具有固定资产的基本特征：在满足高校教学、科研和广大师生生活学习需要的同时具备一定的使用期限，在寿命之内会逐渐折旧（本文对其折旧问题暂且不做考虑）；物力资源的购买和获取、修缮和维护，以及使用和回收发生的费用都涵盖在其中。

三、财力资源成本

相比于前两种资源，高校的财力资源是流动性最大的，主要以货币形态存在。中央和地方政府对高校的财政拨款是高校财力资源中比较重要的部分。另一个财力资源的来源为科研经费，是高校进行科学研究、发展科学技术事业所获得的经费收入，分为横向和纵向，来自企业或者政府组织。此外，来自校友或者社会公众的捐赠收入、高校自筹获得的其他收入、二级学院上交的经费及校企收入都占据一定比例。高校财力资源收入呈现前所未有的多样化局面。本书站在第三方的立场研究高校对财政投入的利用效益，因此将高校财力资源简化为政府财政资源投入。

第四节　高校绩效价值评价功能值的计算

高校绩效价值评价功能值的计算分为三步。第一步，在完成功能数据收集的基础上，引入功能绩点的概念完成数据的无纲量化。第二步，对各观测点的数据进行归一化处理，即用同一观测点的数据与最高值进行比较，将数据结果以百分制的形式呈现。第三步，将各二级指标下面观测点的数据相加，乘以相应的权重，得到样本高校绩效价值评价的功能值。

一、功能绩点的概念及赋值标准

（一）绩点的概念

高校的功能包括人才培养、科学研究、学科建设、办学声誉和国际合作5个一级指标，14个二级指标。不同的指标由其评价内容的特性决定，拥有不同的衡量单位，表现为人数、科研项目数、百分比等不同的计量标准，无法放在同一水平面进行比较，因此采用功能绩点完成对数据的无纲量化。功能绩点就是高校运行过程中实现功能的标准，绩点值的大小与该项功能的重要性程度及所完成的目标任务的质量和数量相关，即绩点值高其重要性程度大，完成任务的数量多、质量好；反之亦然。

（二）赋值标准

经过价值小组成员的探讨和专家的调研，确定的赋值标准如表5-16所示。

表 5-16　高校绩效价值评估功能绩点赋值标准

一级指标	二级指标	观测点	赋值标准
人才培养	人才培养数量	当年在校生人数	1 个功能绩点/100 个学生
	人才培养质量	毕业生初次就业率	1 个功能绩点/1% 的就业率
		毕业生薪酬水平	4 个功能绩点/100 元薪金
		毕业生升学出国率	4 个功能绩点/1% 的升学率
		师生比（在职人员：年末学生人数）	10 个功能绩点/1% 的比率
科学研究	科研项目	国家自然科学基金项目数量	1 个功能绩点/个自然科学基金项目
		国家社会科学基金项目数量	2 个功能绩点/个社会科学基金项目
	科研论文	SCI（科学引文索引）	1 个功能绩点/10 篇
		ISTP（科技会议录索引）	1 个功能绩点/10 篇
		EI（工程索引）	1 个功能绩点/10 篇
		CSSCI（中文社会科学引文索引）	1 个功能绩点/篇
		人大复印资料转载量	10 个功能绩点/篇
	科研获奖	国家三大奖	500 个功能绩点/个（第二完成单位取 250 个功能绩点，第三完成单位去 125 个功能绩点）
		教育部高等学校科学研究优秀成果奖	80 个功能绩点/个
		省级哲学社会科学优秀成果奖	50 个功能绩点/个
		省级教育科学研究成果奖（科学技术研究类）	50 个功能绩点/个
		省级教育科学研究成果奖（哲学社会科学类）	50 个功能绩点/个
		省级教育科学研究成果奖（教育研究类）	20 个功能绩点/个
学科建设	师资队伍	高级专业技术职务所占比例	1 个功能绩点/1%
		博士学位所占比例	2 个功能绩点/1%
		两院院士数量（含双聘院士）	10 个功能绩点/个
		"长江学者"特聘教授数量	8 个功能绩点/个
		国家杰出青年基金获得者数量	6 个功能绩点/个
		国家"千人计划"（海外高层次人才引进计划）	6 个功能绩点/个
		国家"青年千人计划"（青年海外高层次人才引进计划）	4 个功能绩点/个
		国家"万人计划"领军人才数量	4 个功能绩点/个

一级指标	二级指标	观测点	赋值标准
学科建设	学科层次	"双一流"学科（世界一流学科建设高校）数量	100 个功能绩点/个
		世界级高水平学科（美国基本科学指标数据库进入 ESI 全球前 1%）数量	80 个功能绩点/个
		国家级高水平学科（国家重点学科）及其培育点	70 个功能绩点/个
		国家一级学科博士学位授予点	20 个功能绩点/个
		国家一级学科硕士学位授予点	10 个功能绩点/个
		专业学位授权点（含领域）	5 个功能绩点/个
		江苏省高校优势学科	10 个功能绩点/个
		省重点序列学科	10 个功能绩点/个
		江苏省一级学科国家重点学科培育点	10 个功能绩点/个
		"十三五"江苏省重点学科	8 个功能绩点/个
	学科平台	国家级重点实验室及其培育点	100 个功能绩点/个
		国家级基地及工程中心	80 个功能绩点/个
		省部级重点实验室及其建设点	20 个功能绩点/个
		省部级工程中心（省部级研究中心）	10 个功能绩点/个
		国家级协同创新中心	100 个功能绩点/个
		江苏高校协同创新中心	50 个功能绩点/个
办学声誉	媒体影响力	媒体搜索情况	1 个功能绩点/10 万点击率
	生源竞争力	新生录取情况	2 个功能绩点/新生录取线高出省控分数线 1 分
	毕业生对母校满意度	毕业生对母校满意度评价	1 个功能绩点/1%
国际合作	中外合作办学项目数量	与境内外高校合作办学情况	20 个功能绩点/个
	留学生数量	来本校留学的境外学生情况	1 个功能绩点/个留学生
	留学江苏评比	省教育厅留学生工作的评比	100 个功能绩点

二、成本级点的概念及赋值标准

(一) 成本级点的概念

高校运行的成本包括人力、物力和财力的投入。主要计量单位有人数、固定资产价值和经费金额，因此同样引入成本级点概念，用来表现高校在运行过程中所投入的人力资源、财力资源和物力资源的赋值标准，级点越多，说明投入的资源量越大，或者说占用的资源越多；反之亦然。

(二) 成本级点的赋值标准

①人力资源成本。将样本高校年末的在职人数作为评价因素，1 人计作 1 个成本级点。

②财力资源成本。根据样本高校的年度财务据算报表，以一般公共预算财政拨款作为评价因素，100 万元经费投入计作 1 个成本级点。

③物力资源成本。高校在长期发展的过程中，沉积形成了一定数量的固定资产，这些资产为高校的教学科研服务，内化为高校当年度办学运行所耗费的物力资源，将其作为评价因素，1000 万元物力资源计作 1 个成本级点。

第六章
高校绩效价值评价模型的价值界定

高校绩效价值评价遵循价值管理的基本步骤和一般规律，将高校的运行绩效作为价值管理的对象，围绕价值的核心概念，在价值分析的基础上，提升价值。高校绩效价值管理的价值内涵是：高校提供人才培养、科学研究、社会服务等功能的产出效果与取得这些功能效果的全部成本之比。设高校运行的目标功能为 F_u，获得目标功能的成本为 C_u，则价值 V 用公式表达为 $V_u = F_u / C_u$。V_u 的大小由功能和成本共同决定。

第一节　高校绩效的价值系数

对高校绩效价值的基本公式进行观察和分析，就会发现分子绩效目标功能和分母绩效成本的单位是不一样的，成本以人民币元为基本核算单位，但是鉴于高等教育功能的多样性，不同的功能指标有其独有的衡量单位，没有办法统一核算。

因此，为了解决单位不统一带来的无法比较的问题，我们引入功能系数、成本系数和价值系数这三个概念来完成数据数值的无量纲化，并通过标准化使所有指标的数据成为可以同一运算并可以相互比较的数[1]，使得评价更为科学和合理。

一、高校绩效的功能系数与成果贡献度

高校绩效功能系数（University Performance Function Coefficient，UPFC）为

$$UPFC = \frac{F_{ui}}{\sum_{j=1}^{n} F_{uj}} \qquad (6-1)$$

---

[1] 张男星. 高等学校绩效评价论［M］. 北京：教育科学出版社，2012：12.

式中，分子 F_{ui} 为高校某个绩效功能值，指代为 i 功能；$\sum\limits_{j=1}^{n} F_{uj}$ 为高校运行过程中所有绩效功能值的总和；两者之比为高校绩效功能系数。从数学角度来理解，即高校 i 功能在所有功能中所占的比重，反映 i 功能对于高校运行成果的贡献度。

二、高校绩效的成本系数与成本占有度

高校绩效成本系数（University Performance Cost Coefficient，UPCC）为

$$UPCC = \frac{C_{ui}}{\sum\limits_{j=1}^{n} C_{uj}} \qquad (6-2)$$

式中，分子 C_{ui} 为高校第 i 项成本，分母 $\sum\limits_{j=1}^{n} C_{uj}$ 为高校成本的总和，即高校第 i 项成本在总成本中所占的比重，反映某项成本的占有度。

三、高校绩效的价值系数与价值契合度

高校绩效价值系数（University Performance Value Coefficient，UPVC）为

$$UPVC = \frac{UPFC}{UPCC} \qquad (6-3)$$

即高校绩效价值系数等于高校绩效功能系数和高校绩效成本系数的比值，通过比较绩效功能和绩效成本的量化关系，来反映高校绩效价值的契合度。

第二节　高校绩效的价值分析

根据价值管理的公式，直接运用解析公式的方法，对高校运行的绩效进行价值分析。在实际运用中，实现功能的最低成本通常不易获得，加之高校绩效功能实现的多样性，投入成本的复杂性，功能与成本的量纲不统一，不同量纲的数值不具有比较的意义，所以，通常情况下，对高校绩效评价采取相对值法（也称价值指数法）。

设分析对象有 n 个功能，每一个功能的值分别是 F_{u1}，F_{u2}，F_{u3}，$\cdots$，F_{un}，

投入成本（费用）分别为 C_{u1}，C_{u2}，C_{u3}，$\cdots$，C_{un}，这时总功能为 $F_u = \sum\limits_{i=1}^{n} F_{ui}$，总成本为 $C_u = \sum\limits_{i=1}^{n} C_{ui}$，功能系数 $F_{uc_i} = F_{ui}/F_u$，成本系数 $C_{cui} = C_{ui}/C_u$，则得到功能价值系数 $V_{uc_i} = F_{uc_i}/C_{uc_i}$。实际上，功能系数 F_{uc_i}，其数理意义为某项功能 F_{ui} 对于总功能 F_u 的成果贡献度；成本系数 C_{uc_i}，其数理意义为某项成本 C_{ui} 对于总成本 C_u 的成本占有度；价值系数 V_{uc_i} 就是成果贡献度与成本占有度相互的价值契合度。运用相对值法对高校运行绩效进行评价，可以得出如下结论。

一、价值契合的理想状态

当 $V_{uc_i} = 1$，即 $F_{uc_i} = C_{uc_i}$ 时，功能的成果贡献度与成本占有度相等，功能价值完全契合，说明功能与实现功能所投入的成本是完全匹配的，功能的价值最优。这是一种理想的状态。

二、价值溢出的高效率状态

当 $V_{uc_i} > 1$，即 $F_{uc_i} > C_{uc_i}$ 时，功能的成果贡献度大于成本占有度，功能价值是溢出的，说明功能与实现功能所投入的成本是高匹配的。这是一种高效率的状态，或者说是一种功能过剩的状态，也是一种不稳定的状态，要保持这样的状态，要么去除过剩的功能，要么增加成本投入。

三、价值短缺的低效率状态

当 $V_{uc_i} < 1$，即 $F_{uc_i} < C_{uc_i}$ 时，功能的成果贡献度小于成本占有度，功能价值是短缺的，功能与实现功能所投入的成本是不相匹配的。这是一种低效率的状态，或者说是一种成本过剩的状态，是价值管理需要重点关注并进行分析的状态，需采取有效措施，努力提高其功能，降低其成本。

第三节　高校绩效的价值改进分析

以 UPCC 为横坐标，以 UPFC 为纵坐标作图（见图 6-1），以 UPFC 和 UPCC

的平均值 UPFC$_{平均}$、UPCC$_{平均}$，将整图划分为一区、二区、三区、四区，一区为低成本高功能区，二区为高成本高功能区，三区为低成本低功能区，四区为高成本低功能区。UPVC＝1 的状态极少见，通常将 UPVC 值在 0.9~1.1 视为理想状态。经点 O 分别作 3 条直线，即直线 OH 为 UPVC＝1，直线 OG 为 UPVC＝1.1，直线 OJ 为 UPVC＝0.9。从图中可见，直线 OG 左侧为价值溢出区，直线 OJ 右侧为价值短缺区，两者所夹区域为价值理想区；自点 O 出发顺着"喇叭口"自下而上，由低级别的价值理想区逐步向高级别的价值理想区过渡。现分别对 4 个区域的 10 种不同价值状态绩效改进方案做如下分析。

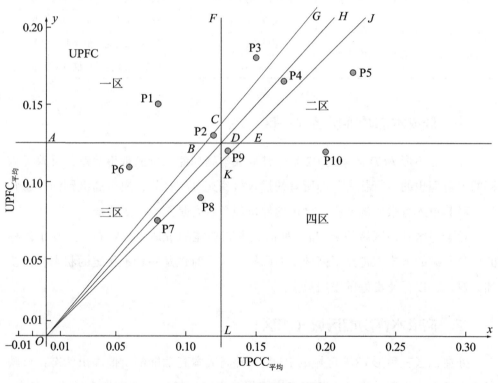

图6-1　高校绩效价值分布图

结合所在区域的特征、价值状态和价值管理的目标和任务，可以将其归纳成 10 种类型，如表6-1所示。

表 6-1　四大区域范围内的 10 种价值类型

区域	区域特征	区域范围	价值类型
一区	低成本高功能区域	三角形 BCD	低成本高功能的价值理想状态
		其他区域	低成本高功能的价值溢出状态
二区	高成本高功能区域	三角形 CGF	高成本高功能的价值溢出状态
		多边形 GCDEJ	高成本高功能价值理想状态
		其他区域	高成本高功能价值短缺状态
三区	低成本低功能区域	三角形 OAB 区域	低成本低功能的价值溢出状态
		多边形 OBDK 区域	低成本低功能的价值理想状态
		三角形 OLK 区域	低成本低功能的价值短缺状态
四区	高成本低功能区域	三角形 DEK 区域	高成本低功能的价值理想状态
		其他区域	高成本低功能的价值短缺状态

一、低成本高功能区域（一区）

处于三角形 BCD 区域的 P2 是一种低成本高功能的价值理想状态，反映了该标的单位理想的运行状态，即所有的投入得到充分的释放，属于高级别的理想状态，对其投入有很好的回报，稳定地保持现行状态是其唯一的选择。

处于一区其他区域的 P1 是一种低成本高功能的价值溢出状态，反映了该标的单位资源的低投入得到了高效率的回报，这同时也是一种不稳定的状态，需要加大投入，以保持良好的发展势头。

二、高成本高功能区域（二区）

处在二区三角形 CGF 区域的 P3 是一种高成本高功能的价值溢出状态，反映了该标的单位资源的高投入获得了高回报，说明该标的单位高效率的运行状态，但要长期保持这样的状态，需要有新的投入。

处在二区多边形 GCDEJ 区域的 P4 是一种高成本高功能价值理想状态，也是高投入高收益的一种高级别的理想状态，所投入的资源得到了充分的业绩释放，资源投入与功能产出的匹配非常好。单位只要保持好现有的状态运行，加大投入就能获得理想的回报。

处在二区其他区域的 P5 是一种高成本高功能价值短缺状态，反映了该标的单位的资源投入大于功能产出，从功能产出贡献的角度来看是好的，但从资源投入的占有情况来看，是需要价值改进的。一方面，要分析功能产出项中的薄弱环节，着力提高功能值；另一方面，要设法降低运行成本，在人力资源方面，提高人均绩效；在物力资源方面，提高资源的使用效率；在财力资源方面，统筹规划，发挥资金的最大效能。

三、低成本低功能区域（三区）

处在三角形 *OAB* 区域的 P6 是一种低成本低功能的价值溢出状态，反映了该标的单位较少的资源投入得到了远高于其投入的回报，体现了该标的单位高效率的运行状态。这样的单位需要充分得到尊重和鼓励，加大投入，使其保持这样高效率的状态。

处在多边形 *OBDK* 区域的 P7 是一种低成本低功能的价值理想状态，反映了该标的单位较少的资源投入获得了与其相匹配的功能产出。但是，这样的理想状态与二区的 P4 相比，是一种低级别的状态，需要不断加大投入，使其由低级别价值理想状态向高级别价值理想状态提升。

处在三角形 *OLK* 区域的 P8 是一种低成本低功能的价值短缺状态，反映了该标的单位较低的资源投入没有得到相匹配的功能产出，是低效率的。工作改进的重点是在保持现有的资源投入的基础之上，着力提高其功能产出，逐个分析功能产出要素，找出其薄弱环节，精准发力，提高系统的运行价值，向上方的理想状态迈进。

四、高成本低功能区域（四区）

处在三角形 *DEK* 的 P9 是一种高成本低功能的价值理想状态，反映了该标的单位高成本的资源投入获得了与之相匹配的低功能的产出。与二区的 P4 相比，属于低级别的理想状态。该单位迫切要做的就是保持现有的运行状态，努力争取更多的资源投入，激发更强的内部活力，以期获得更多的功能产出，走向更高一级的理想状态。

处在其他区域的 P10 是一种高成本低功能的价值短缺状态，反映了该标的单位的资源投入大大高于其功能产出，是价值改进需要重点关注的单位。价值改进的路径分两步走：第一步，保持投入不变，提升其功能产出，使其进入到二区，实现从低功能向高功能的转变；第二步，稳定保持现有的功能产出水平，在资源投入方面进行优化组合，从人、财、物三方面着手，引进高水平师资，激发存量资源，提高人均绩效，不断提升和优化系统的价值，实现从价值短缺状态向价值理想状态的转变。

第三部分　实证分析篇

　　本部分主要探讨高校绩效价值评价模型在高校运行绩效评价中的应用，选取江苏省直属理工类高校、教育部直属部分高校及南京某所理工类高校作为评价的对象进行实证分析，包括站在第三方的角度对公共组织部门——高校进行的外部绩效评价，以及高校组织对其内部组织（如院系）运行和职能运行进行的绩效评价，目的在于丰富高校绩效评价的理论与实践，为政府部门合理配置高校资源，以及为高校组织内部提升管理效能提供有益的参考。

第七章
"双一流"建设背景下高校内部管理中的价值分析

教育部、财政部、国家发展改革委出台的《统筹推进世界一流大学和一流学科建设实施办法（暂行）》采取了总量控制、开放竞争、动态调整的运行机制，而动态竞争是其核心要素。"双一流"建设战略本质上是一种竞争性战略，谁拥有更多可调配的资源，谁就会在这场竞争中赢得先机和主动。高校内部管理的实质是通过资源的合理配置实现人才培养、科学研究、社会服务、文化传承的办学功能，为高校的用户（政府、企事业单位、学生及其家长）提供优质的服务。高校在办学功能实现的过程中对资源的需求永远是无止境的，如何让资源的使用获得最优的价值是制约一所高校发展的关键。在高校内部管理中引入价值分析的方法，从内部管理和价值分析的基本概念出发，分析两者之间的内在逻辑关系，进而阐述高校内部管理中价值分析的内容和实现路径，着力改变高校内部管理粗放式的管理方式，科学合理地使用办学资源，减少资源的无益损耗。在静态管理和动态管理中追求效益的最大化，不仅是高校主动适应"双一流"建设要求、办好人民满意的高等教育的迫切需要，也是高校强化内部管理，实现可持续发展的必然选择。

第一节　高校内部管理与价值分析的基本概念

一、高校内部管理的概念与内涵

管理科学认为，管理就是在特定的环境下对组织所拥有的资源进行有效的计划、组织、领导和控制，以达成既定的组织目标的过程。❶ 从这个定义出发，可以对高校内部管理做如下定义：所谓高校内部管理就是高校管理者对学校所拥有的人力、财力、物力资源进行科学的计划、组织、领导和控制，以实现高校人才培养、科学研究、社会服务和文化传承办学目标的过程。

从上述定义可以看出以下几点。一是高校内部管理的本质是要实现高校的办学目标，即实现高校的办学功能，这其实也是高校消费者（政府、企事业单位、学生及家长）所必需的功能。二是高校内部管理的过程是资源流动的过程，即管理者在科学的办学理念指导下配置办学资源，资源的流动伴随着功能的实现，有序合理的资源流动能够产生高效益，反之则会产生低效益，甚至负效益。三是高校内部管理的方法包含计划、组织、领导和控制。"计划"要求加强财务的预算和核算，保证有效的资金能够发挥最大的效益；"组织"要求将人、财、物以最大程度有效组合、合理配置起来，以最少时间完成最大限度的工作，以最少的投入创造出最大的产出；"领导"就是以全新的管理理念确立目标，明确职责，建立健全体制和机制，调整、充实、细化各系统的管理职能；"控制"要求加大监察、审计的力度，堵塞各种资源流失的漏洞，对资源流动的全过程进行全方位的监控。四是高校内部管理的关键是有效配置资源的人，强调加强内部管理能够出人才，人尽其才，各展所长，建设一支素质高、结构合理的管理人才队伍，使每个人的才能得到充分的发挥。

二、价值分析的基本概念与内涵

价值分析是在价值工程的基础上发展起来的一种系统的管理思想和方法❷，起源于 20 世纪 40 年代第二次世界大战期间的美国，时任通用电气公司的电子工程师麦尔斯为了解决市场原材料紧张的问题，研究了材料替代问题，他发现，使用材料的目的在于使用该材料的功能，而不在于材料本身。他进而研究了功能分析的概念和成本间的关系，并在《美国机械师》杂志上发表了"价值分析"的论文，提出了价值的公式。

---

❶ 戴文战，陈小东. 论高校内部管理科学化 [J]. 国家教育行政学院学报，2011（3）：13-16.
❷ 张如潮. 价值管理（VM）简介 [J]. 价值工程，1998（5）：11-13.

从上述关于价值的定义可以看出以下几点。一是价值分析方法的普适性。价值分析的对象，无论是商品还是产品、作业、服务、工程、活动、管理，凡是发生功能与成本的地方，都存在价值大小问题，都可以用该方法来进行分析评价。二是价值分析方法的标准性。它是作为评价对象效益高低的标准和尺度而存在的，用来衡量一切社会经济形态中分析对象的效益高低。按照用户的需求，能够以最低的寿命周期成本提高用户所必需的功能，则价值最大。三是价值分析方法的创新性。创新是价值分析方法的源头活水，通过功能成本分析进行方案创造，寻求提高价值分析对象系统价值的路径。四是价值分析方法的组织性。利用价值分析的原理对某对象进行分析和评价时，是进行经济和技术、成本与功能的综合性评价，是一项涉及分析对象整体的系统性工程，必须由特定的组织——价值管理小组来实施，以确保价值分析活动的有序开展。

三、价值分析法在高校内部管理中的应用现状

从 20 世纪 80 年代后期开始，价值分析方法在我国的企业界得到了积极推广，取得了较好的经济效益。自那时起，广大高等教育工作者也开始关注该方法在高校管理中的应用。1989 年，李艳霞发表的《价值工程在高校图书馆管理中的应用》[1]，这是价值分析方法第一次应用于高校的内部管理之中，此后，该分析方法已被高校管理者应用于学校内部管理的各个方面。从应用的领域来看，涉及基本建设最多，包括校园建设规划、校内教学生活设施建设等，课程建设、人力资源管理次之，学生管理、教学管理也有关注，其他涉及办学效益、资金管理、学科建设、人才培养、项目投资、物资采购、图书馆资源利用和科研工作等。但是，整体而言，价值分析在高校管理中的应用还不够活跃，其应用的效益还远没有得到充分的体现，这与高等教育事业迅速发展的背景不相适应，也与价值分析在国内其他领域的发展状况相差较远。主要表现在：一是缺乏顶层设计，学校领导层没有真正建立起价值分析的理性思维，对价值分析方法在高校管理中的应用前景还缺乏深入的研究；二是缺乏组织保证，高校内部的组织架构中尚未建立价值分析的组织，没有专门从事价值分析的人员；三是缺乏制度约束，开展

---

[1] 李艳霞. 价值工程在高校图书馆管理中的应用 [J]. 佳木斯工学院学报，1989（1）：52-56.

价值分析无章可循，未能在学校的层面上建立一整套价值分析的工作规范和标准；四是缺乏应用氛围，作为一门跨学科的应用理论和方法，高校的广大教育工作者对价值分析的理论和方法还缺乏深入的了解，相关的理论知识还需要普及，这些都客观地造成了该方法在高校内部管理中的应用和推广受到了很大的限制。

第二节　价值分析应用于高校内部管理的必要性

价值分析法作为一种系统化、创造型的管理方法和手段，在资源的配置中发挥着其他管理方法所不可替代的作用。因此，高校管理者在做任何一项决策时，需要在分析功能目标与投入成本关系的基础上进行管理创新，以实现管理效益的最优化。

一、实施价值分析是扎实推进"双一流"建设的迫切需要

教育部、财政部、国家发展改革委印发的《关于高等学校加快"双一流"建设的指导意见》（以下简称《指导意见》）中明确提出，要"创新办学理念，转变发展模式，更加注重结构布局优化协调，更加注重人才培养模式创新，更加注重资源的有效集成和配置，统筹近期目标与长远规划，实现以质量为核心的可持续发展"；"健全高校'双一流'建设管理机构，创新管理体制与运行机制，完善部门分工负责、全员协同参与的责任体系，建立内部监测评价制度"。在高校内部管理中实施价值分析，是落实《指导意见》的具体举措。一是促进办学理念的转变，价值分析的方法是一种管理理念的创新，能够更好地适应内涵发展的模式，它的核心要义在于确立向管理要效益的理念，并从建立现代大学制度的高度使理念成为行动。二是促进内部组织机构的变革，价值分析是一项有组织的作业活动，必须建立相应的组织予以实施，使得组织结构更好地适应有效管理；减少管理环节，使得信息流动更顺畅，管理层次和管理幅度更优化。三是促进高校内部资源有效配置，价值分析的方法是有效集成和配置资源的法宝，它从功能与成本的关系之中，找到资源价值最大化的工作方案。

二、实施价值分析是办好人民满意的高等教育的迫切需要

经过近 20 年的发展，中国的高等教育取得了长足的进步。就高等教育领域而言，其主要矛盾是人民日益增长的对高质量高等教育的需求与高校办学质量不均衡之间的矛盾。价值分析的方法是运用系统的思维，着力于分析对象整体价值的优化，与高校办好满意的高等教育的建设目标一致。一是满意的高等教育是有质量的教育。价值分析方法强调，要使系统的价值提升，必须着力提高系统的功能，功能的大小反映了产出的质量。二是满意的高等教育是有效率的教育。价值分析在对系统进行分析过程中，除了关注功能之外，还关注投入的成本，从功能与成本两个维度衡量和评价某项内部管理作业活动的成效，强调质量与数量的统一，投入与产出的统一。三是满意的高等教育是有竞争力的教育。从全球教育来看，国外名校以其优质的教育质量，借助其品牌效应，吸引了大批的国内学生赴境外就读；从国内大众的消费观来看，教育消费的观念已成为越来越多家庭的共识。因此，在这样的背景下，高校必然要面对优质生源的激烈竞争。高等教育消费者（政府部门、企事业单位、家长和学生）更多关注的是投入的成本能获得多大的回报，缺乏竞争力的高校必然会失去细分的市场。

三、实施价值分析是实现可持续发展的迫切需要

从价值分析的公式可知，功能与成本的契合度是衡量内部管理作业活动价值优劣的标准，用这个标准来评判分析，会得到三种状态：当功能大于成本时，价值是溢出的；当功能小于成本时，价值是短缺的；当功能与成本相当时，价值是最理想的状态。价值分析方法中的价值判断为高校内部管理中合理分配资源、实现可持续发展提供了一种科学分析的方法。一是可持续发展强调发展的公平性。持续发展的前提是公平地获得资源，资源是任何一项内部管理作业活动的物质驱动力，价值分析方法的初衷在于对资源利用的效率进行分析评估，进而提出提高价值优化的路径，使得有限的资源发挥最大的效用。二是可持续发展强调发展的持续性。持续性发展的核心要义在于发展要量力而行，不能超越现有资源的承载力，"以最少的投入获得必要的功能"是价值分析法的基本原理，应用于内部管

理的各项作业活动之中，体现了经营学校的理念，即如何合理地使用好学校的每一份资源。事实上，伴随着 20 世纪 90 年代末的高等教育大众化进程，高校办学规模爆发式增长，使得一些高校背负的巨额债务至今仍没有完全消除，高校办学资金非常紧张，尤其是地方所属的高校，财务状况不容乐观。而价值分析法引入高校内部管理之中，能够最大限度地发挥资金的使用效率，使得花出的每一分钱都物有所值。三是可持续发展强调发展的共同性。高校内部管理中运用价值分析的方法对某一系统中的多个子系统进行功能成本分析，力求对每一个子系统的运行状态进行客观评价，在此基础上，提出各个子系统提升价值的路径，从而提升了整个系统的价值，促进了各个子系统的共同发展。

第三节　价值分析应用于高校内部管理的内在逻辑

高校内部管理的过程包含资源投入和功能产出。管理所追求的目标是管理效益的提升，价值分析的目的是以各种资源最少的占用和消耗获得最大的受益程度。从这个意义上来说，两者的目标是一致的。分析两者之间的内在逻辑关系，寻求两者的契合点，有利于改善管理对象的价值系统，实现价值的优化。

一、用户需求的功能性原理揭示了高校内部管理的本质内涵

功能本质性原理是指高校内部管理的本质内涵，是价值分析对象所具有的功能。如前所述，功能是隐藏在价值管理对象背后的本质，高校管理者所从事的所有学校管理工作，实质上是要实现某一方面的功能，提高管理效绩的途径之一在于提高某一作业活动的功能，而价值管理功能分析的目的是通过管理者创造性的思维活动，找到提升功能的策略和路径。

功能属性的二重性要求管理者在进行功能的分析过程中，注意区分哪些功能具有客观性，它们是可以采用客观的数据、定量的方法来表达；哪些功能具有主观性，它们需要采取特定的定性方法进行表达。在管理实践中，管理者往往更多地关注功能的客观性，而易忽略功能的主观性。

功能的系统性属性揭示了管理工作的系统性特征。管理是有职能层级的，上

下层级之间是相互联系、不可分割的整体。提高管理的功能，需要从每个层级的功能进行分析研判，体现了管理工作的系统性思维。

功能多余的无效性和不足的破坏性属性充分揭示了管理工作内部有机协调性特征。对于高校用户的必要功能而言，在高校管理工作中存在着功能过剩和功能不足并存的现象，功能过剩会造成资源浪费，功能不足则严重影响价值的实现，因此，如何去除多余的功能，补齐不足的功能，需要管理者通过功能分析作出理性的选择。

功能载体的替代性属性为高校内部管理创新提供了有效路径。高校管理工作本质上是通过一系列的工作举措以实现相应的功能。为实现该功能可以有多种路径供选择，作为一名管理工作者，就是要善于从功能替代性特征出发，通过分析研究寻求到最佳替代方案。

二、功能—成本统计相关性原理揭示了高校内部管理的运行规律

高校的办学绩效体现在投入的成本和实现的功能关系之中，高校管理者的责任在于寻找到功能与成本的内在关系。功能成本统计相关性原理是从宏观统计学的原理出发，揭示高校办学的功能水平与其投入的成本之间所具有的宏观相关性，包括功能成本的正相关性、最小费用存在性，以及功能费用的外在干扰性。

功能成本的正相关性原理揭示了在一定社会经济环境和技术条件下对于给定的分析研究对象，实现每一功能水平的成本都近似地服从正态分布的规律，如图3-1所示。在低功能水平的情况下，加大成本的投入能获得较高的价值；在高功能水平的情况下，提高功能的价值则需要付出高昂的成本。因此，对高校管理者而言，管理的任务就是通过管理创新，不断寻找功能与成本之间的最佳价值状态，即以最小的投入成本获得必要的功能。

最小成本的存在性原理揭示了在一定的经济环境、办学条件下，对于同一水平功能实现的路径中，诸多成本中必然有一个最低成本，该成本随着管理水平提升和高校内部体制机制的变革还会继续下降。管理者的责任在于集思广益，综合分析，找到这个最小成本，并不断改进和优化，逐步降低该成本。

功能与成本的外在干扰性原理揭示了高校内部管理与高校用户需求之间的互

动关系。高校办学实践离不开利益相关者的需求，高校应当主动适应社会发展的需求，适时调整办学的功能水平，以办好人民满意的高等教育为己任，为社会培养高素质的人才，以及提供高质量的科研成果和高水平的社会服务。

三、价值准则性原理揭示了高校内部管理绩效的衡量标准

如前所述，高校内部管理的绩效体现在投入的成本和实现的功能水平的关系中，价值准则性原理则揭示了高校内部管理的衡量标准是其价值。

功能强度的相对必要性原理揭示，功能水平的高低决定了价值水平。当功能强度较低时，加大成本的投入能较快地提升绩效价值；当功能强度较强时，提升功能则要付出更多的成本，而绩效的价值不升反降。这就提示我们，在管理的实践中应以价值最大化作为工作的标准，在功能水平相对较弱的情况下，管理工作的重点是筹措更多的办学资源，加大对某一作业活动的投入，从而快速提升系统的绩效价值；当功能水平相对较强时，管理工作的重心应放在保证功能水平不变的前提下，降低某一作业活动的成本，以保证系统处在高效率的运行状态。

功能成本的用户立场性原理揭示，对高校用户而言，总是希望用最低的成本获得更多的功能。从这个原理来看用户的立场，对高校管理者而言，就是要牢固树立以人民为中心的办学理念，一切从用户的需要出发，主动与用户需求对接，通过内部管理水平的提升，不断优化人才培养方案，以学科建设为龙头，产学研结合，多产出真正能落地的科研成果，做到让政府满意，让用人单位满意，让广大家长和学生满意。

第四节　高校实施价值分析的主要内容

价值分析是一种以功能成本分析为基础的系统管理方法，是以价值来衡量效益的目标管理。就高校内部管理活动而言，实施价值分析的内容主要有以下四个方面。

一、人力资源管理中的价值分析

一是发挥价值分析在人力资源配置中的作用。依据学校整体办学功能定位和

战略目标，根据专业学科发展、学科团队建设的需要，科学配置人力资源，在人员结构、学历结构上按学科领军人才、一般专业技术人员、优秀管理干部队伍、普通管理人员以一定比例配置，做到人岗相适、人尽其才、才尽其用，减少不必要的人才浪费。二是发挥价值分析在人力资源绩效考核中的作用。绩效考评是高校人力资源管理的核心环节。价值分析的方法从功能与成本两个维度构建评估指标体系，注重过程评价与结果评价相结合，短期评价与长期评价相结合，定性指标与定量指标相结合，能有效监测和检验高校教师工作业绩和工作表现，运用客观量化数据来决定评价结果，保证了绩效评价的公正性。同时，注意将价值分析评价结果反馈给教师作为其职业目标及职业发展的参考。三是发挥价值分析在高校人力资源激励中的作用。健全高校的人才激励机制是实施"双一流"战略的需要，多元有效的人才激励机制应体现公平竞争的原则，克服论资排辈，创造一种优胜劣汰、竞争约束的良好氛围。价值分析能够客观地分析出人力资源的投入及所实现的产出，提倡多劳多得、优劳优酬、淡化身份的分配方式。对那些处于价值溢出状态的人才，除了给予精神激励之外，还需要给予资源投入的激励，使之功能与成本更好地匹配，保持价值最优的状态，发挥出更好的作用。

二、组织运行管理中的价值分析

一是在战略规划中引入价值分析。战略规划是高校主动面向未来的管理方式，科学全面的战略规划对一所学校的长远发展至关重要。规划的实质是在确定发展目标和任务的前提下，科学合理地配置办学资源。价值分析理念指导下的战略规划体现的是办学条件、办学理念、办学思路相统一，规模、结构、质量、效益相统一，历史、现状、未来相统一，功能、成本、价值相统一，力求使得战略规划更加贴近学校的办学实际，使有限的资源能够最优化地支撑学校的长远发展。二是在机构设置中引入价值分析。高校的每个机关行政部门或单位都赋有不同的职能，运用价值分析的方法对各个机构、岗位进行功能分析，按每个岗位功能的重要程度配置资源，定岗定员，在维持整体功能不变的情况下，想方设法降低投入的成本（精简组织机构，优化人员配置），从而提升学校整体组织系统的运行价值。三是在院系运行绩效评价中引入价值分析。院系是高校整体运行的基础，其运行绩效的优劣影响着高校的发展，以院系作为价值分析的对象，建立高校院系价值评价模型，对院系运行的状态进行科学评价，针对绩效状态不同的院系提出价值优化的路径。四是在职能部门管理运行中引入价值分析。高校各职能部门承担着学校的基本职能，在实现这些基本职能的过程中必然要消耗大量人力、财力和物力资源，因此，价值分析的方法在职能部门提高运行的效率、向管理要效益方面大有作为，如人才培养方案中的课程设置，学科建设、科学研究、社会服务中的绩效评价等，都可以借鉴价值分析的方法，寻求提升价值的最优路径。

三、资产和财务运营管理中的价值分析

一是财务预算中引入价值分析，把准资金流向。高校的年度财务预算作为资金调度的依据，体现了学校对未来发展方向的预判，是将学校领导层的战略目标和规划进行未来财年的分解、细化和数字化的过程，它包括收入和支出两个方面，价值分析理念指导下的高质量预算将对高校内部各职能处室的资金、人才、设备进行统筹规划，合理分配，能够实现资金的最优利用。二是财务决算中引入价值分析，评估资金绩效。高校内部管理的一项重要内容就是对各部门的资金运行的绩效进行考核，运用价值分析的方法对学校资金整体运行状况、各职能部门资金使用状况，以及专项资金使用情况进行评价，与预算中确立的学校整体业绩目标、部门业绩目标、专项工作业绩目标进行对应的比较，分析差异产生的原因，并提出绩效改进方案，以减少未来期间差异的发生。三是筹资管理中引入价值分析，防范财务风险。高校的筹资风险主要来自筹资数额与筹资用途的随意性，结构不合理而导致资金使用效益低。运用价值分析的理论指导高校的筹资活动，科学预测学校发展所需的资金，对筹资规模、筹资结构、资金用途效益及存在的风险进行全面的控制，确定最优的筹资结构，选择有效的筹资方式，使高校的资金收益最大与风险最小之间找到平衡点，以实现筹资价值的最大化。四是投资论证中引入价值分析，确保资产保值和增值。随着高校办学自主权的扩大，作为拥有相对独立地位的法人实体，高校利用闲置资金对外进行投资以获取投资收益已成为其筹资的渠道之一。投资就会有风险，为确保资产的保值增值，运用价

值分析的方法进行投资决策分析，确定决策目标后，在充分调研掌握相关信息的基础上，利用财务信息及有关非财务资料，从实现功能和投入成本两个维度，对学校的投资行为的各种备选方案进行比较分析，权衡利弊得失，从中选出最佳方案，以保证投资规模与学校的财力相匹配。

四、资源使用管理中的价值分析

一是基本建设中引入价值分析。价值分析的方法在基本建设领域中的应用已较为成熟，高校基本建设管理部门，应该全面应用价值分析方法，对工程项目的立项、设计、招标、施工、验收的全过程进行有效控制，使得各个工程项目既能满足功能需求，又最大限度地减少投资费用和使用费用。二是在大宗物资采购中引入价值分析。用价值分析的思维指导大型贵重仪器设备的采购，在技术参数的设定中，根据其使用的情况，合理设置功能参数，剔除不必要的功能，从功能与成本匹配的角度，对采购投标对象进行评价和筛选，从而有效地降低采购成本。三是在后勤服务中引入价值分析。在工程维修、水电使用、物业管理、校园绿化及学校各类设施改造的方案论证与项目实施中，厘清需要实现的功能，分析投入的成本，以价值最优的标准来评价并选择最终的实施方案，做到少花钱，办成事。四是在图书馆资源利用中引入价值分析。从高校图书馆所承载的经济、学术、使用三个方面的功能出发，并结合在人力、财力和物力方面的投入，对其资源利用的情况进行系统研究、分析，提出图书馆资源利用绩效价值提升的改进建议。

第五节　高校实施价值分析的有效路径

价值分析的方法在现代企业管理中得到广泛应用，产生了显著的社会效益和经济效益。将这一管理理念和方法引入高校内部管理中，需要不断拓展应用领域，扎实有序地推进。

一、树立价值最优的管理理念

更新理念是前提。理念是行为的先导，高校内部管理中全面推行价值管理需要学校上下必须确立价值最优的理念。一是学校领导决策层要确立"价值分析是学校发展的金矿"的理念，设立专门的机构，建立规范的制度，充分认识在内部管理中推行价值管理的迫切性和必要性，带头学习价值管理的理论和方法，并在工作中自觉运用价值管理的方法。二是学校中层执行层要确立"价值分析常用常新"的理念，对于各有关职能部门的业务骨干，要系统地学习价值分析的原理和方法，科学准确地运用价值分析方法解决实际问题，并善于在实际工作中不断总结，不断创新价值分析的新方法。三是广大管理人员要确立"价值分析从我做起"的理念，自觉学习价值管理的普及性知识，在自己的管理工作中主动运用价值最优的标准去思考和解决问题，成为学校内部价值管理的积极支持者和参与者，夯实价值管理实施的群众基础。

二、建立价值分析的组织机构

建立组织是基础。价值分析是有组织的集体创新活动，必须建立专门的组织机构，依靠集体的智慧和力量才能有效实行。在高校内部可成立独立的价值管理部门，也可与现有的部门，如规划发展处、政策研究室等部门合署办公，赋予其新的职能。该部门成员的组成中，应由熟悉高等教育运行规律的管理骨干组成，也要有具有价值分析知识经验的专门人员，还可以吸纳校外专门从事价值分析方面的专家作为兼职人员。该部门的管理职责主要有以下几个方面：一是统筹协调，根据学校的年度工作任务选择价值分析的对象，并制订详细的实施方案，对涉及多部门、多单位的价值分析活动进行统筹推进；二是收集价值分析活动的有关情报，寻找价值分析与评判的依据，建立可靠的价值标准；三是进行价值分析，对确定的研究对象进行功能成本分析，并进行价值分析，提出改进设想，拟定改进方案；四是组织培训，负责对各职能处室、二级单位的管理人员进行价值分析方面的知识培训；五是组织推行，负责在学校各个部门和单位推行价值分析活动，并进行检查、指导和督促。

三、构建价值分析的制度体系

构建制度是保障。科学的管理需要建立科学的运行机制，在高校内部管理中有效开展价值分析必须有制度作保证。以创新体制机制、完善制度为价值分析的着力点，对价值管理活动的组织领导、职责权限、工作程序、成果分析、奖惩办法等作出明确规定，使得价值分析真正落地生根，发挥作用。要在学校的规划制定、人才培养、科学研究、社会服务、队伍建设、学生管理、资产运营、对外投资、财务预算、大宗物资采购、校园基建、后勤服务等涉及学校决策等方面形成价值分析的制度体系，做到禁止性规定明确，规范性制度量化；做到凡是有较多资源投入的作业事项都要有价值分析部门的介入跟进，进行功能和成本的分析，并做价值分析，以增强制度间的协同，形成制度上的合力，实现制度设计无漏洞，价值分析无死角，使价值管理活动始终贯穿于学校的整个管理之中，实现内部管理的价值最优目标。

四、完善价值分析的信息系统

信息是管理决策的基础。价值分析中的功能成本分析的前提条件是对相关信息收集与整理，可以毫不夸张地说，信息是价值分析系统的"神经中枢"。随着高校办学规模的扩大、办学质量的提高和开放程度的提升，多校区、多层次、多学科的办学特征，形成了庞杂的信息流。一是建立统一完善的信息管理系统，克服多部门信息统计口径不统一、统计数据不一致的弊端，建立集人事管理、教务管理、科研管理、学生管理、资产管理、后勤管理等信息于一体的数据平台，以实现校园内信息的共有共享。二是确保数据完整、准确和及时，学校要建立信息管理的规章制度，详尽规范信息公开的程序、数据采集的标准，以及相关数据和信息上报的时间节点等。三是建立一套完整的信息数据加工处理的方法，对原始数据进行统一的加工整理，以确保价值管理中功能成本分析和价值分析有序进行，这也是衡量高校管理水平的重要标志。

以最小的寿命周期成本获得必要的功能，实现资源投入价值的最优化是价值分析法的核心理念。价值分析的这一核心理念与"双一流"建设背景下高校内涵式发展的理念是一致的，价值分析法在高校管理的各个方面一定会有用武之地，需要高校管理者更新观念，拓展工作思路，善于从高校管理的实践中发现问题，深入挖掘其在高校管理中的应用领域，创造性地运用价值分析的理论和方法，结合高校的本质特征，遵循高校内部管理的客观规律，建立一整套符合高校内部管理运行规律，科学化、系统化的价值分析模型，以破解高校内部管理中亟待解决的高效运用有限资源、促进高校可持续发展的难题，使价值分析方法常用常新，用出效益。

第八章
价值管理在高校绩效价值评价中的应用

前面几章对高校绩效价值评估做了理论的探讨，本章选取 12 所江苏省属理工类高校，通过采集他们 2016 年度的运行数据，利用绩效价值评价模型对他们的办学绩效进行实证研究。

第一节　选择价值评价研究的对象

一、高校分类体系的构建

高校的分类是进行评价的基础。我国高校可以放置在由类和型二者所构成的二维象限之中，即不同专业主导的不同办学的类别和教学型、教学研究型、研究型三个不同办学的型，前者依据高校所覆盖的学科门类，后者则根据高校的科研规模来划分，通常而言，类在前，型在后。[1] 相同科研规模的高校由于不同的学科特点，评价标准相差甚远，没有办法放在相同的维度进行比较，故本书选取办学类别作为评价的分类标准，涵盖教学型和教学研究型。

纵观我国高等教育独有的发展历程，以行业类别设有的单科性院校一度成为高等教育大众化的一个传统，从学科设置来看，我国高校可以被严格划分为综合性、多科性、单科性三个类型。自 20 世纪 90 年代，伴随我国高等教育大众化进程加快，不同高校之间的合并和融合、不同学科之间的交叉和融合程度不断加深，单科性的大学不断拓展其他类型的学科，朝多科性或综合性大学转型和协调发展。正如学者俞俏燕指出的，今天所谓的单科性院校都在不同的程度上具备综合性大学

---

❶ 李德仁. 综合性大学与大学教育的综合性 [J]. 中国高教研究，2000 (4)：3-5.

的元素和特征，专业设置越来越多元化，覆盖的学科门类不断拓宽，越来越偏向综合化。❶ 至此，我国现有的纯粹单科性高校已经为数不多，绝大多数单科院校逐渐发展成为在某一特色学科门类具有较为深厚的办学底蕴、特色学科为主、其他相关学科协调发展的多科性高校。在多科性高校中，根据其优势和主导学科，还可以被划分为理工、政法、财经、医药、农林等不同的类别（见表8-1）。

表8-1　高校分类表

综合性	办学历史悠久，规模较大；专业设置齐全、学科门类丰富，基本覆盖工、文、理、医等学科，覆盖自然科学和人文科学两大领域；同时，各学科具有一定的"内在融合性"，学术和科研能力较强。一般以我国的一流大学为综合性大学的主体，江苏省内有南京大学和东南大学。而苏州大学、江苏大学、扬州大学、南通大学等属于省属地方综合性大学
多科性	办学规模中等、行业办学特色显著、重点建设的学科群优势突出，龙头专业在省内或者国内享有声誉，其中一大部分是国务院原部委的行业特色型高校，当前基本形成了以某一学科发展为主导，其他学科协调发展的多科性格局。根据其特色学科，可以被进一步细分为理工类、财经类、医药类、农林类等
单科性	学科设置面向地区经济发展和行业建设的要求，以某一特色学科为主，拥有1~2大类学科的专门院校，服务地方发展，功能以教学为主，大力培养社会需要的应用型专门人才。在我国高等教育大众化的过程中，一部分高校合并进入综合院校，另一部分在综合化的过程中逐渐变成多科性高校，因而在实际中与多科性高校之间的严格界限难以划分，完全意义上的单科性高校非常之少

二、选择江苏省高校绩效价值评价的对象

根据2017年教育部公布的高校名单，江苏省共有高校166所，本书选定江苏省公办本科院校为研究范围。第一步，先对这些高校进行初步的筛选，剔除大专类院校、民办院校及中外合作办学学校，剩下高校46所（其中省属38所）。第二步，根据46所高校的学科设置及其所覆盖的学科门类，挑选出以理工为特色，其他各学科协调发展的多科性院校，得到19所，按首字母读音排序（见表8-2）。

---

❶ 俞俏燕. 中国单科性院校专业趋同问题研究［D］. 厦门：厦门大学，2008：45.

表8-2　江苏省19所理工类高校

常熟理工学院	常州大学	常州工学院	河海大学
淮海工学院	淮阴工学院	江苏科技大学	江苏理工学院
金陵科技学院	南京工程学院	南京工业大学	南京航空航天大学
南京理工大学	南京信息工程大学	南京邮电大学	苏州科技大学
徐州工程学院	盐城工学院	中国矿业大学	—

第三步，进一步细化。通过对19所高校的行政隶属关系进行分析，其中部属高校4所，中国矿业大学和河海大学归属教育部，南京航空航天大学和南京理工大学归属中华人民共和国工业和信息化部；市属高校3所，徐州工程学院、金陵科技学院、常州工学院这三所院校实行省市共建，以市为主的管理体制，视为市属高校；剩下12所高校均属于省属高校（包括省市共建，以省为主）。高校不同的投资主体对其财政投入无论是政策上还是数量上均有所不同，对高校绩效价值成本有不同的影响。为了保证评价的可比性，在剔除这7所高校之后，剩下12所隶属江苏省、以理工为特色、其他各学科协调发展的多科性院校为本书的样本，下文简称为省属理工类高校（见表8-3）。

表8-3　本书所选取的12所江苏省属理工类高校样本

常熟理工学院	常州大学	淮海工学院	淮阴工学院
江苏科技大学	江苏理工学院	南京工程学院	南京工业大学
南京信息工程大学	南京邮电大学	苏州科技大学	盐城工学院

本书所选取的12所作为绩效评价样本的高校具有以下共同特征。一方面，从学科门类看，普遍拥有6~9个学科门类，其覆盖的学科门类和学科群建设远远丰富于单科性高校，但并不满足综合性高校的基本特征，尤其是狭义意义上的综合性大学，因而归属于多科性高校。另一方面，高校的发展主导学科均为理工科。

选择理工类高校而非师范类或者财经类等其他类高校的运行绩效作为研究对象，一方面，由于理工类高校产出的特殊性更适合作为绩效评价的样本，另一方面，江苏省属12所理工类高校在38所省属本科公办高校中占比31.6%，作为样本，绩效价值评价更具有代表性。

第二节　成立价值管理专业小组

自价值管理第一次在美国通用电气公司的材料采购事件中节省了很大的成本、创造了极大的经济价值后，成立价值管理部门或者小组，专门从事企业的价值分析工作已经变成了绝大部分制造业企业的标准配置。在高等教育领域也是如此，价值管理对高校绩效进行价值评价是一项组织化、专业化的工作，组织的保障是影响价值管理作业成功的重要因素，为此，成立价值管理专业小组为高校绩效价值评价的顺利进行提供了有力的组织保障。

一、价值管理小组的组成

人员构成是成立价值管理小组首先要考虑的问题。根据价值管理对象的不同，考虑到工作的特殊需求及工作量，价值小组的组成也会有所不同，但是都必须涵盖与对象相关的所有领域的专业人员，数量控制在 5~10 人。

企业的价值管理小组中决策人员占有比较大的比重，考虑到高校绩效评价的特殊性，此小组的人员会有所不同，需要根据高校管理的实际有所调整。一方面，小组成员需要具备一定的理论基础，对高校管理及绩效评价的理论和实践有一定的研究，对小组成员的专业性有所要求。另一方面，小组成员的选择不能仅仅局限于一所学校内部，应由各大高校、高等教育机构、政府相关部门中从事高等教育研究的专家和学者组成，同时还需要研究价值管理领域的学者参与，在结合价值管理理论和方法的同时，最大程度兼顾价值管理对象——高校的特殊性，有针对性地对高校的功能和成本进行价值分析，进而进一步选择价值优化的路径。

二、价值管理小组的职责

价值管理专业小组最主要的职责在于借助价值管理的方式和方法，对样本高校 2016 年度的绩效水平作出评价，通过对高校运行过程中所实现的功能和所付出的成本进行定量考核和分析，从而判断高校的绩效价值水平，同时对未来的趋势予以诊断性分析，提出改进策略。首先，确定价值管理的对象，在此基础上完成相关数据信息的收集，包括样本院校在人才培养、科学研究、学科建设、办学声誉、国际合作方面的信息，以及高校在 2016 年度人力、物力、财力资源投入的数据，对同类型的高校进行对比和分析。其次，讨论确定高校运行中功能绩点、成本级点指标赋值标准。最后，根据建立的高校绩效评价价值管理的模型，借助数理工具，对样本高校的绩效价值水平进行判断，对高校运行状况作出价值分析，结合价值管理的理论和方法，对不同绩效价值水平的高校提出针对性的改进建议。

第三节　江苏省属理工类高校绩效的功能成本分析

一、收集功能信息并作功能分析

在完成高校绩效价值评价功能指标体系构建的基础上，对 12 所样本高校的功能信息进行搜集。通过学校官方网页和江苏高校年度会计决算数据的采集和整理，得到以下信息（见表 8-4 至表 8-10）。

（一）人才培养

表 8-4 展示的是样本高校人才培养功能数据。

表 8-4　样本高校人才培养功能数据

学校	指标				
	人才培养数量	人才培养质量			
	当年在校生人数/人	毕业生初次就业率/%	毕业生薪酬水平/(元/月)	毕业生升学出国率/%	师生比
南京工业大学	29 047	86.550 0	4 048	24.260 0	1∶11
南京邮电大学	29 951	89.660 0	5 246	26.280 0	1∶13
南京信息工程大学	27 455	93.910 0	4 358	27.740 0	1∶14
南京工程学院	24 502	87.930 0	4 278	9.200 0	1∶14
常州大学	24 818	90.500 0	4 155	17.420 0	1∶16
苏州科技大学	30 086	90.480 0	3 795	11.850 0	1∶16

学校	指标				
	人才培养数量	人才培养质量			
	当年在校生人数/人	毕业生初次就业率/%	毕业生薪酬水平/(元/月)	毕业生升学出国率/%	师生比
常熟理工学院	23 189	92.280 0	3 752	6.290 0	1 : 20
江苏理工学院	28 427	90.780 0	3 485	5.540 0	1 : 22
江苏科技大学	30 086	85.550 0	4 123	17.590 0	1 : 16
淮海工学院	19 341	90.060 0	3 822	8.070 0	1 : 13
淮阴工学院	18 893	91.020 0	3 607	15.060 0	1 : 14
盐城工学院	32 185	89.390 0	3 570	9.800 0	1 : 21

注：受到数据获取的限制，本书的师生比采用的是在职人员数和年末学生人数的比重。其中，毕业生初次就业率、毕业生薪酬水平、毕业生升学出国率均来自于江苏凤凰教育出版社出版的《江苏省2016届本科毕业生就业情况调查报告》中的调查数据。

（二）科学研究

表8-5展示的是样本高校科学研究功能数据。

表8-5　样本高校科学研究功能数据

学校	指标											
	科研项目		科研论文					科研获奖				
	国家自然科学基金项目数量/项	国家社会科学基金项目数量/项	SCI收录篇数/篇	ISTP收录篇数/篇	EI收录篇数/篇	CSSCI收录篇数/篇	人大复印资料转载量/篇	国家三大奖/项	教育部高等学校科学研究优秀成果奖/项	江苏省哲学社会科学优秀成果奖/项	江苏省教育科学研究成果奖（科学技术研究类）/项	江苏省教育科学研究成果奖（哲学社会科学类）/项	江苏省教育科学研究成果奖（教育研究类）/项
南京工业大学	102	1	1 413	130	1 380	69	8	0	5	0	4	1	1
南京邮电大学	81	5	920	502	1 454	131	9	2	1	6	6	12	2

续表

学校	指标											
	科研项目		科研论文					科研获奖				
	国家自然科学基金项目数量/项	国家社会科学基金项目数量/项	SCI收录篇数/篇	ISTP收录篇数/篇	EI收录篇数/篇	CSSCI收录篇数/篇	人大复印资料转载量/篇	国家三大奖/项	教育部高等学校科学研究优秀成果奖/项	江苏省哲学社会科学优秀成果奖/项	江苏省教育科学研究成果奖（科学技术研究类）/项	江苏省教育科学研究成果奖（哲学社会科学类）/项	江苏省教育科学研究成果奖（教育研究类）/项
南京信息工程大学	113	3	1 318	132	725	189	12	0	1	6	11	8	3
南京工程学院	16	1	183	67	190	26	1	0	0	0	7	1	2
常州大学	38	#	649	116	611	88	8	0	0	6	2	2	3
苏州科技大学	18	7	190	45	248	65	6	0	0	4	5	4	0
常熟理工学院	11	3	144	51	153	23	7	0	0	2	2	3	1
江苏理工学院	13	3	127	29	115	62	10	0	1	8	6	6	3
江苏科技大学	42	1	450	86	336	54	7	1	3	1	4	2	1
淮海工学院	9	1	137	25	102	25	7	0	0	4	6	3	1
淮阴工学院	16	2	143	52	165	49	3	0	0	1	3	1	2
盐城工学院	25	1	254	32	271	41	4	0	0	0	2	2	0

注：科研论文部分数据来自 2017 年 9 月数据库搜索结果。

（三）学科建设

表8-6展示的是样本高校学科建设二级指标师资队伍功能数据，表8-7为学科层次功能数据，表8-8为学科平台功能数据。

表8-6 样本高校学科建设二级指标师资队伍功能数据

学校	指标							
	师资队伍							
	高级专业技术职务所占比例/%	博士学位所占比例/%	两院院士数量（含双聘）/人	"长江学者"特聘教授数量/人	国家杰出青年基金获得者数量/人	国家"千人计划"数量/人	国家"青年千人计划"（青年海外高层次人才引进计划）数量/人	国家"万人计划"领军人才数量/人
南京工业大学	57.900 0	61.600 0	7	8	12	9	18	1
南京邮电大学	58.560 0	62.000 0	5	3	3	8	2	2
南京信息工程大学	51.200 0	78.000 0	2	1	3	4	5	1
南京工程学院	50.900 0	40.000 0	0	0	0	0	0	0
常州大学	58.300 0	50.100 0	2	1	0	0	0	0
苏州科技大学	55.000 0	43.880 0	0	1	2	7	0	1
常熟理工学院	55.560 0	33.330 0	0	0	0	0	0	0
江苏理工学院	50.000 0	27.900 0	0	0	0	0	0	0
江苏科技大学	60.860 0	55.000 0	2	1	0	1	2	0
淮海工学院	47.430 0	27.820 0	0	0	0	0	1	0
淮阴工学院	43.600 0	33.200 0	0	0	0	0	0	0
盐城工学院	50.000 0	39.500 0	0	0	0	4	0	0

注：数据采集于样本高校官方网站。

表8-7　样本高校学科建设二级指标学科层次功能数据

学校	指标									
	学科层次									
	国家一级学科博士学位授予点/个	国家一级学科硕士学位授予点/个	专业学位授权点（含领域）/个	世界级高水平学科数量（进入ESI全球前1%）/个	国家级高水平学科（国家重点学科）及其培育点/个	"双一流"学科（世界一流学科建设高校）数量/个	江苏省高校优势学科/个	江苏省重点序列学科/个	江苏省一级学科国家重点学科培育点/个	"十三五"江苏省重点学科/个
南京工业大学	6	19	23	3	1	0	9	1	3	2
南京邮电大学	3	10	13	3	1	0	4	1	1	2
南京信息工程大学	1	15	5	2	1	0	7	1	1	2
南京工程学院	0	0	2	0	0	0	0	0	0	7
常州大学	1	11	8	2	0	0	3	0	0	7
苏州科技大学	0	12	3	0	0	0	3	2	0	4
常熟理工学院	0	0	0	0	0	0	0	0	0	5
江苏理工学院	0	0	2	0	0	0	0	0	0	7
江苏科技大学	2	12	15	0	0	0	2	2	0	5
淮海工学院	0	3	2	0	0	0	2	0	0	8
淮阴工学院	0	0	1	0	0	0	0	0	0	5
盐城工学院	0	0	0	0	0	0	0	0	0	6

注：样本数据由高校官方网站的信息归纳整理得出。

表 8-8　样本高校学科建设二级指标学科平台功能数据

学校	指标					
	学科平台					
	国家级重点实验室及其培育点/个	国家级基地及工程中心/个	江苏省部级重点实验室及其建设点/个	江苏省部级工程中心(江苏省部级研究中心)/个	国家级协同创新中心/个	江苏省高校协同创新中心/个
南京工业大学	1	4	22	24	1	3
南京邮电大学	1	1	12	2	1	2
南京信息工程大学	0	0	10	6	0	2
南京工程学院	0	0	3	10	0	1
常州大学	1	0	7	17	0	2
苏州科技大学	0	1	4	10	0	1
常熟理工学院	0	0	3	1	0	0
江苏理工学院	0	0	2	3	0	0
江苏科技大学	1	0	9	7	0	1
淮海工学院	0	0	3	3	0	1
淮阴工学院	0	0	11	17	0	1
盐城工学院	0	0	8	3	0	1

注：样本数据由高校官方网站的信息归纳整理得出。

（四）办学声誉

表 8-9 为样本高校办学声誉功能数据。

表 8-9　样本高校办学声誉功能数据

学校	指标		
	办学声誉		
	媒体影响力/网站点击次数	生源竞争力	毕业生对母校满意度/%
南京工业大学	5 110 000	35	96.520 0
南京邮电大学	3 930 000	40	96.970 0
南京信息工程大学	1 500 000	36	96.320 0

学校	指标		
	办学声誉		
	媒体影响力/网站点击次数	生源竞争力	毕业生对母校满意度/%
南京工程学院	1 410 000	30	94.230 0
常州大学	2 020 000	31	96.080 0
苏州科技大学	2 620 000	28	96.450 0
常熟理工学院	1 180 000	16	97.290 0
江苏理工学院	1 790 000	20	96.690 0
江苏科技大学	2 310 000	23	93.530 0
淮海工学院	1 510 000	5	95.320 0
淮阴工学院	1 460 000	2	95.800 0
盐城工学院	1 240 000	7	97.080 0

注："媒体影响力"数据来源于百度搜索引擎，"生源竞争力"数据来源于 2016 年招生信息，"毕业生对母校满意度"来源于江苏凤凰教育出版社出版的《江苏省 2016 届本科毕业生就业情况调查报告》中的调查数据。

（五）国际合作

表 8-10 为样本高校国际合作功能数据。

表 8-10　样本高校国际合作功能数据

学校	指标		
	国际合作		
	中外合作办学项目数量/个	留学生数量/人	留学江苏评比
南京工业大学	6	200	目标学校
南京邮电大学	4	300	目标学校
南京信息工程大学	6	1 422	目标学校
南京工程学院	1	0	无
常州大学	5	260	目标学校
苏州科技大学	4	0	无
常熟理工学院	2	0	无

学校	指标		
	国际合作		
	中外合作办学项目数量/个	留学生数量/人	留学江苏评比
江苏理工学院	2	0	无
江苏科技大学	2	0	目标学校
淮海工学院	0	80	培育学校
淮阴工学院	0	63	无
盐城工学院	3	35	无

注：样本数据采集来源于 2016 年度高考招生信息和学校官方网站。

二、收集成本信息并做成本分析

表 8-11 为样本高校成本信息。

表 8-11　样本高校成本信息

学校	指标		
	财政拨款/万元	固定资产/万元	在职人数/人
南京工业大学	84 594.690 0	377 829.970 0	2 660
南京邮电大学	64 615.090 0	264 486.520 0	2 368
南京信息工程大学	48 521.010 0	217 118.530 0	1 951
南京工程学院	44 475.050 0	234 607.920 0	1 699
常州大学	38 582.350 0	185 423.940 0	1 597
苏州科技大学	46 886.310 0	128 129.500 0	1 913
常熟理工学院	50 687.720 0	100 306.760 0	1 165
江苏理工学院	30 504.440 0	124 826.620 0	1 283
江苏科技大学	46 886.310 0	128 129.500 0	1 913
淮海工学院	34 263.080 0	141 994.840 0	1 460
淮阴工学院	32 992.060 0	149 318.430 0	1 326
盐城工学院	37 487.510 0	230 229.460 0	1 524

注：样本数据采集于江苏省高校 2016 年度会计决算报告。

第四节 江苏省属理工类本科高校 2016 年度办学绩效的价值分析

一、计算各高校绩效的价值系数

（一）功能系数的计算

根据 12 所样本高校完成情况和二级指标的权重关系，按照功能系数计算公式，计算得出 12 所样本高校的功能系数（见表 8-12）。

表 8-12 样本高校功能情况一览表

学校	指标						
	人才培养	科学研究	学科建设	办学声誉	国际合作	功能总和	功能系数
南京工业大学	30.772 7	16.796 2	18.330 0	12.556 5	2.250 6	80.706 0	0.119 8
南京邮电大学	33.543 8	27.339 1	11.598 9	13.396 6	2.035 5	87.913 9	0.130 6
南京信息工程大学	31.277 6	25.530 4	9.863 7	11.872 2	5.330 0	83.873 9	0.124 6
南京工程学院	25.908 6	6.050 8	3.082 6	10.432 8	0.233 5	45.708 3	0.067 9
常州大学	27.212 3	12.281 4	7.361 6	10.874 9	2.168 3	59.898 5	0.088 9
苏州科技大学	26.132 8	10.046 9	5.735 1	10.366 8	0.934 2	53.215 8	0.079 0
常熟理工学院	22.791 0	6.166 9	2.477 4	7.353 3	0.467 1	39.255 6	0.058 3
江苏理工学院	22.681 5	14.625 9	2.408 3	8.378 8	0.467 1	48.561 6	0.072 1
江苏科技大学	27.923 7	11.836 3	6.799 1	9.066 6	0.812 5	56.438 2	0.083 8
淮海工学院	24.028 9	8.769 2	2.963 1	4.904 6	0.374 3	41.040 1	0.060 9
淮阴工学院	24.793 6	5.281 7	3.098 8	4.238 2	0.158 8	37.571 1	0.055 8
盐城工学院	24.636 3	4.995 7	3.452 3	5.347 5	0.788 8	39.220 6	0.058 2

（二）成本系数的计算

将 12 所样本高校人、财、物资源投入总额汇总，按照成本系数计算公式，计算得出样本高校的成本系数（见表 8-13）。

表 8-13　样本高校成本情况一览表

学校	指标	
	成本级点	成本系数
南京工业大学	3 884	0.135 1
南京邮电大学	3 278	0.114 0
南京信息工程大学	2 653	0.092 3
南京工程学院	2 379	0.082 8
常州大学	2 168	0.075 4
苏州科技大学	2 510	0.087 3
常熟理工学院	1 772	0.061 6
江苏理工学院	1 713	0.059 6
江苏科技大学	2 510	0.087 3
淮海工学院	1 945	0.067 7
淮阴工学院	1 805	0.062 8
盐城工学院	2 129	0.074 1

（三）价值系数的计算

在确定了样本高校功能系数和成本系数的基础上，根据价值系数的计算公式进行计算，得出 12 所样本高校绩效的价值系数（表 8-14）。

表 8-14　样本高校价值系数

学校	指标		
	功能系数	成本系数	价值系数
南京工业大学	0.119 8	0.135 1	0.886 7
南京邮电大学	0.130 6	0.114 0	1.145 6
南京信息工程大学	0.124 6	0.092 3	1.349 9
南京工程学院	0.067 9	0.082 8	0.820 0
常州大学	0.088 9	0.075 4	1.179 0
苏州科技大学	0.079 0	0.087 3	0.904 9
常熟理工学院	0.058 3	0.061 6	0.946 4

学校	指标		
	功能系数	成本系数	价值系数
江苏理工学院	0.072 1	0.059 6	1.208 9
江苏科技大学	0.083 8	0.087 3	0.959 9
淮海工学院	0.060 9	0.067 7	0.899 6
淮阴工学院	0.055 8	0.062 8	0.888 5
盐城工学院	0.058 2	0.074 1	0.785 4

二、对各高校绩效进行价值分析

将 12 所样本高校的功能系数和成本系数放入坐标轴，横坐标表示成本系数，纵坐标表示功能系数，取 12 所样本中最大值 $F=0.1306$ 和 $C=0.1351$，得出图 8-1 中四边形区域 $OQLP$。取 12 所高校的功能系数和成本系数的平均数 0.0833，构造函数 $F=0.0833$ 和 $C=0.0833$，与四边形交于点 A、J、K、E 四点。根据前文所述价值理想状态 $V=1$，即此时 $C=F$，得出斜率为 1 的价值理想状态斜线，这是一种最理想的状态，在高校运行的现实中很难正好完全达到，因此我们取 0.1 的浮动，即价值系数在 0.9~1.1，都认为处于高校运行绩效的理想状态。得出斜率为 0.9 和 1.1 的两条直线，和四边形区域相交将高校绩效的价值状态分为四个区域：一区、二区、三区和四区。

不同的区域其功能和成本状态如下。

一区：低功能低成本区。其中三角形 OAB 为低功能低成本的价值短缺区。四边形 $OBCD$ 区域为低功能低成本的价值理想区，三角形 OED 为低功能低成本的价值溢出区。

二区：低功能高成本区。其中三角形 CBF 为低功能高成本的价值理想区，其他区为低功能高成本的价值短缺区。

三区：高功能高成本区。三角形 FJH 为高功能高成本的价值短缺区，多边形 $GCFHLI$ 为高功能高成本的价值理想区，三角形 GIK 为高功能高成本的价值溢出区。

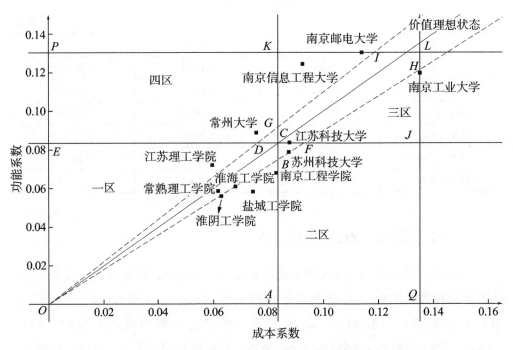

图8-1 江苏省属12所理工院校价值绩效分布情况

四区：高功能低成本区。三角形 *DCG* 为高功能低成本的价值理想区，剩下多边形 *PEDGK* 为高功能低成本的价值溢出区。

将12所样本高校标记在图8-1中，可以看到这些点落到不同的区域，即可以对样本高校的整体运行价值作出分析。具体绩效价值类型如表8-15所示。

表8-15 样本高校价值类型划分情况

区域	价值类型	学校
低功能低成本区	低功能低成本价值短缺	盐城工学院，南京工程学院，淮阴工学院
	低功能低成本价值理想	常熟理工学院，淮海工学院
	低功能低成本价值溢出	江苏理工学院
低功能高成本区	低功能高成本价值短缺	无
	低功能高成本价值理想	苏州科技大学

区域	价值类型	学校
高功能高成本区	高功能高成本价值短缺	南京工业大学
	高功能高成本价值理想	江苏科技大学
	高功能高成本价值溢出	南京邮电大学、南京信息工程大学
高功能低成本区	高功能低成本价值理想	无
	高功能低成本价值溢出	常州大学

通过对江苏省属12所理工类高校进行绩效价值实证研究，将样本高校划分为不同价值类型开展比较，可以清楚地得出以下结论。

第一，样本高校的绩效价值水平总体较好。作为样本的12所院校2016年度办学绩效共覆盖8种绩效价值类型，其中，常熟理工学院、淮海工学院、苏州科技大学、江苏科技大学这4所高校呈现近理想的绩效价值状态，江苏理工学院、南京邮电大学、南京信息工程大学、常州大学这4所高校呈现高效率的价值溢出状态，盐城工学院、南京工程学院、淮阴工学院、南京工业大学这4所高校呈现低效率的价值短缺状态。尽管院校层次高低不一，发展的历史长短不同，总体而言，12所样本高校的绩效价值状态良好，绩效价值均在理想状态线的周边，呈现比较好的运行状态，反映出各个学校所实现的功能与投入的成本之间具有较好的匹配关系。

第二，样本高校的绩效功能水平存在明显差距。功能系数反映出高校运行功能产出的高低，体现的是一所高校整体的办学实力，一本层次的高校（南京邮电大学、南京信息工程大学、南京工业大学、常州大学、江苏科技大学、苏州科技大学）在12所高校中处在前列，南京邮电大学、南京信息工程大学、南京工业大学位列前三名，而其他属于二本层次的高校，其功能系数相对一本高校而言比较弱，这从一个层面真实地反映了高校间发展的实力存在着较大的差距，而这种差距具有较强的地域特征和经济特征，省城和苏南经济发达地区高校的实力远高于苏北经济欠发达地区的高校。

第三，决定高校绩效价值水平最重要的因素在于其成本和功能的匹配关系。高校的绩效价值水平和高校的投入成本之间不存在完全对应的关系，并非投入成本越高，绩效价值绩效水平越好。通过对样本高校功能系数、成本系数和价值系数的数值分析，可以发现成本系数最高的南京工业大学，其绩效水平并不是最高的，位于 12 所样本高校的第十位，而成本系数最低的江苏理工大学价值系数位于全体样本高校的第 2 位。因此，高校的运行中投入成本会对高校的绩效价值水平造成影响，但不是唯一的影响因素，高校运行过程中所投入的成本和所实现的功能二者之间的匹配关系才是决定高校绩效价值状态的关键因素。

三、江苏省属理工类高校绩效的价值优化路径分析

对高校绩效进行价值评价的最终目的在于为当前发展状态进行诊断，以评促改。通过对江苏省属 12 所理工类高校进行绩效价值实证研究，借鉴价值管理的基本思想和方法，结合价值提升的 5 种方法，针对不同的绩效价值状态，提出有针对性的价值优化路径，通过对高校办学过程中投入的成本和产出的功能二者的关系进行调整，实现高校的可持续发展。

（一）近理想状态的选择路径：保持发展的稳定性

当高校运行所实现的功能和所耗费的成本相等时，即实现了高校运行中所实现功能和耗费成本的匹配。这是一种比较理想的状态。从图 8-1 可以看出，就近理想状态而言，在直线 $ODGI$ 和直线 $OBFH$ 所包夹的区域内，价值的状态也是不同的；从点 O 出发，自下而上，价值状态呈现出由低级向高级的渐进式的上升，成本与功能同步匹配增长的状态。从高校的发展而言，总是希望得到更高的功能，从这个意义上讲，只要是得到与功能匹配的成本投入，且提高了高校的运行功能，都是价值管理视域下的良性运行，是一种稳中有升的不断上行的状态，这样的运行状态是高校稳定发展所要追求的状态。样本高校中包括常熟理工学院、淮海工学院、苏州科技大学、江苏科技大学 4 所高校实现了近似理想的绩效价值状态。

1. 低功能高成本型

苏州科技大学功能系数 0.0790，在 12 所样本高校中排第 6 位；成本系数 0.0873，在样本高校中排第 4 位；价值系数 0.0949，属价值理想状态；价值水平总体位于样本高校价值的中间位置，处于低功能高成本的价值理想区域，属于一

种低级别的理想状态。据价值管理的问题导向，对苏州科技大学进行价值优化分析，其改进的重点在于提高功能水平。由表 8 - 12 可知，其科学研究（10.0469）、学科建设（5.7351）和国际合作（0.9342）都明显低于同层次高校的平均水平，是重点提升的功能领域。在今后的发展中需要重点加强科研的投入，特别在出大成果、获大的奖项方面下功夫；提高学科建设水平，重点打造具有国内一流的学科；提升国际合作水平，吸引更多的留学生，提高国际化开放办学程度。

2. 高成本高功能型

江苏科技大学无论是功能系数还是成本系数都在 12 所样本高校中处于前 5 的位置。根据价值管理理论，当高校办学所投入的成本和所实现的功能比值正好为 1 时，此时高校发展处于最理想的价值状态，江苏科技大学以 0.04 的偏差值成为样本高校中最接近价值理想状态的高校。从图 8-1 也可以清楚地看出，该校的功能与成本匹配度非常好，所有的投入都能较好地实现功能产出，其未来的发展方向在于保持高校发展的稳定性，将这种较为良好的发展势头延续下去。尽管如此，该校仍然有较大的上升空间，从表 8 - 14 可以看出，其成本系数为 0.0873，在一本高校中位列第 5，如果加大成本投入，按其现有运行的价值水平，可以预计会实现与之相匹配的功能。因此，通过成本信息进行深入分析，该校在物力资源上的投入明显低于 12 所样本高校的平均值，处于中等偏下的位置。在未来的发展中，可以通过在合理范围内增加对学校物力资源的投入，加强校园设施和固定资产建设，使得成本投入的增加带来更多的功能产出，使运行状态由低级别的理想状态向高级别的理想状态稳步前行。

3. 低成本低功能型

常熟理工学院、淮海工学院也处于近理想状态，和高功能高成本的价值理想状态的不同在于其用相对比较少的办学成本实现了同样比较少的办学功能，这是一种低级别的价值理想状态，虽然从价值管理理论的视角来看，产出的功能和投入的成本是比较匹配的，可以稳定持续发展下去。但是从高等教育的社会效益的角度出发，高校还是应该致力于实现更多的办学功能，为社会发展作出更多的贡献。作为地方应用型高校的代表，两所运行状态非常好的高校与一本层次的高校相比，其办学实力的差距是非常明显的。但是，两所学校有较好的运行状态，这是一种核心竞争力的体现。因此，这两所高校可以在能力范围之内不断提高办学的成本，面向地方经济发展特色，充分发挥地方优势，走好特色发展之路，争取实现更大的与成本相匹配的功能，方能在竞争激烈的高等教育市场占有一席之地。

（二）高效率状态的选择路径：注重发展的持续性

当高校办学的功能超过了其成本投入所能够实现的功能，即实然功能超过了应然功能，就呈现出一种高效率的价值溢出状态（从图 8-1 可以看出，在直线 *ODGI* 的左上方的区域）。尽管从经济学的角度来衡量，以最少的支出换取更多的收入是一种理性的经济思维，然而根据价值运行的动态发展规律，处在这个区域的任何一点，都有向价值理想状态靠拢的趋势，这是一种不稳定、不可持续的状态。因此，此类高校在办学过程中要注意对现有的成本和功能的匹配关系作出合理的调整，防止因为二者的不匹配带来未来绩效价值水平的滑坡，实现发展的持续性。

1. 低功能低成本型

江苏理工学院功能系数位于 12 所样本高校第 7 位，成本系数位于第 12 位，其绩效价值系数位居第 3 位，成为非常典型的低功能低成本区价值溢出状态的高校。根据价值曲线的动态运行规律，这种绩效价值状态是不够稳定和持续的，因此，在高校未来的发展和运行中发展的第一要义就是要合理提升成本投入，防范绩效滑坡的可能性。一方面，该校在未来的发展中需要合理增加高校发展财政经费，增加固定资产的投入，同时加大引进人才的力度，达到与现有功能水平相匹配的程度，这也是防止未来因为不匹配造成绩效滑坡的关键环节。另一方面，尽管该校的功能水平在同类型高校中处于比较靠前的位置，尤其是科学研究项目方面，但是，在适度提升办学成本的基础上可以适当提升运行的功能，尤其是在学科建设和国际合作方面仍有一定的上升空间，以实现成本投入与功能实现的同步增长，实现更多的社会效益。

2. 高功能高成本型

南京邮电大学、南京信息工程大学两所院校处于高功能高成本价值溢出状态，通过对这两所院校进行功能分析可以发现，两所院校的功能都处在所有样本高校中的高功能区，南京邮电大学最高，南京信息工程大学位居第2，说明这两所高校都较好地实现了办学功能，两所高校双双入选国家世界一流学科建设高校就是很好的例证。从价值管理的视角来看，当高校所实现的实然功能超过了它所投入的成本所能够产生的应然功能，就必须对二者的关系进行动态调整，一方面可以通过追加成本，另一方面要求较少功能，尤其是过剩功能。考虑到高校所提供产品的特殊性，减少高校的功能不具有可行性和实际意义，对于处在高功能高成本价值溢出状态的两所学校必须合理提高运行中的人、财、物方面的成本投入才能实现可持续发展。通过与同类型的南京工业大学相比较可以发现，无论是财政拨款、固定资产，还是人力资源方面，两所高校都存在一定差距，在未来的发展中，一方面要努力拓宽经费来源渠道，通过自主创收等渠道增加成本投入，追加教职工人力资源经费，加大固定资产建设，另一方面要做好成本资源的合理配置，提高资源使用的有效性。通过适度合理追加人、财、物三方面的办学成本，实现应然成本与实然成本的互相匹配，使得高效率发展状态得以延续，以消除未来因为投入成本与功能产出不匹配造成的绩效大幅滑坡的可能性。

3. 高功能低成本型

常州大学以排名第4的功能系数和排名第5的成本系数，实现了排名第3的价值系数，处于高功能低成本的高效率价值溢出状态，是样本高校中典型的一种经济学意义上的最低成本实现最高产出状态，也是高效率状态下最难以持续的一种状态，需要合理追加高校运行成本，防范绩效滑坡。因此，该校需要更大程度地合理提升高校办学的成本，发展的当务之急在于增加高校运行的投入。通过研究其成本信息发现，在人、财、物方面的成本都和南京高校存在着差距。在当前的发展背景下，必须尽快较大程度增加办学的投入，合理增加人、财、物的投入，否则容易引起因为不匹配造成的绩效大幅滑坡的情况。相比于前两种类型的高校，常州大学对于成本和功能匹配关系的调整更为紧迫。

（三）低效率状态的选择路径：厘清发展的复杂性

当高校办学的功能小于其运行过程中所耗费的成本时，所呈现出的就是功能和成本不匹配的低效率状态。从图8-1可以看出，在直线 *OBFH* 的右下方的区域，结合价值提升的 5 种途径，此时需要继续提高高校运行的功能，在提高功能的基础上控制成本或者是保持成本的稳定，主要着力点仍然在于提高功能。随着高校办学功能及不同学校层次类型的多样化，如何提升功能，提升何种功能都要求高校在运行过程中能够厘清发展的复杂性，明确高校的定位，重点调整高校办学成本和投入的匹配关系，不断提高高校绩效价值水平。

1. 低功能低成本型

处于低功能低成本低效率的盐城工学院、南京工程学院、淮阴工学院 3 所院校，其功能系数分处于 12 所样本高校中的第 11、第 8 和第 12 的位置，其成本系数分位于第 8、第 6 和第 12 的位置，绩效系数分位于样本高校排名第 12、第 11 和第 9 的位置。总体绩效价值水平处于中下等的位置，处在一种价值短缺状态之中。作为高等教育大众化进程中兴起的新建地方本科院校，办学历史短，这 3 所高校的办学实力和客观办学条件都存在一定发展的局限性。因此，在未来的发展中这 3 所高校面临的形势和任务更加紧迫和严峻。一方面要在现有成本的基础上大大提升办学功能，着重在学科建设、科学研究、国际合作 3 个方面加大投入的力度，提高这 3 大功能，以办学特色为突破点，尤其是在面向地方，服务于地方经济发展的特色型功能方面接地气、借地力、做贡献，是 3 所地方高校提高价值水平的关键。另一方面要重点增加办学资源的投入，除了争取政府的投入外，还要发挥自身的主观能动性，多渠道筹集办学的资金，不断提升办学的实力，吸引更多的人才，通过成本的投入促进功能的提升。

2. 高功能高成本类型

处于高成本高功能价值短缺状态的南京工业大学，通过观察可以发现其功能系数在 12 所高校排列第 3，仅次于南京邮电大学、南京信息工程大学。作为一所办学历史悠久、办学规模相对较大的学校，其财政拨款、固定资产、在职人数 3 方面的成本均是 12 所样本高校中最大的，使得该校的成本占有度较高，从而在一定程度上拉低了其绩效价值水平，这直接造成了该校的价值绩效处在高成本高功能的短缺状态。针对这种情况，该校有两条路径可以选择：其一，保持原有的功能水平不变或者在提高功能水平的基础上，着力于降低运行的成本，严格控制成本开支，降低不必要的支出，优化人、财、物的资源配置，减少人、财、物

3方面不必要的支出，提高成本的使用效率，提升资源的利用率；其二，在保证原有投入成本不变的基础上，大幅度提升功能水平。通过对该校进行功能分析可以发现，科学研究这一项中与同样办学类型的南京邮电大学、南京信息工程大学相比分值要低9~11分，该校在科学研究总量上需要作出改进，发挥自身学科建设的优势（学科建设功能值18.3300，远高于南京邮电大学和南京信息工程大学），充分利用好自身的学科平台，着力提高人均科研贡献度，提高科研项目的数量，尤其是在人文学科方面，提高对人文学科科研水平的重视，进一步完善科研激励机制，建立科学的管理制度，做好科研人员的绩效考核工作，加强对重大科研项目和科研获奖的奖励制度，提高教师科研的积极性和主动性。

第九章
价值管理在高校院系绩效评价中的应用

高校院系作为高校的基层组织，是推动高等教育事业前进和发展的基础力量。院系实力从某种程度上反映了高校的整体水平，合理评价院系绩效，建立科学的院系绩效评价体系，是高校功能更加完善、综合实力更加突出的必要条件和有力后盾，是推动高等教育事业持续发展的机制保证。院系绩效评价是高校管理工作的重要组成部分，也是一个常提常新的研究课题，当今高校树立怎样的院系绩效评价理念，选用何种院系绩效评价方式，关系到院系之间的公平竞争和院系自身的发展壮大，从而也与高校整体实力的前进与倒退息息相关。基于价值管理理论的院系绩效评价体系明确揭示了绩效的本质，给出了一种正确衡量院系绩效的方式，不仅考虑了院系绩效的产出，更考虑了院系绩效的投入。

第一节　高校院系绩效评价的研究背景、意义、概述

一、高校院系绩效评价研究背景

面对我国由高等教育大国迈向高等教育强国的新形势，党的十九大提出要切实推动高等教育的内涵式发展。内涵式发展的理论要求高等教育发展由外延式的量的扩张向内涵式的质的提升转化，这种质的提升渗入高等教育事业发展的各个方面。同时，随着我国市场经济的不断发展，高校在某种程度上作为独立经济体也参与到市场竞争的行列中来，日趋激烈的市场竞争给高校的发展带来各种各样机遇的同时也给高校自身的管理提出了更高的要求。绩效评价作为检验高校工作成效的重要手段和推动高校各个方面工作变革发展的重要依据，其积极作用将会日益显现。

院系作为高校运行的核心组织，其工作状态的好坏直接影响学校的办学水平和办学效益。对院系的绩效评价不能流于形式，否则就不能真正反映高校院系的工作状态和工作水平，不能使院系之间进行公正合理的评比，不能达到奖优惩劣的目的，不能从基层发现问题与解决问题，也就不能给高校的整体改革发展提供建设性的指导意见。当前，我国高校院系绩效评价的理念相对保守与传统，评价标准多以绝对产出为依据，评价的技术手段陈旧不完善，评价体系的操作随意不规范，评价指标的设定多定性少定量，评价成本高效益低等问题严重影响了院系绩效评价应有的效果，削弱了其应起的作用。

价值管理是从价值分析和价值工程发展而来的系统化应用技术，它作为一种新型的管理理念、管理手段和管理模式旨在对系统组成各部分的功能—成本进行分析，实现以最低的全寿命周期成本获取最大的价值，从而提高价值管理对象的整体系统价值。自20世纪80年代在美国企业界开始出现，价值管理已经在世界范围内的企业运营、工程建设管理等诸多方面作出了卓越的贡献。许多世界500强企业，如宝洁、可口可乐、哈撒韦公司等都是价值管理模式的忠实运行者，实践证明，这是一种可以促进组织长期发展的科学的管理模式。虽然我国价值管理的理论研究和实践运行起步相对西方国家要晚，但自从价值管理模式引入以来已经逐渐成为企业界所热衷与追捧的一种新型科学管理手段，引起大家的广泛重视和研究应用，掀起了管理新潮流。高等教育管理工作也应审时度势，借鉴价值管理的思想，创新管理手段，提高管理效率。

二、高校院系绩效评价研究意义

一是开展院系绩效价值评价是全面贯彻落实党的教育方针，推进"双一流"建设，提升学校整体办学质量和水平的重要举措。价值管理理论认为，一切具有人、财、物的地方都可以运用价值管理，借鉴价值管理的理论指导院系绩效评价，使院系绩效评价制度化、规范化，提高准确性与可信度，既不失公平公正又能竞争择优促发展，给传统的院系绩效评价方式提供新思路，改善和优化了管理对象的价值系统，从而实现价值的高效率转化。

二是开展院系绩效价值评价是完善大学内部治理结构，建立现代大学制度的迫切需要。现代大学制度要求院系成为学校各项功能实现的核心载体，将高校院系作为研究对象，对高校院系学科建设、师资队伍、人才培养和科研工作等各个方面进行价值管理，将会进一步促进现代大学制度的建立，提升院系自身的运行能力，增强核心竞争力，有利于院系优化要素结构、合理配置资源、改革管理体制、持续开放创新。

三是开展院系绩效价值评价是加快院系发展模式的转变，激发基层活力的内在要求。高校院系作为高校基层组织，其工作绩效如何对于高校整体发展前进具有基础性作用，加强对高校院系绩效评价的科学管理，对高校院系运行的各个环节进行功能成本分析，关注投入产出效能，从高校管理工作的基层来分析学校各个方面工作开展的薄弱环节，做到从内涵建设上挖潜力、向内涵式发展要效益，提高内部管理效益效率，实现可持续发展。

三、高校院系绩效评价研究概述

国内外关于高校绩效评价这方面的研究还是相对比较多的，而单把院系绩效考评拿出来研究的文献相对来说比较少。院系绩效评价研究虽然有其自身特性，但也离不开高校绩效评价的总体理论框架。

西方国家进行高校绩效评价的主要作用是为政府拨款提供参考依据，而他们进行高校绩效评价的主要方式是建立比较完善的评价指标体系。1985 年英国的"贾勒特报告"（Jarratt Report）将高校的评价指标分为内部指标、外部指标和运行指标三类，1986 年英国副院长和校长协会及大学拨款委员会联合工作小组将评价指标分为输入指标、过程指标、输出指标三类。英国高校的评价指标体系主要偏重财务指标，而非办学效益指标。[1] 而美国高校的绩效评价指标则偏重非财务性指标的设立，如美国肯塔基州的高校绩效评价指标体系包括教育质量、教育培养、机会均等、经济发展和生活质量、协调与倡议精神 5 大类 25 个指标。[2] 我国学者也认为高校绩效评价有助于教育投入的科学合理化，唐万宏提出要以绩效

---

[1] CAVE M，HANNEY S，KOGAN M. The Use of Performance Indicators in Higher Education：A Critical Analysis of Developing Practice ［M］. London：Jessica Kings leg Publishers Ltd，1998：40-41.

[2] 王韬. 高等学校院系绩效评价研究 ［D］. 长沙：湖南大学，2007：3-5.

为导向树立投入—产出理念，认为高等教育财政投入机制改革的主题是建立绩效评价制度，从而改变重投入轻绩效的高校投入状态。❶ 对于绩效评价体系的建立，段丽、杨利民等人认为应该"以人为本"；黄竣等人也认为高校教师的"奖惩性评价"不能很好地起到激励作用，要注重人文关怀，关注教师发展。毛旭东在其硕士论文中认为绩效考核系统的建立和运行应该综合控制论、系统论、信息论等各学科理论，并针对高校绩效评价的特点构建了一整套考核指标体系。❷ 对于传统高校院系绩效评价的缺陷，奚昕指出，目前高校院系绩效考评体系不健全，考评方法陈旧，考评指标设定多定性少定量，考评目的不明、任务不清，考评反馈机制不健全。❸ 徐燕燕认为二级学院绩效评价指标体系构建存在诸多问题：评价指标体系缺乏学校明确定位和本校特点，评价指标的确定缺乏对单位职能职责的分析，日常考核机制不够完善等。徐洋认为传统的高校绩效评价方式有其自身的缺陷，如常用的 360 度绩效考评方法具有操作成本高、工作量大、反馈效果差等局限。❹ 原中央教育科学研究所高等教育研究中心发布的部属高校绩效评价报告中指出，传统高校绩效评价多采用绝对评价的方式，不注重发展条件与发展效益，缺陷较明显。

　　而对于高校间的分类评价的思想，国际上的研究起步于 20 世纪六七十年代，主要以美国教学促进基金会、英国高等教育基金会和联合国教科文组织为代表。国内有潘懋元、吴玫的《高等学校分类与定位问题》❺、陈厚丰的《中国高等学校分类与定位问题研究》❻。而就高校内部绩效评价分类而言，章兢等提出，面对高等教育大众化时代的到来，高校内部的"一刀切"的绩效评价模式使得院系发展定位不明、发展趋同，已经不能应对时代赋予高校的挑战，只有在高校内部进行院系分类评价才能做到使不同院系分类管理、各展所长，最终形成高校良

❶ 唐万宏. 绩效评价：高等教育投入机制改革的政策导向 [J]. 中国高教研究，2007 (6)：3-5.
❷ 毛旭东. 高等学校教师绩效考核的研究 [D]. 武汉：武汉大学，2004：5-8.
❸ 奚昕. 地方高校院系绩效管理的平衡记分卡方法运用 [J]. 滁州学院学报，2009 (3)：46-49.
❹ 徐洋. 研究型高校教师教学绩效考评研究 [D]. 天津：天津大学，2012：4-8.
❺ 潘懋元，吴玫. 高等学校分类与定位问题 [J]. 复旦教育论坛，2003 (3)：10-14.
❻ 许建钺. 高等学校教育鉴定与水平评估 [M]. 北京：中国科学技术出版社，1992：9-14.

性发展机制。❶ 陈建国较为全面地提出了院系绩效评价指标设定应该遵循的原则，并按照现代大学人才培养、科学研究、社会服务的三大主要职能构建了高校院系投入—产出的评价指标体系，同时在对院系评价方法总结的基础上提出了院系绩效评价过程中应注意的问题。❷

第二节　高校院系绩效评价的现状分析

随着高等教育现代化的发展，高校管理者对于高校绩效管理工作越来越重视。绩效评价作为高校绩效管理的重要环节，对高效科学的绩效管理工作的展开具有举足轻重的作用。但是，就目前高校绩效评价的现状而言，从理论到实践，从技术到手段，还处于一个不断探索的阶段，难免存在诸多问题，给高校内部管理造成了不利的影响。

一、高校院系绩效评价存在的问题

（一）评价之初方法选择有缺陷

目前，我国高校常用的绩效评价方法有 360 度考核法、关键指标法、目标管理法、平衡计分卡法等❸，每一种考核方法都有其自身的优点，当然缺点也是不可避免的。360 度考核法的缺点主要有考核标准不确定，考核者容易受个人主观因素的影响以偏概全，同时也比较费时费力；关键指标法的主要缺点有关键指标难以界定，关键事件难以观察，并且以定性为主，区分度和普适性不强；目标管理法的主要缺点有从结果开始反向控制过程，容易忽略过程当中需要改善提高的部分，最终影响目标的实现；平衡计分卡的主要缺点有其工作量也是相当之大，并且实施的难度也很大，对于组织的管理者特别是高层管理者提出了很高的要

---

❶ 章兢，孙宗禹，陈厚丰. 分类评价在研究型大学建设中的必要性及制度设计 [J]. 大学教育科学，2005（3）：26-29.

❷ 陈建国. 地方高校院系办学绩效评价指标体系构建——以新建本科院校为例 [J]. 国家教育行政学院学报，2011（7）：3-6.

❸ 戎杰，尉京红. 构建适合我国高校特点的绩效考核机制 [J]. 金融教学与研究：2010（5）：64.

求，同时对于个人考核方面是个短板。● 当然不能说这些常用的方法有不可避免的缺点就不好、不能用，但是如果能够有一种方法能够取长补短，这种评价之初的方法选择的缺陷就可以在一定程度上弱化或者避免。

（二）评价之时实际操作不科学

1. 评价目标不准确

我国高校绩效评价目标定位不准确主要体现在目标模糊和目标偏差两个方面。● 科学全面的职能分析是评价目标建立的基础，但高校工作的岗位职能分析及岗位职责鉴定还比较模糊，大部分是沿袭传统规定。职能分析不到位，岗位职责就不能被准确定性，也就不能在绩效评价的过程中科学地设定职能目标之间的权重关系。而评价目标偏差主要体现在评价的走过场。绩效评价的目标应该是查漏补缺，奖优惩劣，而目前我国高校院系绩效评价工作大部分还停留在走过场的阶段。为了评价而评价，评价成了目标，对于院系评价主体而言不能了解院系运转真实的状况，对于评价对象而言不能通过评价发现自己需要改进的地方，院系绩效评价工作浮于表面，对促进院系绩效提升无益。

2. 指标体系不完善

指标体系的不完善主要体现在两个方面。一方面是指标评判标准偏定性、少定量。这些评判标准带有太多的主观色彩，不能客观反映绩效现状。虽然高校绩效评价指标确实有难以度量的抽象内容，如教师的专业能力、院系社会服务的功能，但是不能本末倒置，要在不能量化的前提下辅以定性，而不是一开始就大量定性，不注重定量评判。另一方面是指标设定重产出、轻投入。高校传统绩效评价指标的设定都是以绝对产出为基础，在产出指标的设定上应该说已经日趋成熟，而很少会考虑支撑产出的投入的重要性。事实上，越高的产出往往倾注了越多的投入，撇开投入谈产出，这是相当不合理的，更是不科学的，这样的绩效评价也就不具有公信力与激励意义，对于院系下一轮评价周期内的成本控制起不到任何参考作用。

❶　刘映池. 我国研究型大学教师绩效考核方法的选择研究 [J]. 人力管理实践，2009（2）：120-121.
❷　王珊. 高校绩效评估方法的应用研究 [J]. 南昌教育学院学报，2011（26）：184-185.

3. 评价对象"一刀切"

不同的院系教学特色、人才培养方式、学科优势、师资力量及基础设施条件不同，其各自的定位、发展道路也不尽相同。同时，文科类院系与理工科类院系的成果形式有各自特点，文科偏重理论研究，理工科偏重实证研究，各自出成果的难易程度不一。但是，目前高校院系的绩效评价大部分仍然采用"一刀切"式的评价方式，把所有院系按照同一个评价标准进行绩效评价，评价周期也趋同。但事实上院系之间有时候其基本情况是大相径庭的，譬如单从科研成果及论文发表数量来看，文科类院系跟理工科类院系肯定是有一定差距的，这种差距在研究型高校更加明显，而且如果量多就说明绩效高，那肯定会催生大量的重复研究和无效研究，导致许多无应用价值的低质量论文的产出，最终影响真正有价值的学术研究的展开和学科的进步。

（三）评价之后反馈效果不明显

1. 奖惩机制不健全

美国心理学家斯金纳认为，人的行为结果越及时地反馈给本人，对其工作改善越有效。❶ 这种反馈就集中体现在科学健全的奖惩机制的建设上。对于评价对象做得好的地方应该有相应的激励措施，对于有待改善的地方应该制定补救方案，对于严重影响绩效获得的行为应该给予严厉的惩处。但如果优不奖、劣不惩，评价就失去了其本身的意义。正能量得不到强化，在某种程度上就是对负能量的放任与鼓励。然而，当前我国高校院系的绩效评价之后的奖惩机制的建设并不健全或者根本就没有得到足够的重视，管理者把过多的精力放在了绩效评价本身，对于评价之后的结果应该怎么具体处理，没有细致详尽的说明，很多时候都是按惯例处理，不按规章制度办事，没有一个健全的奖惩机制。

2. 改进措施未跟进

绩效评价最终的目的就是提高绩效，对于绩效评价过程中发现的问题，要想办法去解决、去改善。现实的高校院系绩效评价中存在两种情况：一种是由于奖惩机制不健全导致的根本没有后续的改进措施，对于有待改善的地方从一开始就

---

❶ 孙逸群. 高校教师绩效评估体系构建研究—以安徽新华学院为例［D］. 合肥：安徽大学，2012：3-8.

没有制定相应的补救方案，这种情况是由上文所述的情况导致的；而更糟糕的是另一种情况，即明明有明确的奖惩规定，也制定了后续具体的改进措施，在绩效评价结束初期也确实投入了大量的财力去解决问题，但在后期解决问题的过程中慢慢懈怠，没有监管，没有督促，久而久之就不了了之，或者应付交差，该解决的问题照样没能彻底解决，不能得到跟进的改进措施在某种程度上比不改进更加浪费院系资源。

二、高校院系绩效评价存在问题产生的不利影响

（一）不利于优化资源配置与提高办学效益

通过院系绩效评价希望能发现高校在院系人、财、物资源分配上的一些问题，通过问题的解决以期合理调配资源，使物尽其用，人尽其才。但是由于上述绩效评价问题的存在，高校在院系资源分配上的一些问题可能被掩盖，造成人才的流失和物财的浪费。一方面，人才的流失主要体现在高级人才的流失上。一个人在出色的工作和业绩经常得不到客观公正的评价的情况下积极性就会受到打击，职业观也会受到影响，干与不干一个样，干多干少一个样，那么大多数人就会选择少干或者不干。这种时候有些人选择顺应大环境，限制了自身才能施展的空间，就算是留下来也没能作出与其学术能力相符的学术成就。而也有一部分人选择离开原来的工作岗位去寻求更适合自己发展的道路。高级人才对于高校院系发展壮大的作用就像发动机对于机动车一样重要，而恰恰越是基础薄弱的院系，越需要学术水平高、科研能力强的人才，高级人才的流失就是院系核心竞争力的流失。另一方面，财物的浪费主要体现在该投入的地方不投入，不该投入的地方还投入。所谓该投入的地方不投入是指对于一些物力和财力紧缺的院系，虽然其可能不是某所高校的重点院系，但是它们对于学校的发展同样意义重大，不能成为短板，适当的投入对于它们的发展壮大效果明显。但是高校在投入时以这些院系以往的绝对产出作参考，觉得既然相对于大院系其产出少，那就应该少投入或者不投入，结果越发地阻碍了这些院系的发展，形成一种恶性循环。相应地，不该投入的地方还投入指的就是重点院系在占有大量公共资源的前提下，由于其高产出又被奖励了更多的物力和财力。这种"马太效应"对于院系办学效益的整体提高有害无益。

（二）不利于展开公平竞争与促进长效发展

高校对院系资源的投入，决定着院系发展的广度与深度，是院系提升自身地位的物质支撑与不断发展壮大的有效保障。投入的多少直接关系着产出的多少，如果撇开投入谈产出，不仅不科学，更重要的是不公平。然而"一刀切"的评价方式，不计成本或者把不同院系的成本投入当作是一样的来评价产出，在这样的评价制度下得出的评价结果肯定是不能反映真实的院系绩效状况的，反而减少了院系教师的工作热情。首先，这样的绩效评价的结果夸大了不同院系之间的差距，促使高校对不同院系的投入更加不均，而且从院系自身科研经费的获取来看，一些文科院系相对于理工科院系而言获得科研经费要困难得多，但其获取的项目经费却相对要少。这样只会使强系越强、弱系越弱，催生了一种恶性死循环。其次，盲目跟风就不能"因地制宜"，不能按照各个院系的实际情况和研究特长来分类评价，不顾院系特色全部按照大院大系的目标定位来规划院系发展，抑制了院系自身发展的活力，减少了高校多层次、多元化发展的可能。最后，如果在评价的过程中对于评价指标的设置多以定性评判为主的话，评价的结果就更加容易偏离真相，很多院系作出的工作与付出的努力就得不到客观的评价，成绩与荣誉永远属于基础雄厚、在高校发展历史上取得过不错成绩的院系，这样一种不公平的竞争环境最终会阻碍一所学校的全面可持续发展。

（三）不利于丰富内涵式建设与提升综合实力

高校内涵式发展是以提高办学质量和办学效益为主导的发展模式，以高校内部因素作为发展动力，充分整合学校内部、外部资源，加强内部管理，优化学科建设、师资队伍建设、人才建设，突出办学特色和优势。❶ 由此可见，高校内涵式发展的重要特征是挖掘内部发展潜力，向管理要效益。而高校院系是高校的基层组织，院系绩效评价是衡量高校内部发展潜力的重要手段，是高校管理的重要组成部分，通过院系绩效评价能发现高校在学科建设、师资队伍建设、人才培养和科研工作方面存在的问题和可以改善提高的地方，充分利用现有资源，挖掘院系还没有发挥出来的潜力，提高院系功能与产出效益。然而，院系绩效评价存在

---

❶ 周松涛. 大力提升高校内涵式发展水平，助推湖南教育强省 [J]. 中南林业科技大学学报，2013 (70)：130.

的一系列问题使内涵式建设效果平平，绩效评价不能及时地发现院系哪些功能可以改进，哪些成本可以节省，哪些院系功能过剩还有很大的发展潜力可以挖掘，哪些院系资源浪费需要重新优化办学结构。学科建设、师资队伍建设、人才培养和科学研究工作做得较好的院系，需要树立模范效应；工作做得相对欠缺的院系，需要给予适当惩戒。有问题不能及时发现，发现了没有具体奖惩规定，规定了没有后续跟进实施，高校内涵式建设只能流于口号而不能真正贯彻落实，高校由数量扩展向质量提升的目标只能束之高阁。

第三节　高校院系绩效评价的理论基础

一、绩效评价

（一）绩效

绩效一词源于英文中的 Performance，原意为性能、业绩、工作成果等。对于绩效的具体内涵，具有代表性的有三种观点：第一种观点认为绩效是对个人或组织具有积极或消极作用的行为，是人们所做的可观测的与组织目标相关的事情；第二种观点认为绩效是由特定的工作职能或活动产生的结果；第三种观点包含了以上两个方面，认为绩效是行为和结果的结合，行为是达到结果的一种条件，行为本身就是结果。而以不同的学科领域为视角，绩效具有不同的内涵。管理学认为绩效是组织为达到期望结果而展现的有效输出，包括个人绩效和组织绩效。经济学认为绩效是员工对组织的一种承诺，相对应的薪酬是组织对员工的承诺。社会学认为绩效是社会成员在社会分工中所承担的角色职责。[1]

（二）绩效评价

绩效评价属于管理学范畴，是绩效管理的一项重要职能，最初应用于企业效益的评价。它是组织决定人员奖惩、晋升、培训及决策制定的重要依据，是组织实施控制管理的重要手段，是组织绩效改进的强大动力。所谓绩效评价，是指评价主体

---

[1]　付亚和，许玉林. 绩效考核与绩效管理［M］. 北京：电子工业出版社，2009：10-24.

运用系统的方法和特定指标体系，按照一定的标准、程序，对评价对象在一定时期内的业绩作出客观、公正的综合评判。它包含两层含义：一个是对评价对象的岗位监督，另一个是对评价对象工作能力、态度的考察。从具体操作而言，绩效评价要求对评价对象的日常工作进行观察、记录，为评价提供客观依据。❶

二、高校院系绩效评价

（一）高校院系绩效

高校院系绩效与企业绩效有共通之处，但由于教育系统的公益性和专业性，其更有自身的特点。通过对高等院校功能的系统分析，结合企业界绩效的含义，在此把高校院系绩效理解为高校院系整体与个体、教师团队与个人开展活动的工作效率和效果，主要体现在院系为学校发展，在人才培养、科学研究、社会服务等方面的系统产出、资源利用的效率和对外部环境变化的适应能力。❷

（二）高校院系绩效评价

高校绩效评价的基本理论直接来源于新公共管理的基本思想："新公共管理理论主张对传统管理体制的变革，强调战略管理、绩效评价、市场竞争等而被广泛地应用于公共部门，并逐渐渗透到教育领域。"❸ 学者黄政杰认为高校绩效评价的目的主要在于改进缺失与加重绩效责任，了解学校概况，引导学校进行改革。❹ 而对于什么是高校院系绩效评价，本书借鉴管理学对于绩效评价的定义，结合高校院系绩效的内容，把高校院系绩效评价定义为"高校院系绩效评价是指在高等教育系统内，评价主体为了掌握院系绩效状况，综合运用绩效评价方式建立评价体系，对一定时期内的院系人才培养、科学研究、社会服务等工作的过程及结果进行的定量与定性相结合的客观、公正的综合评判"。

❶ 杨丽霞，简毓峰. 国内外高校科研绩效评价研究综述 [J]. 甘肃高师学报，2007（5）：122-123.

❷ 朱惠倩. 高等教育绩效评价研究 [D]. 南昌：华东交通大学，2008：1-9.

❸ 吴文清，王凤华，郎永杰. 论大学内部绩效评价 [J]. 北京教育学院学报，2011（3）：3-4.

❹ 宋迎新. 政府部门绩效评估研究——以杭州市直机关综合考评体系为例 [D]. 上海：上海交通大学，2009：12.

三、高校院系绩效价值评价

高校院系依一定的社会需要而设立，作为高校基层组织承载着高校人才培养、科学研究、社会服务等功能，在提供这些功能产出的同时消耗人、财、物等资源投入。将高校院系绩效作为管理对象，高校院系绩效价值管理的价值内涵是：高校院系提供人才培养、科学研究、社会服务等功能的产出效果与取得这些功能效果的全部成本之比。设高校院系的目标功能为 F_d，获得目标功能的成本为 C_d，则价值 V_d 用公式表达为 $V_d = F_d / C_d$，V_d 值的大小由功能和成本共同决定。

由此，高校院系绩效价值评价就是对高校院系的功能产出效果、实现功能的成本投入情况，运用价值工程/价值分析的原理和技术进行全面分析和评价，得出高校院系绩效的价值，进而根据整个评价过程中发现的问题及最终的价值结果有针对性地对高校院系绩效的价值系统进行管理、控制和优化的价值管理过程。把价值管理应用到高校院系绩效评价中来，意味着领导层在高校院系日常管理中要力求从管理所要达到的目标与投入的成本之间找效益，进行管理方式创新，在既保证取得高的院系功能绩效的同时合理支配、控制成本。

第四节　高校院系绩效价值评价的功能界定

院系功能的界定是一个系统的过程，它包括功能指标体系的建立、指标权重的确定和功能值的计算三个部分。完善的功能指标体系是所有评价工作开展的前提，而指标权重的确定能够显示出各个指标之间的重要度区别，它是将研究对象的属性和特征进行结构化标识的过程，而对指标体系中的构成元素赋予相应的权重是其核心所在。●

一、院系绩效价值评价功能指标体系的建立

根据高校的办学职能，设高校院系绩效总功能指标为 F_d，则功能指标体系由党建与综合管理（F_{d1}）、学科建设与研究生培养（F_{d2}）、本科教学（F_{d3}）、师

● 宋旭璞. 关于高校绩效评估方法与实践的思考 [J]. 上海教育评估研究，2016（4）：35.

资队伍建设（F_{d4}）、科研工作（F_{d5}）、学生工作（F_{d6}）6 个一级指标，宣传思想（F_{d11}）等 22 个二级指标构成，类推可知，F_{dij} 表示第 i 层指标第 j 个节点位置所对应的指标名称，在二级指标下有 71 个观测点（见表 9-1）。

表 9-1　高校院系功能指标体系

一级指标	二级指标（权重/%）	观测点
F_{d1}	宣传思想 F_{d11}（20）	思想政治工作；落实党委意识形态工作责任制；校园文化建设；新闻舆论引导及网络和新媒体建设与管理
	组织建设 F_{d12}（20）	党政共同负责制落实；党支部组织生活；党员发展；党建、统战工作获奖
	党风廉政 F_{d13}（20）	党风廉政建设；党风廉政责任制落实
	工会工作 F_{d14}（10）	二级教代会制度；组织教职工参加学校工会开展活动
	综合管理 F_{d15}（30）	人事管理；财务管理；国有资产管理；安全稳定工作
F_{d2}	重点学科建设 F_{d21}（15）	现有国、省、校三级重点学科建设工作；中央财政支持地方高校发展省级重点学科实验室建设工作
	学位点建设 F_{d22}（15）	现有学位点建设与管理工作；专业硕士学位点数
	培养过程 F_{d23}（30）	省级及以上研究生教改课题、创新计划项目；博士、硕士论文抽检合格率
	培养质量 F_{d24}（40）	博士、硕士学位授予率；省级及以上优秀博士、优硕论文数；研究生就业率
F_{d3}	教学运行 F_{d31}（10）	55 周岁以下教授为本科生上课比例；院领导年人均听课次数
	教学质量 F_{d32}（15）	省级优秀毕业设计（论文）数；省级以上大学生创新创业训练计划项目数；英语四级、六级通过率；理工科学院学生计算机二级以上通过率/文科学院学生计算机一级以上通过率；本科生省级以上学科竞赛获奖人次；省级及以上挑战杯本科生系列竞赛获奖数；国家学生体质健康标准及格率；具有海外学习经历的本科生数
	教学改革 F_{d33}（15）	人均公开发表教研论文数；校级及以上教改项目数
F_{d4}	师资结构 F_{d41}（30）	具有博士学位教师比例；具有硕士学位及以上教师比例
	师资培养 F_{d42}（40）	赴国外高水平学校进修教师数；获省级以上荣誉称号或奖励教师数；入选各级别人才培养资助项目教师数
	师资引进 F_{d43}（30）	高水平师资补充人数；高层次人才引进人数

一级指标	二级指标（权重/%）	观测点
F_{d5}	科研项目 F_{d51}（25）	国家级项目数；省部级项目数
	科研成果 F_{d52}（45）	SCI（含 SCIE）/CSSCI/SSCI 收录论文数；EI 收录论文数；国家及省级（含国家一级学会）成果奖；理工科机构专利授权数/文科机构出版学术专著数；科技成果转化数；发明专利数；主（承）办各类学术交流会议
	科研经费 F_{d53}（30）	纵向科研经费到款额；横向科研经费到款额；科技产业经费
F_{d6}	辅导员工作 F_{d61}（10）	参照学校辅导员工作条例、本科生辅导员考核办法等相关文件执行
	教育与管理 F_{d62}（40）	学风建设；学生资助；心理健康教育；本科生按期毕业率；学士学位授予率；本科生升学率
	共青团工作 F_{d63}（25）	组织宣传；志愿实践；文化艺术；创新创业
	招生就业工作 F_{d64}（25）	本科生招生；毕业生就业、创业指导与管理；毕业生就业率

二、院系绩效价值评价功能指标权重的确定

指标的权重反映了该指标在功能体系的重要性程度。对于一个学校而言，由于专业学科发展的非均衡性，各个二级学院的发展定位不尽相同，因此，对于一级指标的权重，不同学院应该选取不同的权重系数。学校的二级学院大致可以分为两大类：一类是科研教学型学院，优势学科、科研实力较强，称之为 A 类；另一类是教学科研型学院，以教学为主，兼顾科研，称之为 B 类。这两类学院的一级指标赋予不同的权重，以体现其工作目标和任务的差异性。A 类学院一级指标权重为：F_{d1}（10%）、F_{d2}（20%）、F_{d3}（15%）、F_{d4}（15%）、F_{d5}（25%）、F_{d6}（15%）。B 类学院一级指标权重为：F_{d1}（10%）、F_{d2}（15%）、F_{d3}（25%）、F_{d4}（15%）、F_{d5}（20%）、F_{d6}（15%）。对一级指标下的二级指标而言，各个学院应相同。

三、院系绩效价值评价功能值的计算

院系的功能值 F_d 按照指标体系的功能指标由式（9-1）表示：

$$F_{d} = \sum_{i=1}^{n} F_{di} \cdot W_{i} \qquad\qquad (9-1)$$

式中，F_{di} 为特定指标完成数量；W_{i} 为指标对应的权重。F_{di} 值由各观测点值经过归一化处理后得到。

第五节　高校院系绩效价值评价的成本界定

高校院系绩效价值评价的成本即院系为实现自身功能的投入，指高校为院系所提供的所有资源的总投入，是各种资源耗费的货币表现，主要分为人力资源成本、财力资源成本和物力资源成本。

一、人力资源成本

对高校而言，人力资源成本应该包含人才从引进、使用、开发到离职整个寿命周期内的全部费用，包括引入成本、使用成本、开发成本及离职成本。引入成本是指高校在招聘人才时所产生的所有费用，使用成本是指学校所支付给教职工的劳动报酬，开发成本是指学校为提高教职工素质所花费的培训费，离职成本是指人员离职的损失及正常退休的劳务费用。在这四项成本中，使用成本占比最大，即学校支付给教师的薪金。对院系而言，人力资源成本主要是学校拨付给该院系教职工的薪酬总量，包括国家规定的基本工资和学校内部的业绩津贴。

二、财力资源成本

高校的财力资源成本来源有以下几种：一是政府财政拨款，包括每个学生下拨的经费数及各种专项拨款；二是科研经费，包括纵横向科研经费，横向经费主要是产学研合作经费，纵向科研经费主要是国家自然（社会）科学基金，省部、市厅级项目经费；三是自创企业盈利，即高校利用自身优势创办经营型企业和研发公司的收入；四是社会资金，涵盖了社会捐赠和商业贷款来源等。对院系而言，则主要是学校给各院系下拨的专业学科建设经费、实验室建设经费、教学经费、行政管理经费、学生工作经费及科研的配套经费等。

三、物力资源成本

高校物力资源成本主要指校园的占地面积、教学实验用房面积、仪器设备值、图书资料总数等物质资料的总和，以货币资金表现的实物形态，体现了物化劳动的占有和消耗。不考虑固定资产折旧[1]，所有支出采取报账核销制度，即把物力资源的消耗折算成货币支出计入成本投入。对院系而言，物力资源成本中着重计算教学和科研的实验设备的货币投入，以及占用的办公、研究生、科研实验用房面积，教学实验用房由于涉及全校开设公共课，不宜列入某个院系的办学成本之中。

第六节 高校院系绩效价值评价的价值界定

一、高校院系绩效的价值

院系绩效评价的价值界定过程是综合考虑院系功能产出和成本投入的过程，根据价值管理的原理，高校院系绩效价值可表示为

$$FPV = \frac{FPF}{FPC} \tag{9-2}$$

式中，FPV 为院系绩效价值（Faculty Performance Value），FPF 为院系绩效功能（Faculty Performance Function），FPC 为院系绩效成本（Faculty Performance Cost）。

二、高校院系绩效价值系数

由式（9-1）可知，功能的单位与成本的单位是不同的，要取得价值的数值必须进行无量纲处理。因此，在高校院系绩效价值分析的应用中通常采用相对系数的形式。

---

[1] 李福华. 高等教育资源利用效率评价指标体系 [J]. 陕西师范大学继续教育学报, 2000 (9): 33-34.

（一）院系绩效功能系数

$$FPFC = \frac{F_{di}}{\sum\limits_{j=1}^{n} F_{dj}} \qquad (9-3)$$

式中：FPFC 为院系绩效功能系数（Faculty Performance Function Coefficient），F_{di} 为第 i 个院系的绩效功能值，$\sum\limits_{i=1}^{n} F_{di}$ 为所有参评院系的绩效功能总值。

院系绩效功能系数反映的是某参评院系功能占所有参评院系功能总和的比重，即该院系功能对总功能的贡献度。

（二）院系绩效成本系数

$$FPCC = \frac{C_{di}}{\sum\limits_{i=1}^{n} C_{di}} \qquad (9-4)$$

式中：FPCC 为院系绩效成本系数（Faculty Performance Cost Coefficient），C_{di} 为第 i 个院系的绩效成本值，$\sum\limits_{i=1}^{n} C_{di}$ 为所有参评院系的绩效成本总值。

院系绩效成本系数反映的是某参评院系的绩效成本占所有参评院系成本总值的比重，即该院系的成本在总成本中的占有度。

（三）院系绩效价值系数

由式（9-3）、式（9-4）可以对院系绩效价值系数 FPVC（Faculty Performance Value Coefficient）做如下定义：

$$FPVC = \frac{FPFC}{FPCC} \qquad (9-5)$$

院系绩效的价值系数反映了某参评院系的绩效功能与绩效成本之间的契合度。

三、高校院系绩效价值分析

当 FPVC>1，即 FPFC>FPCC 时，说明该院系所取得的绩效功能大于其投入的成本，是一种高效率的价值溢出状态。从价值管理的视野来看，这种高效率状态是不稳定状态，长期的高功能低成本可能会导致绩效价值的下滑。

当 FPVC<1，即 FPFC<FPCC 时，说明该院系绩效功能产出小于其成本投入，院系运行中有资源浪费的情况，取得目前的绩效并不需要这么多成本投入，处于低效率的价值短缺的状态。从价值管理的视野来看，是价值管理需要重点改进的状态。

当 FPVC=1，即 FPFC=FPCC 时，说明该院系的绩效功能产出与其投入的成本匹配度非常好，投入的资源得到了最合理的充分利用。从价值管理的视野来看，这是价值管理所要追求的一种理想的稳定状态。

第七节　南京某高校院系绩效价值评价实例分析

传统的院系绩效评价过分注重绝对绩效的考核，而忽略了相对绩效的评价。基于价值管理的院系绩效评价，通过对院系绩效的功能成本分析，得出的结果较为公正合理。不仅能够找到院系内部绩效可以提升的空间，也能够使院系之间的绩效情况得到较为真实的比较。

根据前文价值管理原理的阐释和模型的建立，本节将选取南京某本科高校内部 15 个学院 2016 年完成目标任务的情况作为研究对象进行价值绩效评估。15 个学院可分为 A、B 两类学院：A 类学院有 7 个，分别为通信学院、电子学院、光电学院、计算机学院、自动化学院、材料学院、物联网学院；B 类学院有 8 个，分别为理学院、地生学院、管理学院、传媒学院、经济学院、人文学院、外国语学院、教育学院。

具体分析步骤：建立价值管理专业小组并明确职责；制定功能绩点、成本级点及其赋值标准；收集相关信息并对院系绩效进行功能成本分析；提出价值优化的改进方案。

一、收集并整理各院系相关信息

收集该校 2016 年 15 个院系的功能指标、成本指标的全部信息。15 个学院的功能值和功能系数、成本值和成本系数及价值系数的结果如表 9-2、表 9-3、表 9-4 所示。

価值最优——高校绩效评价中价值管理模型的构建与应用

表 9-2 各学院功能值和功能系数

学院		功能值						绩点总值	功能系数
		F_{d1}	F_{d2}	F_{d3}	F_{d4}	F_{d5}	F_{d6}		
A类	通信学院	9.4	18.5	8.4	12.6	25.0	15.3	89.2	0.167
	电子学院	9.7	18.5	12.9	16.0	15.2	14.4	86.7	0.162
	光电学院	9.1	10.7	9.8	7.4	6.9	14.2	58.1	0.108
	计算机学院	8.3	17.7	9.2	12.6	23.7	12.4	83.9	0.157
	自动化学院	9.0	16.3	9.3	10.1	10.9	14.2	69.8	0.131
	材料学院	8.7	19.7	9.4	13.8	21.3	15.5	88.4	0.166
	物联网学院	9.1	12.7	9.2	9.5	5.7	11.9	58.1	0.109
B类	理学院	9.0	7.6	18.9	8.0	20.0	13.2	76.7	0.167
	地生学院	8.8	0.8	14.7	7.1	14.7	13.4	59.5	0.130
	管理学院	9.4	11.2	16.8	10.4	16.0	11.6	75.4	0.164
	传媒学院	9.1	2.2	14.5	6.8	2.9	12.3	47.8	0.104
	经济学院	9.1	3.2	14.1	7.4	2.9	12.2	48.9	0.107
	人文学院	8.5	0.8	13.4	8.4	0.7	11.5	43.3	0.094
	外国语学院	9.5	2.3	15.3	6.6	5.7	13.9	53.3	0.116
	教育学院	9.5	5.9	13.6	7.4	3.9	13.3	53.6	0.117

表 9-3 各学院成本值和成本系数

学院		成本值				总值及成本系数	
		人力资源	财力资源	物力资源			
		人数/人	费用/万元	用房/平方米	设备/万元	级点总值	系数
A类	通信学院	228	197	7 236	13 366	2 683	0.268
	电子学院	150	78	4 457	3 846	1 661	0.166
	光电学院	72	50	1 537	2 538	811	0.081
	计算机学院	173	128	3 602	3 348	1 937	0.193
	自动化学院	92	75	1 790	2 751	1 040	0.104
	材料学院	110	71	4 653	10 582	1 323	0.132
	物联网学院	47	40	984	4 297	563	0.056

学院		成本值					
		人力资源	财力资源	物力资源		总值及成本系数	
		人数/人	费用/万元	用房/平方米	设备/万元	级点总值	系数
B类	理学院	134	51	1 801	1 507	1 424	0.218
	地生学院	52	34	894	526	568	0.087
	管理学院	111	108	1 622	856	1 233	0.189
	传媒学院	46	29	412	818	501	0.077
	经济学院	44	34	580	31	480	0.073
	人文学院	64	41	658	108	689	0.105
	外国语学院	120	40	1 091	808	1 259	0.192
	教育学院	33	21	431	428	360	0.055

表 9-4　各院系价值系数一览表

A类	通信学院	电子学院	光电学院	计算机学院	自动化学院	材料学院	物联网学院	—
	0.623	0.976	1.333	0.813	1.260	1.258	1.946	—
B类	理学院	地生学院	管理学院	传媒学院	经济学院	人文学院	外语学院	教育学院
	0.766	1.494	0.868	1.351	1.466	0.895	0.604	2.127

二、提高院系绩效的改进方案

以成本系数为横坐标，以功能系数为纵坐标作图，A类、B类分别以成本系数和功能系数的平均值 0.143 和 0.125，将整图划分为一区、二区、三区和四区。

事实上，FPVC＝1 的状态极少见，因此，在实际运用中通常将 FPVC 值在 0.9~1.1 可视为理想状态。经点 O 分别作三条直线，即直线 OT 为 FPVC＝1，直线 OS 为 FPVC＝1.1，直线 OU 为 FPVC＝0.9。从图中可见，直线 OS 左侧为价值溢出区，直线 OU 右侧为价值短缺区，两者所夹区域为价值理想区，自点 O 出发顺着喇叭口自下而上，由低级别的价值理想区逐步向高级别的价值理想区过渡。将各院系的成本系数、功能系数和价值系数值绘入图中（见图 9-1）。

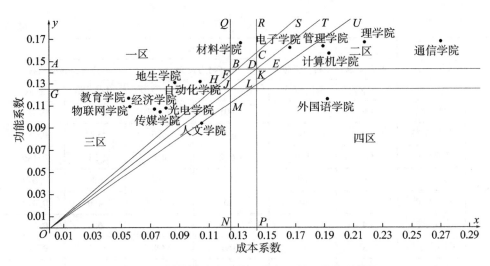

图9-1 各学院功能系数—成本系数—价值系数图

结合所在区域的特征、价值状态及价值管理的目标和任务，可以将其归纳成10种类型（见表9-5）。

表9-5 价值类型及其改进任务一览表

区域	区域特征	图形类别		价值状态	价值管理的任务
		A 类	B 类		
一区	低成本高功能	三角形 CBD	三角形 HFJ	低成本高功能价值理想状态	高级别的理想状态，保持现状态
		一区其他区域	一区其他区域	低成本高功能价值溢出状态	需要关注
二区	高成本高功能	三角形 CSR	三角形 FSQ	高成本高功能价值溢出状态	需要关注
		多边形 SCDEU	多边形 SFJLU	高成本高功能价值理想状态	高级别的理想状态，保持现状态
		二区其他区域	二区其他区域	高成本高功能价值短缺状态	需要改进
三区	低成本低功能	三角形 KOP	三角形 MON	低成本低功能价值短缺状态	需要改进
		多边形 OBDK	多边形 OHJM	低成本低功能价值理想状态	低级别的理想状态，需要改进
		三区其他区域	三区其他区域	低成本低功能价值溢出状态	需要关注
四区	高成本低功能	三角形 DEK	三角形 JLM	高成本低功能价值理想状态	低级别的理想状态，需要改进
		四区其他区域	四区其他区域	高成本低功能价值短缺状态	重点改进

结合价值提升的 5 种途径，对各学院提升绩效价值的对策与建议如下。

①处在高成本高功能价值理想状态的电子学院，是一种高级别的理想状态，体现了该学院一种良好的运行状态，所投入的资源得到了充分的功能释放，资源与功能的匹配非常好，无须进行价值改进。这样的学院，学校只要加大投入，就能够获得理想的回报。

②处于一区 A 类的材料学院和 B 类的地生学院，是一种低成本高功能的价值溢出状态，反映了两个学院的资源投入得到了高效率的回报。两学院相比，材料学院所占资源更多，对学校的功能贡献也更大。这两所学院都是新发展起来的学院，专业学科特色鲜明，有较好的发展前景，学校应加大对其投入，以促使其保持良好的发展势头。

③处在二区 A 类的通信学院和计算机学院，以及 B 类的管理学院和理学院，是一种高成本高功能价值短缺状态，这 4 所学院的资源投入相对于贡献功能而言，是价值短缺的。从功能贡献而言，这 4 所学院都不错，通信学院、理学院对学校的贡献是 A、B 两类中最大的；但从资源的占有情况来看，4 所学院都是 A、B 两类中占有最多的，通信学院占有最多（2683 点），计算机学院（1937 点）次之，然后是理学院（1424 点）和管理学院（1233 点），这 4 所学院也是价值改进需要关注的学院，主要要做的工作就是提高功能值。计算机学院在党建与综合管理、学生工作方面要加强；管理学院在科研工作、学生管理、本科教学方面要提高；理学院在学科建设、师资队伍建设方面要加强；通信学院作为该校传统优势学科依托的学院，各项功能值都排在学校的前列，价值改进的重点在于降低运行成本，激发每个教师的潜能，提高人均绩效，在物力资源方面，要整合现有资源，重点在于提高资源的使用效率。

④处在三区 A 类的自动化学院、物联网学院、光电学院，以及 B 类的教育学院、经济学院、传媒学院，是一种低成本低功能的价值溢出状态，反映了 6 所学院的资源投入得到了高效率的回报。由于学校对这些学院的投入较少，功能的贡献值也较少，相比而言，贡献最大是自动化学院，其次是教育学院，其他学院相差不大；而从占有的资源来看，教育学院最少，物联网学院次之，自动化学院最多。从价值溢出值来看，这 6 所学院都溢出较多，价值溢出越多，运行的状态

越不稳定，其功能值所需要匹配的资源投入越大，因此，学校要对这6所学院整体加大资源投入的力度。尤其是教育学院溢出最多（2.127），物联网学院次之（1.946），这两所学院是价值改进需要关注的对象。教育学院和物联网学院人力成本分别是33人和47人，物力成本级点分别只有9和53，与其他学院相比，其功能贡献与资源投入极不相配。需要指出的是，B类的经济学院、传媒学院属该校的文科学院，在学科建设、师资队伍、科学研究方面基础相对薄弱，有较大的上升空间。此外，处在三区的还有B类的人文学院，该学院的价值接近理想区域，严格来讲，属于低成本低功能的价值短缺状态。一方面，学校要继续保持必要的投入；另一方面，该学院重点需要在学科建设、科学研究两个特别短板的功能上花大力气提升其水平。

⑤处在四区的是B类的外国语学院，是一种高成本低功能的价值短缺状态，反映了该学院的成本投入大大高于其功能产出，是价值改进需要重点关注的学院。从成本值来看，外语学院不仅有专业学科，还要承担全校的公共基础课，人员较多，也占有大量的教学用房，直接造成该学院的成本级点在B类学院中较高，这是客观存在的现实。因此，从价值改进的角度来看，要重点提高功能值，从功能结构来看，该学院需要在学科建设（绩点2.3）、师资队伍（绩点6.6）和科学研究（绩点5.7）三个方面大大提高功能，才能与高成本的资源投入相匹配。

第十章
价值管理在高校财务管理绩效评价中的应用

随着我国高等教育事业的不断发展、体制改革的不断深入，高校资金筹措渠道由过去的单一政府财政拨款逐渐向政府、企业、银行及个人等多元化筹措渠道发展，高校的利益相关者越来越关注高校的发展。高校财务管理绩效高低影响到高校持续、稳定的发展。因此，高校为进一步开拓资金筹措渠道，就必须使用好教育资金，提高资金的使用效益，建立一个可操作、量化、科学的综合评价系统和评价方法，并将评价结果作为主管部门、投资者、债权人等相关利益者的决策依据，这既是高校外部利益相关者的客观需要，也是高校自身提高运行质量和效益的内在要求。

第一节　高校财务管理绩效评价的理论基础

一、高校财务绩效评价的基本概念

"绩效"源于英文的 Performance，译为性能、业绩、工作成果等。从管理学的角度看，绩效是组织期望的结果，是组织为实现其目标而展现在不同层面上的有效输出；用在经济管理活动方面，是指社会经济管理活动的结果和成效；用在人力资源管理方面，是指主体行为或者结果中的投入产出比。因此，高校财务管理绩效评价可解释为，在一定范围内，依据特定的目的，运用一定的指标和方法，对同类高校财务管理的主要任务进行测量分析评价的活动。结合 2012 年《高等学校财务制度》中有关高校财务管理主要任务的解释，高校财务管理绩效评价具体指在相同拨款政策条件下，对高校合理编制学校预算、依法多渠道筹集资金、努力节约支出、保证资产的保值增值、防范财务风险及财务可持续发展情

况等方面进行评价。❶

二、高校财务管理绩效评价的分析基础

高校财务管理绩效评价体系的分析基础为高校年度会计决算报告，以及相关公开数据。高校年度会计决算报告是反映高校在一个自然年度内财务状况和事业发展成果的书面报告文件，是财务信息和会计数据的重要载体。

三、高校财务管理绩效评价的基本内容

一方面，围绕高校财务管理任务，以会计年度决算报告为基础，从预算管理、资金筹集、营运、控制风险、综合财务实力和财务发展等方面，通过一系列资金运作实现高校财务目标管理任务的情况。另一方面，为实现高校财务管理任务所投入的财力运行的成本。

四、高校财务管理绩效评价的基本方法

高校财务绩效评价的方法是指用于分析财务绩效数据得出评价结论的各种经济分析、评估和评价方法❷，包括用于框架构建的方法，主要有平衡计分卡法❸、关键指标法、投入—产出法等；用于权重确定的方法，主要有层次分析法、灰色关联分析法等；用于指标量化的方法，主要有数据包络分析法和模糊综合评判法等，其他的分析方法应用得较少。

第二节　基于价值管理的高校财务管理
绩效评价模型的构建

根据价值管理原理，凡是有资源投入的地方，就有价值提升的空间。高校财务管理绩效评价模型的构建，就是将价值管理的理论和方法应用到高校财务管理

---

❶　财政部，教育部. 关于印发《高等学校财务制度》的通知 [EB/OL]. （2012-12-19）[2021-10-13]. http://jkw. mof. gov. cn/zhengwuxinxi/zhengcefabu/201212/t20121226_721866. html.

❷　邓建华. 构建高校财务绩效评价体系 [J]. 会计师，2010（12）：110-111.

❸　申艳艳. 高校专项资金绩效评价体系构建研究——基于平衡计分卡视角 [J]. 会计之友，2016（1）：115-117.

绩效评价中，对其功能和成本进行价值分析，进而提出价值优化的改进方案。

一、高校财务管理绩效评价的功能分析

（一）高校财务管理绩效评价指标体系的建立

功能分析的任务是从客户所要求的必要功能出发，对其需求进行系统的识别和明确的定义，以确保顾客所需功能的价值最优化。高校财务管理功能分析的任务就是从高校财务管理目标任务出发，对高校财务管理的需求进行系统的识别和定义。通过多次专家研讨及查阅相关资料，最后将财务管理绩效功能指标体系确定为6个一级指标，16个二级指标，具体见表10-1。

（二）功能指标权重的确定

通过层次分析法来确定高校财务管理功能评价指标权重，笔者设计了《高校财务管理功能评价指标判断矩阵标度调查表》，通过调查资料及向数十位高校财务管理方面专家做问卷调查的形式收集数据。根据专家评判，经分析汇总，通过相关的判断矩阵及通过层次分析法软件 yaahp 计算一级权重和二级指标权重（见表10-1）。

表 10-1　高校财务管理功能评价指标权重表

目标层	一级指标	一级指标权重	二级指标	公式	二级指标权重
A 高校财务绩效功能分析权重	B_1 预算管理	0.031 0	C_{11} 预算收入执行率	预算收入执行率＝本期实际收入总额÷本期预算收入总额×100%	0.005 1
			C_{12} 预算支出执行率	预算支出执行率＝本期实际支出总额÷本期预算支出总额×100%	0.016 7
			C_{13} 财政专项拨款执行率	财政专项拨款执行率＝本期财政项目补助实际支出÷本期财政项目支出补助收入×100%	0.009 2
	B_2 筹措资金	0.346 8	C_{21} 总收入增长率	总收入增长率＝（本年总收入－上年总收入）÷上年总收入×100%	0.020 3
			C_{22} 自筹收入占总收入的比重	自筹收入占总收入的比重＝自筹收入÷总收入×100%	0.096 5
			C_{23} 教职工人均获取科研经费	教职工人均获取科研经费＝科研事业收入÷教职工年平均人数	0.230 0

目标层	一级指标	一级指标权重	二级指标	公式	二级指标权重
A 高校财务绩效功能分析权重	B_3 资金运营	0.328 6	C_{31} 生均事业费用支出	生均事业费用支出=事业支出÷学生平均人数	0.219 1
			C_{32} 教职工人均投入科研经费	教职工人均投入科研经费=学校当年从事业收入安排的科研经费÷教职工年平均人数	0.109 5
	B_4 综合实力	0.055 9	C_{41} 人均总收入	人均总收入=年度总收入÷（教职工人数+学生人数）	0.013 9
			C_{42} 人均总资产	人均总资产=年末总资产÷（教职工人数+学生人数）	0.008 8
			C_{43} 人均自有资金	人均自有资金=（年末事业基金+年末专用基金）÷（教职工人数+学生人数）	0.033 2
	B_5 发展潜力	0.124 8	C_{51} 总资产增长率	总资产增长率=（年末总资产-年初总资产）÷年初总资产×100%	0.025 0
			C_{52} 事业基金增长率	事业基金增长率=（年末事业基金-年初事业基金）÷年初事业基金×100%	0.099 8
	B_6 控制风险	0.112 9	C_{61} 总收入与总支出比	总收入与总支出比=总收入÷总支出	0.019 1
			C_{62} 资产负债率	资产负债率=年末负债总额÷年末资产总额×100%	0.050 1
			C_{63} 流动比率	流动比率=流动资产÷流动负债	0.043 7

二、高校财务管理的成本分析

高校财务管理成本从价值管理的角度来界定叫作寿命周期费用，在高校财务管理中可以简单理解为实现高校财务管理的 6 个功能所投入的成本。本书将其定义为政府为高等教育所提供的财力资源的总投入，即各高校会计年度决算报告中财政拨款和上级补助收入。

三、高校财务管理绩效价值分析

(一) 高校财务管理绩效的价值

根据价值管理原理，可以定义高校财务管理的价值（Financial Management Value，FMV）＝高校财务管理功能（Financial Management Function，FMF）/高校财务管理成本（Financial Management Cost，FMC）。

(二) 高校财务管理绩效的价值系数

一所高校的财务管理绩效是一个具有相对性的概念，必须有参照物作为标准，因此，绩效评价只有在一个研究对象的整体中通过比较才能得出结论。高校财务管理绩效价值的优劣取决于两个变量，一是该校投入的财务成本在所有参评高校成本中的比重，即该校成本在总体成本中的占有度，二是该校实现的财务功能在所有参评高校财务功能总和中的比重，即该校实现的财务功能对所有参评高校实现财务总功能的贡献度，取样本高校财务管理功能贡献度与财务成本占有度二者的比值来衡量该高校在所有参评高校中财务管理绩效的情况，从而判断该校财务运行绩效的优劣，继而从价值管理的视角来分析其优化路径。因此，为了实现高校间财务管理绩效的相对比较，引入财务管理绩效功能系数、成本系数和价值系数的概念，使得评价更为科学和合理。

高校财务管理绩效功能系数（Financial Management Function Coefficient，FMFC）用公式表达为 $FMFC = F_i / \sum_{i=1}^{n} F_i$。其中，$F_i$ 表示高校 i 绩效功能值，$\sum_{i=1}^{n} F_i$ 表示所有参评高校财务管理功能总值，FMFC 表示高校 i 的功能 F_i 对所有参评高校财务管理总功能的贡献度。

高校财务管理绩效成本系数（Financial Management Cost Coefficient，FMCC）用公式表达为 $FMCC = C_i / \sum_{i=1}^{n} C_i$。其中，$C_i$ 表示 i 高校绩效成本值，$\sum_{i=1}^{n} C_i$ 表示所有参评高校财务管理的成本总值，FMCC 表示 i 高校成本 C_i 在所有参评高校财务管理总成本 $\sum_{j=1}^{n} C_j$ 的占有度。

高校财务管理价值系数（Financial Management Value Coefficient，FMVC）用公式表达为 FMVC＝FMFC/FMCC。FMVC 大小反映的是高校财务管理功能与成本的契合度，即财务管理的功能和财务管理成本的匹配状态。

（三）高校财务管理绩效的价值分析

高校财务管理绩效的价值系数值通常在 1 附近，大于 1 或者小于 1 的情况在实践运用的过程中比较常见，通常将 FMVC 在 0.9~1.1 都视为较为理想的状态，对于过于偏离 1 的情况应该根据 FMVC 的大小，对高校财务管理的运行状态作出诊断性的分析和评价。[❶]

第一种，价值契合的理想状态，即 FMFC=FMCC，高校财务管理的价值系数等于 1，财务管理成本与其功能完全匹配，财务运行处于一种价值理想状态，反映出财务管理成本的投入充分实现了其功能，这也是高校财务运行过程中最难以出现的一种状态。通常情况下，将价值系数在 0.9~1.1 都视作价值理想状态。

第二种，价值短缺的低效率状态，即 FMFC<FMCC，高校财务管理的价值系数小于 1，这种状态更为常见，反映了当前的财务管理功能水平相比于其成本投入所应该实现的功能水平较小，二者不相匹配，呈现管理价值的短缺，这是价值管理分析改进的主要对象，必须针对低效率存在的问题努力提高功能，降低成本，促使其价值优化。

第三种，价值溢出的高效率状态，即 FMFC>FMCC，财务管理价值系数大于 1，这是财务管理价值可能存在的另一种状态，反映出高校财务管理所实现的功能水平超过了其成本投入，即用较少的成本实现了更多的功能，呈现出一种高效率的价值溢出状态。然而，作为一种经济学状态下的高效率状态，并不符合价值管理所追求的价值导向。根据价值运动规律，这种价值状态无法实现稳定和持续，应通过追加成本实现功能和成本的匹配，不断向价值理想曲线靠近，以使这种高效率的运行状态得以持续。

第三节　基于江苏省属理工类本科高校实证分析

选取相同拨款政策下江苏省属 12 所理工类本科高校为样本，采集相关高校 2017 年度会计决算数据；对原始数据相关指标进行趋同化处理，适度指标采取

---

❶ 蒋方华，王国平. 价值管理视角下高校资金运行绩效评价研究 [J]. 价值工程，2017（2）：242-244.

负数法，负指标采取倒数法；然后对相关数据采取标准化，进行无量纲处理；最后，根据上述建立的高校财务管理绩效价值评价模型，对 12 所高校的财务管理绩效进行价值分析。

一、高校财务管理绩效功能数据

通过计算分析，12 所高校的相关财务功能数据如表 10-2 所示。

二、高校财务管理绩效成本数据

通过计算分析，可得出每个高校的成本及成本系数，具体见表 10-3。

三、高校财务管理绩效价值分析

根据价值系数公式，可以得到 12 所高校 2016 年度财务管理绩效的价值系数，具体见表 10-4。

将 12 所样本省属理工本科高校的功能系数和成本系数放入坐标轴，并取所有样本高校的功能系数和成本系数的平均数，画出功能系数 FMFC = 0.083 3 和成本系数 FMCC = 0.083 3 平均数线，分别为 *LD* 和 *AH* 直线，划分为四个区域。具体可得出功能—成本系数图如图 10-1 所示。

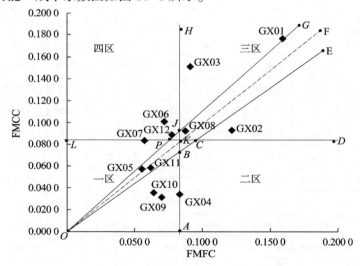

图 10-1　高校财务管理绩效功能—成本系数图

表 10-2　2016 年高校财务绩效评价功能及功能系数

高校	C_{11} 预算收入执行率	C_{12} 预算支出执行率	C_{13} 财政专项拨款执行率	C_{21} 总收入增长率	C_{22} 自筹收入占总收入的比重	C_{23} 教职工人均获取科研经费/（万元/人）	C_{31} 生均事业费用支出/（万元/人）	C_{32} 教职工人均投入科研经费/（万元/人）	C_{41} 人均总收入/（万元/人）
GX01	1.000 0	1.000 0	0.231 9	0.618 3	0.490 8	1.000 0	1.000 0	0.618 7	1.000 0
GX02	1.000 0	1.000 0	1.000 0	0.918 4	0.179 6	0.367 1	0.409 1	0.393 2	0.510 9
GX03	1.000 0	1.000 0	0.448 4	0.770 0	0.798 6	0.930 3	0.330 7	1.000 0	0.483 3
GX04	0.000 0	0.608 4	0.931 0	0.131 3	0.133 4	0.160 1	0.076 0	0.000 0	0.334 8
GX05	1.000 0	0.965 8	0.954 5	0.837 1	0.339 5	0.047 7	0.161 2	0.003 1	0.097 6
GX06	1.000 0	1.000 0	0.905 7	0.382 6	1.000 0	0.450 9	0.309 5	0.431 4	0.419 9
GX07	1.000 0	1.000 0	0.810 7	0.704 0	0.594 6	0.336 9	0.000 0	0.004 2	0.042 0
GX08	1.000 0	1.000 0	0.647 1	0.861 7	0.371 7	0.360 0	0.060 0	0.003 3	0.258 2
GX09	1.000 0	1.000 0	0.358 5	0.000 0	0.040 1	0.000 0	0.127 6	0.029 4	0.287 6
GX10	0.469 8	0.583 8	0.825 0	0.012 4	0.074 4	0.069 1	0.047 9	0.000 0	
GX11	0.418 0	1.000 0	0.972 1	0.780 0	0.000 0	0.358 0	0.273 0	0.118 2	0.271 2
GX12	1.000 0	0.000 0	0.000 0	1.000 0	0.684 1	0.191 5	0.339 6	0.304 4	0.394 7

高校	C_{42} 人均总资产/（万元/人）	C_{43} 人均自有资金/（万元/人）	C_{51} 总资产增长率	C_{52} 事业基金增长率	C_{61} 总收入与总支出比	C_{62} 资产负债率	C_{63} 流动比率	功能系数
GX01	1.000 0	1.000 0	0.809 4	0.362 0	0.199 5	0.202 8	0.606 2	0.176 4
GX02	0.445 0	0.817 5	0.372 8	0.493 2	0.000 0	0.306 4	0.000 0	0.092 8
GX03	0.298 6	0.671 0	0.633 7	0.540 0	1.000 0	0.131 1	0.079 2	0.151 0
GX04	0.402 1	0.177 3	0.000 0	0.286 1	0.398 6	0.124 5	0.024 7	0.034 0
GX05	0.000 0	0.110 4	0.371 8	0.640 6	0.531 7	0.334 1	0.334 6	0.057 6
GX06	0.235 1	0.000 0	1.000 0	0.000 0	0.567 5	0.308 0	0.368 2	0.100 3
GX07	0.275 8	0.366 9	0.432 9	1.000 0	0.645 2	0.462 2	0.353 8	0.083 3
GX08	0.278 7	0.891 2	0.678 7	0.528 5	0.897 4	1.000 0	1.000 0	0.092 1
GX09	0.247 8	0.059 6	0.803 9	0.237 0	0.863 2	0.234 6	0.226 9	0.035 2
GX10	0.147 2	0.082 8	0.096 5	0.324 3	0.360 7	0.000 0	0.127 2	0.030 7
GX11	0.221 8	0.021 1	0.777 3	0.033 6	0.444 7	0.186 2	0.107 1	0.058 6
GX12	0.255 4	0.111 6	0.838 5	0.350 2	0.505 8	0.366 9	0.839 8	0.087 9

表 10-3　2016 年高校财务管理绩效成本及成本系数

高校	GX01	GX02	GX03	GX04	GX05	GX06	GX07	GX08	GX09	GX10	GX11	GX12
财务绩效成本/万元	84 594.69	64 615.09	48 521.01	44 475.05	29 136.62	38 582.35	30 504.44	46 886.31	34 263.08	37 487.51	32 992.06	41 491.41
成本系数	0.158 6	0.121 1	0.090 9	0.083 4	0.054 6	0.072 3	0.057 2	0.087 9	0.064 2	0.070 3	0.061 8	0.077 8

表 10-4　2016 年高校财务绩效价值系数表

高校	GX01	GX02	GX03	GX04	GX05	GX06	GX07	GX08	GX09	GX10	GX11	GX12
功能系数	0.176 4	0.092 8	0.151 0	0.034 0	0.057 6	0.100 3	0.083 3	0.092 2	0.035 2	0.030 7	0.058 6	0.087 9
成本系数	0.158 6	0.121 1	0.090 9	0.083 4	0.054 6	0.072 3	0.057 2	0.087 9	0.064 2	0.070 3	0.061 8	0.077 8
价值系数	1.112 2	0.765 3	1.661 1	0.407 7	1.054 9	1.387 3	1.456 3	1.048 9	0.548 3	0.436 7	0.948 2	1.130 0

经整理和归纳，12 所高校财务管理绩效的功能成本分析与价值所处区域特征如表 10-5 所示。

表 10-5　财务管理功能/成本/价值所处区域特征一览表

区域	区域特征	图形类别	价值类型	功能成本分析	学校
一区	低功能低成本	三角形 OAB	低功能低成本价值短缺	实现的功能小于其投入的成本	GX09 GX10
		四边形 OBKP	低功能低成本价值理想	实现的功能与投入的成本比较匹配	GX05 GX11
		三角形 OPL	低功能低成本价值溢出	投入的成本实现了溢出的功能	GX07
二区	低功能高成本	多边形 ABCD	低功能高成本价值短缺	实现的功能小于其投入的成本	GX04
		三角形 BCK	低功能高成本价值理想	实现的功能与投入的成本比较匹配，投入的成本略高于实现的功能	无
三区	高功能高成本	三角形 DCE	高功能高成本价值短缺	实现的功能低于其投入的成本	GX02
		多边形 ECKJG	高功能高成本价值理想	实现的功能与投入的成本比较匹配	GX08
		三角形 GJH	高功能高成本价值溢出	实现的功能大于其投入的成本	GX01 GX03
四区	高功能低成本	三角形 JKP	高功能低成本价值理想	实现的功能与投入的成本比较匹配，实现的功能略高于投入的成本	无
		多边形 HJPL	高功能低成本价值溢出	实现的功能大于投入的成本	GX06 GX12

四、高校财务管理绩效优化对策

通过上述对 12 所理工类高校进行绩效价值实证分析，12 所样本高校尽管规模、层次不同，其财务管理的绩效价值基本分布在理想状态线的周边，反映了各个学校实现财务管理功能产出与投入成本之间较好的匹配关系，这也验证了所建模型的合理性。从功能的视角，GX01、GX02、GX03、GX06、GX08、GX12 处在第一层次，这几所高校均是该省规模、学科、科研实力较强的院校，其相关排名在全国普通高校各类排名中也相对比较靠前；其余高校均属于该省第二层次的院校，办学历史短，学科发展相对薄弱。功能视角也从一个层面真实地反映了高校间实力的强弱。通过同类型高校间的横向比较和价值分析，可以发现各高校间的差异，并根据价值提升的方法，针对不同的绩效价值状态，提出有针对性的价值优化路径。

（一）处于理想状态范围的院校

有 GX05、GX11、GX08 三所，其优化途径应是保持现有良好发展状态。所不同的是，GX05、GX11 与 GX08 相比是低级别的价值理想状态，GX08 是高级别的理想状态。

①GX05。该校人均总收入、人均总资产和人均自有资金等财务综合实力指标值均偏低，筹资能力中人均获取科研经费指标值也较低。主要原因为该院校办学历史短，办学规模相对小，学科特色不明显。因此，提升 GX05 财务管理价值的优化路径是增加投入成本，增加功能产出，由低级别价值理想（一区）向高级别价值理想（三区）运行。在成本投入方面，主管部门需继续增加对该校的拨款投入；在功能方面，财务管理的重点是进一步增加对资产的投入，实现资产的保值增值；加大对学校学科发展的扶持，努力形成自身办学特色和学科优势，通过多种方式开拓科研等自筹资金来源，增加自筹收入的比重。

②GX11。该校财务管理的 6 大功能指标均有不同程度的偏低，其中自筹收入占总收入的比重指标和人均自有资金指标值在同类高校中垫底。另外，其资产负债率和流动比率等控制财务风险的能力不强。因此，提升 GX11 财务管理价值的优化路径是增加投入成本，适当增加功能产出。在成本投入方面，主管部门需增加对该校的拨款投入；在功能方面，学校要全方面加强财务管理，尤其是发挥该校区域优势，利用高校服务社会功能，多方位拓展筹资渠道，减少对财政拨款的依赖；加强学校预算管理，增加高校内涵建设与降低不合理开支相结合，并增加学校自有资金规模，减少债务规模。

③GX08。该校除资金运营能力外，其他功能指标值均比较均衡，特别是在控制财务风险方面，有着充裕的资金规模，财务风险较低。该校财务管理绩效状态最为理想，但处于低成本低效率状态，仍有改进的空间。因此，提升 GX08 财务管理价值的优化路径是适当增加投入成本，同时采取措施增加功能产出，保持

功能成本最佳匹配。在成本投入方面，主管部门还可继续增加对该校的拨款投入；在功能方面，该校学科特色明显，服务社会功能突出，财务管理主要围绕该校资金运营能力，即增加对教学经费的投入，适当提高学生培养成本，提高教育质量；同时加大对科研的扶持力度，进一步发挥该校学科优势，更好地服务社会。

（二）处于价值溢出状态的高校

有 GX01、GX03、GX06、GX07、GX12 五所，其财务管理绩效的功能超过成本投入。该类高校今后都有向价值理想状态靠拢的趋势，是不稳定的不可持续的状态。此类高校如需保持现有财务功能产出，主管部门需不断提高对其成本投入。

①GX01。该校除财政专项拨款执行率、总收入与总支出比等功能指标外，其他功能指标值均比较优秀，其资产规模或学科、科研水平在同类高校中均有明显优势。因此，提升 GX01 财务管理价值的优化路径是增加投入成本，使得实现功能产出与成本投入匹配，保持发展的稳定性。在成本投入方面，主管部门需继续增加对该校的拨款投入；在功能方面，学校需加强财政专项的管理，通过相关报表数据可以发现，该校学科特色非常明显，各类财政专项数量、资金规模均比较大，因此其财务管理的重心是对财政专项精心化管理，安排专人专职管理，参与财政专项的预算编制、执行，提高其预算执行率，并合理安排年度间收支，严禁赤字预算，保证年度收支基本相当。

②GX03。该校除财政专项拨款执行率、资产负债率和流动比率等功能指标外，其他功能指标值均比较优秀。该校资产规模、学科特色、科研水平在同类高校中具有明显优势，相关专业的学科影响力处于国内领先水平，其价值溢出是最多的。因此，提升 GX03 财务管理价值的优化路径是大力增加成本投入，与实现的功能相匹配，并不断提升功能产出。在成本投入方面，主管部门应进一步大幅度增加对该校的拨款投入；在功能方面，学校需要加强财政专项的管理，提高预算执行率，并合理安排年度预算，提高货币资金规模，同时减少负债规模。

③GX06。该校除人均自有资金和事业基金增长率等功能指标外，其他功能指标比较适中，其中自筹收入占总收入比重偏高皆因偶然因素影响所致，该校属

于低水平的价值溢出状态。因此，提升 GX06 财务管理价值的优化路径是大幅度增加投入成本，适当增加功能产出，使得实现的功能与投入的成本匹配，保持发展的稳定性。在成本投入方面，主管部门应进一步大幅度增加对该校的拨款投入；在功能方面，学校财务管理的重心为自有资金管理，并以此为导向，合理安排年度预算，开源节流，努力增加年度收支结余，增加事业基金规模。

④GX07。该校除资金运营和人均总收入等功能指标外，其他功能指标比较适中。该校属刚更名的技术师范类为特色的理工科高校，无论其规模还是学科发展均与同类型其他高校有所差距，属于低级别的价值溢出。因此，提升 GX07 财务管理价值的优化路径是大幅度增加投入成本，使得实现的功能产出与投入的成本匹配，保持发展的稳定性。在成本投入方面，主管部门应进一步大幅度增加对该校的拨款投入；在功能方面，学校财务管理的重心应为资金运营管理，即加大对教育教学培养、科研扶持力度的投入，以提高学生的培养质量和进一步提升学校特色学科、科研的整体水平。

⑤GX12。该校除预算管理和人均自有资金等功能指标外，其他功能指标得分比较适中，总收入增长率在同类型高校中得分最高，皆因其刚更名改制后社会影响力提升，导致该校捐赠收入、科研收入等自筹收入增长较快。因此，提升 GX12 财务管理价值的优化路径是大幅度增加投入成本，适当增加功能产出，使得实现的功能与投入的成本匹配，保持发展的稳定性。在成本投入方面，主管部门应进一步大幅度增加对该校的拨款投入；在功能方面，学校财务管理的重心应为预算管理，要根据学校的发展规划，合理编制年度预算，加强预算支出的执行进度，并重点关注财政专项的管理，财务要安排专人专职管理，参与财政专项的预算编制、执行，提高其预算执行率。

（三）处于价值短缺状态的高校

为 GX02、GX04、GX09、GX10 四所，其高校财务管理绩效的功能小于其成本投入所能够实现的功能，所呈现出的就是功能和成本不匹配的低效率状态。其中 GX04 属于高成本低效率，GX02 属于高成本高效率，GX09、GX10 属于低成本低效率。因此，该类院校要提升财务管理的绩效价值，需在保持或适当增加投入成本的基础上，大幅度提升功能水平。

①GX02。该校主要问题是控制财务风险能力，通过近几年数据比较，该校货币资金呈现急速下降趋势。其自筹收入占总收入比重较低，说明该校缺乏良好的自身"造血"功能，财政拨款依赖度较高。因此，提升GX02财务管理价值的优化路径是投入成本保持不变，采取措施增加功能产出，或者适当增加投入成本，采取措施大幅提高功能产出。在成本投入方面，主管部门根据学校发展情况增加拨款投入。在功能方面，其财务管理的重心主要围绕控制财务风险和增加自筹收入比重；该校要利用其学科和科研的优势，积极调动学校教学、科研人员服务社会的积极性，多方位拓展筹资渠道；挖掘学校现有资源和行业优势，并利用资源产生经济效益；合理安排年度预算，严禁编制赤字预算，杜绝学校不合理开支，增加资金结余，确保货币资金量合理水平。

②GX04。该校是一所以工学为主的应用型本科院校，具有一定的办学规模，办学特色明显，但该校财务管理各个功能指标得分表明其财务管理的各方面均呈现不同程度的问题，最主要表现在筹资能力、资金运营及控制财务风险等方面。因此，提升GX04财务管理价值的优化路径是保持或适当投入成本，采取积极措施大幅度增加功能产出。在成本投入方面，主管部门根据学校发展情况增加拨款投入。在功能方面，学校财务管理应根据学校发展规划，厘清财务管理工作思路，充分利用该校行业及学科优势，积极调动学校教学、科研人员服务社会的积极性，多方位拓展筹资渠道；围绕该校资金运营能力，减少学校不合理开支，加大对教育教学、科研扶持的投入力度，进一步提高学生培养教育质量和科研水平；重点控制财务风险，合理规划年度预算，确保货币资金量合理水平，适当减少负债规模。

③GX09、GX10。这两所院校整体功能指标值得分均不高，特别是筹资能力、资金运营能力及财务综合实力等方面，表明两校缺乏自身"造血"功能，财政拨款依赖度较高，在人才培养、科学研究方面资金运行的效率不高。因此，提升GX09、GX10财务管理价值的优化路径是投入成本保持不变，采取措施增加功能产出，或者适当增加成本，大幅度提高功能产出。在成本投入方面，主管部门根据学校发展情况增加拨款投入。在功能方面，其财务管理的重心主要围绕筹资能力、资金营运等方面开展，发挥该校区域优势，利用高校服务社会功能，多方位

拓展筹资渠道，减少对财政拨款的依赖；减少学校不合理开支，加大对教育教学、科研扶持的投入力度，提高学生培养教育质量和科研水平，促进提高学校服务社会的能力；努力形成自身办学特色、学科科研优势，扩大该校办学规模，合理分配有限资金，做好资产的保值增值。

价值管理是一项科学性和实践性很强的工作，同时作为一种先进的管理理念和管理思想，将其应用到高校财务绩效评价中还是一种较新的尝试。以高校财务管理绩效为价值研究对象，将同类高校财务管理的功能和成本加以分析，应用价值系数来确定其个体价值，为高校财务管理提供了一种全新的视角，弥补了传统评价方式只看重绝对产出的缺陷，同时也为后续的绩效改进提供了依据。

第十一章
价值管理在高校教师人力资源管理中的应用

将企业的价值管理思想借鉴应用到高校教师人力资源管理中，对高校教师人力资源进行功能、成本和价值分析，建立价值管理视域下的高校教师人力资源管理模型，使有限的高校教师人力资源发挥最大的价值，为促进高校更好更快、注重内涵式的发展，实现高校教师人力资源的科学管理提供了一种全新的视角和新的路径。

第一节　高校教师人力资源管理的理论基础

一、高校教师人力资源的含义

高校教师人力资源是从事高校教学科研等工作的人力资源的总和，具体指内化蕴含于教师身上的体质、智质、知识、能力素养、经验、德行等的总和。❶ 高校教师人力资源是推动高校发展的至关命脉，对促进高校的竞争力乃至促进国家社会经济的发展有重大作用。

高校教师人力资源不同于一般人力资源，其内容包括以下两个方面。

其一，高校教师人力资源是由高校内外部教师人力总和组成的。相对于外部教师人力资源，高校内部教师人力资源是高校教师人力资源的主体，而高校外部人力资源（如兼职或短期聘任教师）是高校教师人力资源必要的补充。本书主要研究高校内部教师人力资源，即属于高校正式编制并享有编制待遇的这一类高校教师。

---

❶ 艾小平. 我国当前高校教师人力资源管理的研究［D］. 武汉：华中师范大学，2006.

其二，高校教师人力资源是高校"教学"和"科研"的核心。不同类型和不同规模的高校，教师的分类有多种划分，有的高校有只担任科研的教师，也有同时担任科研和教学的教师，还有只担任教学工作的教师，而其中担任教学和科研工作的教师的比重也可能有所不同。本书所研究的高校教师人力资源主要针对高校中既担任教学任务又承担科研项目的"双肩挑"教师。

二、高校教师人力资源管理的含义

高校教师人力资源管理的定义通常是指高校作为组织主体采用现代人力资源管理理念对高校教师人力资源这一客体进行合理地配置、调控、整合、开发等一系列科学管理的总称。[1] 在高校教师人力资源管理这个大范围内，囊括众多活动过程，包含教师队伍的战略规划、招聘任用、绩效评价、培育培养、薪酬激励等。[2] 高校教师人力资源管理主要包含以下两层意思。

一是从发展的角度来看，高校教师人力资源管理不仅是对教师正常工作内容的事务性管理，更应关注高校教师自身能力素质的提高，包括身体素质、专业能力素质、道德品质等潜在能力的提高。高校要获取高校教师最佳的人力资源，就必须把长远目光放在教师内功的修炼上，才能不断促进高校教师人力资源管理的发展。

二是从内容的角度来看，高校教师人力资源管理囊括了对高校教师资源挖掘、开发、使用、培训、管理等一系列相关的活动总和，每一个过程之间有着紧密的联系，它们之间相互影响，相互制约，只有同时把每项工作做好，才能使高校教师人力资源管理顺利开展。

三、高校教师人力资源的特征

高校教师是一类比较特殊的工作群体，这类群体通常外在表现为学历高、有着专业的基础知识，内在表现为在意自我价值的实现，较之一般群体更加追求精神激励，有以下 4 点独有的特征。

---

[1]　海洁. 高校教师人力资源管理研究［D］. 天津：天津师范大学，2004.
[2]　曹厉双. 新时期我国高校教师人力资源管理研究［D］. 天津：天津工业大学，2007.

（一）优质性

知识经济的今天，高校教师的劳动价值更多体现在智能性、创新性和创造性上，他们能够做一些工作专业性很强、工作成果超于一般群体的工作，这种工作又有很强的不可替代性。正是因为高校教师身上所具备的这种的特殊创意和独特才华，他们才体现出与众不同的优质性。❶

（二）激励性

高校教师人力资源由于其优质性，根据马斯洛需要层次理论，大部分高校教师的精神需求占整个需求的主导地位。他们善于发挥自己的主观能动性，对于社会评价比较敏感，他们渴望自己的劳动成果和社会地位得到大家的尊重和认可。他们追求自我提高的精神内驱力，促使他们将挑战性的工作看作自我实现、自我满足的方式。

（三）时效性

高校教师人力资源的使用具有时效性，如果"储而不用"就会使教师人力资源价值逐步减退，在使用过程中也会存在逐渐损耗和退化的现象。❷ 高校教师人力资源部门应注重对教师人力资源时效性的使用，把握好使用时间，使其为高校创造更多的价值。

（四）流动性

在经济迅猛发展的今天，高校教师作为"理性的经济人"，有权利选择去追求利益最大化。由于其自身具有的优势人力资本，因此对于工作的选择余地较大。如果一旦发现自己的付出与收获严重不成正比，或者学校的人力资源管理不利于自身发展的情况，他们就会主动选择流动到更适合自己的组织环境中去。

第二节　高校教师人力资源管理现状分析

随着高校的不断发展，高校教师人力资源越来越受到重视，高校逐渐注重对教

---

❶ 靳云全，龙艳. 关于高校教师人力资源开发与管理的思考［J］. 理论界，2005（5）：233-234.
❷ 周小情. 浅析高校教研人员的劳动特征［J］. 现代农业科学，2008（4）：118-120.

师人力资源的开发与管理，分别建立了高校人力资源考核和监控体系，在某种程度上促进了高校教师的人力资源管理，使得高校教师人力资源的存量与质量都显著提高。但是，随着国际竞争日渐激烈，高等教育需求快速增长，我国高校教师人力资源管理与发达国家同类指标相比还存在差距，尤其在高校教师的选聘任用、绩效考评和薪酬管理人力资源实际管理过程中仍然存在着以下比较突出的问题。

一、选聘任用方面

（一）重学历、轻能力，缺乏教师引进的价值性

俗话说有什么样的价值意识，就会作出什么样的行动。一些高校在教师招聘中为保证引进教师的基本素质，最主要、最硬性的规定都是学历、职称等方面的要求，其中有海外留学经历的更是受到热捧。部分高校片面地以高学历、高职称与高素质、能力强画等号，使"唯学历"成为高校教师引进工作中的最大观念障碍。

通常高校在招聘中没有针对不同岗位设置不同的考试形式和考试内容，缺乏科学的人才测评手段，不能全面、整体把握应聘者的专业知识、工作能力、综合素质。一味追求学历层次高、面试口头表达强的"显才"，忽视对应聘教师实际工作能力、专业技能和发展潜力进行全面综合审慎的考察，导致一些有真才实学、业绩突出、发展潜力强，但学历不是特别高、职称稍低的人才被拒之门外。学历水平的高低、是否有海外经历也许会影响整个人的视野，但是如果高校招聘的岗位是一个学历一般、能力很强的教师就能完全胜任的，高校为什么为这些高学历、留学经历的教师来多支付报酬，白白增加人力资源的成本？也许会有人认为现在就业压力大，免不了一些人迫于竞争压力屈就这个岗位，能接受高校提供的薪酬，但是当其真正进入工作岗位的时候，面对工资与学历的悬殊，难免会产生消极懈怠心理。高校追求高学历人才，却将其放于低价值岗位上。长此以往，由于教师对工作失去热情和动力，在这个岗位上所产生的价值会越来越缩水，不利于学校的长期发展。所以部分高校在教师招聘中缺乏人才引进的价值意识，将会直接影响到整个高校的长远发展。

（二）重引进、轻使用，缺乏教师任用的效益性

通过招聘把教师引进高校的目的在于发挥教师的价值，使其为高校作出应有

的贡献。但是部分高校花费大量的时间、精力、金钱引进所谓的"人才"之后，却在如何使用这些"人才"的问题上缺乏长远规划的价值效益意识，只是把引进的所谓高学历有背景的"人才"当招牌，或大材小用或另作他用，有的甚至闲置不用，对高层次教师人才使用存在着随意性和无序性，缺乏科学的任用规划，造成了高校教师人力资源的闲置浪费，使得高校教师人力资源的价值大幅降低，凸显出高校在教师任用方面的效益观念意识淡薄。

一般来说，高校教师要在适合自己的岗位上才能发挥自己的价值，并为高校创造成果。但是，我们常看到这样的现象，高校教师一旦被录用，很可能一直就在这个岗位上持续工作，然而这些按"要求"引进高校的教师无法"如约"发挥效用的情况却时常发生，因为人岗匹配不佳，导致高校花功夫引进的教师不能结合自己的特长和优势进行价值的创造。这使得高校在人才使用中陷入一方面在不断增加人才引进力度而另一方面引进人才却难尽其用的困境，高校教师特征中的自我激励性也会在不合适岗位与自己的专长不能发挥的矛盾中逐渐磨灭。人们常说企业用人是要讲求效益的，而高校作为技术和知识密集型的一种"特殊"企业在寻求发展壮大时，必须关注合理使用教师人力资源给自身带来的效益，避免高校教师学非所用或者用非所长或者闲置不用，造成高校教师人力资源的浪费和损失。

（三）重眼前、轻未来，缺乏教师规划的战略性

高校教师人力资源的引进、任用、培养是一个战略问题，科学有序的教师人力资源培养和使用等配套的管理体系作保障是高校在激励竞争中的制胜法宝，因此，高校在引进教学及科研急需的教师同时，必须对高校教师的长期发展进行战略思考。但是，现在一些高校在整个教师招聘、任用、培养的周期过程中缺少长期战略性的考虑，在制定教师引进、任用培养计划时主要以短期性、权宜性、功利性计划为主，对战略性、长期性的计划缺乏重视。

由于教师人力资源没有科学的长期发展规划和战略目标，因而一些高校一方面对待某些能力强、素质高的人才时只要不能为当务之急的目标服务就弃之不用或随意乱用，造成一边人才紧缺一边人才浪费的怪圈；另一方面，为了稳定高校教师队伍，限制教师人力资源的自我发展空间，造成流动渠道不畅，使高校教师人力资源难尽其用。主要表现为：以岗位配置为目标，高校教师上岗后，基本是

一岗定终身，教师想调换岗位或部门在高校来说是件十分困难且复杂的事，有真才实学的教师没有自由支配其劳动的权利且升迁渠道不畅通，尤其是中青年教师都向往有新鲜感和挑战性的岗位，"从一而终"的职位会影响其积极性和创造性，使得原有教师队伍出现浮动，造成紧缺人才引不进、高层次人才留不住、留住的人才却又用不上的恶性循环。

二、绩效考评方面

（一）重定性、轻定量，缺乏考评指标的科学性

高校教师绩效考评是高校改革和发展的关键，也是对其进行科学人力资源管理的首要环节。由于高校教师工作具有难以有效计量的特点，高校教师绩效考评很难制定一个比较客观的考评指标。再者，因为各高校的历史、定位、师资等存在较大差异，因此，研究型、研究教学型、教学研究型、教学型等不同类型的高校对于教师考评的侧重点也应有所不同。

目前大多数高校对教师的绩效考评主要有两种方式，第一种是采用年度总结进行民主评议，这种考评方法主观性强，由于缺乏客观的量化的考评指标，过于笼统地把教师绩效考评分为"优秀、称职、不称职"几个等级，不能反映出教师的真实成绩，失去进行绩效考评的本意。第二种是采用《事业单位工作人员考核暂行规定》的办法，从德、能、勤、绩、廉五个方面来评价教师，并提出了考评的重点。但绩效考评指标体系的不足之处主要表现为绩效考评内容过于宽泛、考评指标模糊不全面、考评分类不科学、考评过程难以监督等问题；❶ 考评中过于强调定性，定量评价不足，缺乏科学性的量化指标；部分高校在自行制定考评标准时随意性强，不注意广泛征求各方面意见就无法制定出比较客观的考评标准，使得高校教师绩效考评的具体操作变得极为困难，教师绩效考评实质成为一纸空谈，没有真正对教师起到以评促优、有效激励的作用。

（二）重形式、轻过程，缺乏考评实施的公正性

一般来说，高校对教师进行绩效考评的目的是将考评结果作为对教师进行奖

---

❶ 张音，张国杰. 高校教师人力资源管理中存在的问题及解决对策 [J]. 北方经贸，2005（9）：124–125.

惩或职务晋升的依据。公正的考评结果对调动教师工作的积极性，进而提高高校教学质量起着至关重要的作用。而在现实应用中，高校教师考评的形式花样百出，如为了评优而进行考评，考评等于评比，评比的目的就是为了奖金的分配，教师考评成了利益分配的工具，考评只注重结果而忽略考评过程等，完全失去考评对鉴定教师业绩、有效激励教师工作的意义。

有的高校在考评时采取发发文件、开开会、填填表格、举举手、投投票的形式主义，评选优秀时不管三七二十一，全部采用无记名投票，简单地按照票数的高低确定"优秀"，一些平日社交能力强、人际关系广但工作能力并不突出的教师常常被评为优秀，而真正工作能力强却不善社交者往往与优秀无缘，长此以往极易挫伤有实力教师的工作热情，而造成同事之间为了优秀的考评结果相互恶性竞争，引起各种矛盾激化进而影响部门的内部团结。还有的高校绩效考评优秀人数的多少是各科室按人数比例来确定，为了缓和矛盾，常采用大家轮番坐庄的平均主义来执行。这样的方式常导致工作表现等各方面出色的教师因为评优指标的限制而无法获得优秀，从而影响其将来的职称评定等相关评比，反正干好干坏都差不多，久而久之这部分教师难免会丧失工作热情，这种绩效考评体系对教师的激励作用可想而知。高校教师绩效考评存在的这些问题明显暴露出整个考评缺乏监督，随之也带来考评公正性的缺失。

（三）重结果、轻反馈，缺乏考评结果的应用性

高校教师绩效考评的结果不是奖金多寡的分配工具，而是通过考评结果中所包含诸多与教师教学科研发展相关的信息，对于表现优秀的教师给予奖励，以激励其在今后工作中继续努力；对于结果欠佳的教师以警醒目的，帮助其认识到自己在前一阶段教学科研工作中的不足来加以改进。

在现实中，部分高校对于教师绩效考评只看重结果的优劣，而在考评反馈的深度和广度的力度较弱。缺乏对考评结果的原因分析，直接把绩效考评的结果由职能部门发放到各个系部，除了对优秀教师给予奖励，未对大多数人采取任何措施，考评结果沦为"发奖金、走过场"。有些高校会依据绩效考评结果对教师进行简单排序，然后告知落后的部分教师，由于信息反馈过于笼统，没有将完整详细的考评结果直接反馈给排名倒数的教师，加之相关负责部门也很少与这些教师

面谈探讨并帮助其制定切实可行的工作改进计划，为下一阶段的教学科研提供建议，教师对于自己哪些方面做得好及哪些方面做得不好不得而知，更不用说在相关负责部门的指导下有针对性地改进绩效了。高校把教师绩效评价结果只应用于奖惩的方法，忽略了对教师个人的职业目标及职业发展的关注，使得绩效评价只能对部分教师发挥短期激励作用，并不能成为促进教师努力工作、实现自我发展的长期有效的激励手段。高校在绩效考评中浪费了人、财、物等资源后，没有达到预期的激励目的，挫伤了部分教师的工作积极性，使教师不再主动、积极地参加绩效考评，最终使绩效评价流于形式成为美丽的空中楼阁。

三、薪酬管理方面

（一）重资历、轻贡献，缺乏薪酬管理的针对性

目前，高校教师的工资主要采取以国家工资为主，校内津贴、地方性津贴与福利收入相结合的分配方式，并以教师的职称和级别作为分配依据。教师职称和级别一般都是以教师工作年限来定，收入根据助教、讲师、副教授、教授不同等级来分配，不同级别收入也有所区别。

高校薪酬管理是以职务等级为主，不与教学和科研成果挂钩，教师个人贡献也没有考虑进去。其中职称和工作年限是影响教师薪酬的主要因素，教师津贴基本也是根据职务和级别发放。教师的薪酬取决于个人职务或职称的提升，而不是能力的提高，没有体现优劳优酬、动态管理、淡化身份的作用。[1] 而且每个等级的薪酬水平是不一样的，级别相差就代表收入悬殊，一个教授与刚参加工作被评为助教的老师之间的收入差距令人咋舌。"评职称就是评待遇""能上不能下""职务终身"等思想在高校教师中根深蒂固，即便某位青年教师各方面能力达到较高水平，因为高校内部没有空缺的职位或其工作年限没有达到晋升的标准，就没办法获得相应的薪酬。

长此以往，部分老师就会产生心理上的不公平，采取减少对工作的投入和责任心等一些消极应对措施，直接后果就是造成在岗位上没有发挥或不愿发挥自己最大

---

❶ 李军波，游慧彬，孟立春. 我国高校教师绩效评估存在的问题及其对策分析 [J]. 科技创业月刊，2009（12）：120-121.

的价值，使教师人力资源功能大大弱化，从而影响高校的持续发展力和竞争力。

（二）重短期、轻配套，缺乏薪酬使用的目的性

我国高校的薪酬体系主要由经济性报酬（外在薪酬）和非经济性报酬（内在薪酬）组成。外在薪酬指的是基本工资、奖金、福利等看得见、摸得着的短期经济报酬；内在薪酬指的是涵盖培训、进修、深造，甚至是工作环境等间接的长期隐形回报。❶

目前，我国高校薪酬管理侧重于短期的经济性报酬，缺乏对内在报酬的关注和具体实施。薪酬管理的目的是让教师在自己的岗位上发挥最大价值，而短期外在的薪酬体系只能对高校教师起到临时的激励作用，一旦过了一个时效，这种激励作用很快就会减少甚至消失。高校教师作为高素质的劳动力人群，在满足一定的物质生活需求之后，更为看重的是精神需求，他们注重自我提升和发展，追求最大限度地实现自我。高校忽略对教师个人的职业目标及职业发展等内在薪酬体系的关注，会导致教师积极性受挫甚至造成高校教师流失，所以加强高校内在薪酬才是提高高校薪酬管理的根本之策。

（三）重高层、轻底层，缺乏薪酬激励的全局性

薪酬激励的目的是通过内外在薪酬的提高激发全体教师（教授、副教授、讲师、助教等）的工作积极性，使其更好地完成工作任务。但在现实中，高校设置的薪酬奖励的高指标更倾向于资历比较雄厚的老教师，而年轻教师由于各种条件限制，即便作出了很大贡献，由于没有达到相应的指标也很难得到相应的回报，失去了薪酬激励全局的目的性。

在高校中，处于教授或副教授等高职级别的教师一般工资都远远超过青年教师，加之时常的走学、举办讲座等外快，薪酬激励对于其约束作用不大，而且其级别上升空间没有或者已经很小，所以干好干坏照样拿高工资，薪酬激励对于这一类教师的作用不大，没有起到真正的激励作用。相反，刚进入高校工作的高学历、能力强的年轻教师正处于创造力极强的时期，却很难独立争取到各级各类项目，虽然实际上作为主力参与了一些重大攻关项目的相关工作，作出不少成果，

---

❶ 徐蔡余. 高校教师绩效考核工作存在的问题及对策 [J]. 文教资料，2009（16）：167-169.

但很多时候只能作为"幕后工作者",最后的成绩也无法准确计量出来,只能象征性地获得一点点与付出极不成比例的报酬。加之青年教师的职称普遍都是助教、讲师等中低职,课时费相对高职比较少,各种条件限制拉大了与高职收入分配的差距,使他们得到的报酬与付出的劳动不成正比,容易造成他们心理不公平感,加之年轻气盛,容易冲动,低收入也会挫伤他们的自尊心,影响与同事的人际关系,从而他们会降低对工作的投入,继而影响工作效率,严重的甚至会自动离职,最终造成优秀人才的流失。

第三节　高校教师人力资源价值管理模型的建立

针对目前高校教师人力资源管理中存在的问题,将价值管理引入高校人力资源管理中,在对高校教师人力资源功能与成本分别进行界定的基础上,建立高校教师人力资源价值管理模型,分析高校教师人力资源管理实施价值管理的作用,并结合江苏省某高校教师人力资源管理实例,详细阐述其具体实施与应用。

一、高校教师人力资源的功能界定

高校教师人力资源的功能分析是整个高校教师人力资源价值管理的核心内容。高校教师人力资源的功能是指高校教师人力资源为高校提供效用的能力,即高校教师人力资源的使用价值。本书主要分析高校教师对高校的功能及对他们所作出具体贡献的量化确定。

高校教师的使用价值具体体现在其素质能力、教学工作、科研工作和社会服务四个方面。

素质能力包括教师是否能够具备职业所要求的政治思想身心等基本素质,以及胜任其岗位所需要的知识储备和能力等专业素质两个方面,其内容包括思想政治表现、职业道德、专业技术水平和效果等。

教学工作和科研工作是指教师在教学和科研过程中所表现出来的整体效果。教学和科研作为教师的主要工作职责,授课、科研的工作量和效果是计算高校教师的使用价值的重要数据。

社会服务是高校教师社会实践能力的体现，具体表现为教师在社会上的兼职，以及由此吸引的横向经费等，能够全面反映每位教师全年的工作业绩。

每位教师对学校的贡献是不同的，这就需要量化他们对学校的功能。由于职位的不同，对其进行量化不能一概而论，应根据各自工作的不同特点设计功能指标体系，采用层次分析法确定各个功能指标的权重，最终利用模糊综合评判法计算高校教师人力资源功能值（见图11-1）。

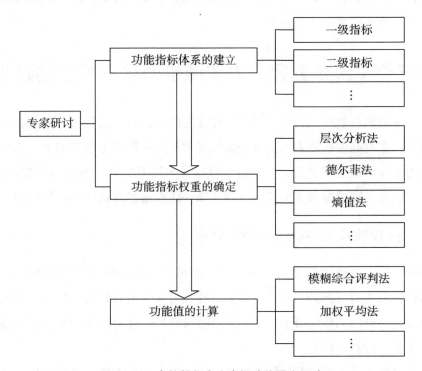

图11-1 高校教师人力资源功能界定思路

（一）功能指标体系的建立

由于高校教师的使用价值体现在基本素质、教学工作、科研工作和社会服务四个方面，故将其功能指标体系划分为4个一级指标，即基本素质、教学工作、科研工作、社会服务（见图11-2）。

高校教师的基本素质是高校教师担任教师职责所应具备的入门准则，高校教师必须具备良好的思想道德素质和满足职业道德所规定的基本要求，同时要具备广博的通用知识和过硬的专业能力，同时敏捷的逻辑思维能力及良好的沟通表达能力等都应涵括在内。通过对高校教师职业特点分析和归纳总结，可将基本素质的一级指标划分为三个二级指标——专业能力、业务知识和道德素质（见图11-3）。❶

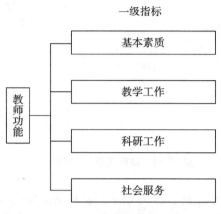

图11-2　教师功能一级指标

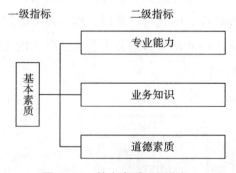

图11-3　基本素质二级指标

　　教学工作是高校教师工作职责的重要组成部分，合理评价教师的教学能力、教学效果及教学工作量能激励高校教师的工作积极性，综合相关专家对整个教学过程中的主要环节进行分析的意见，将教学工作一级指标划分为教学数量和教学质量两个二级指标，其中教学质量可划分为教学态度、教学内容、教学方法、授课效果四个三级指标（见图11-4）。

---

❶ 门志国. 高校教师绩效考核体系研究［D］. 哈尔滨：哈尔滨工程大学，2007.

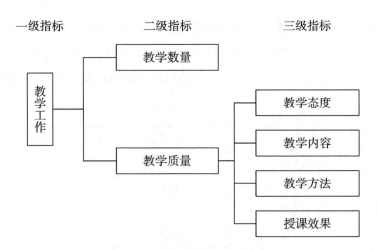

图 11-4　教学工作的指标体系

　　高校教师既担任教学工作，同时也承担着科研工作的任务。教师科研能力的强弱作为界定高校教师人力资源功能大小的关键，合理进行科研指标的选取尤为重要，关系着能否公正公平地评估高校教师的科研成果，最终直接影响高校教师人力资源价值考评的准确性。因此可将科研工作一级指标划分为科研数量、科研质量两个二级指标，其中科研质量可划分为获奖情况、论文情况、论著出版情况3个三级指标（见图 11-5）。

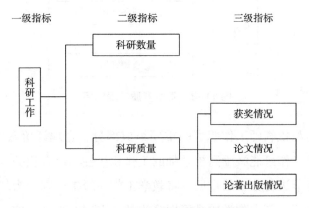

图 11-5　科研工作的指标体系

　　随着高校职能的不断扩充，参与社会服务也是高校教师所应担当职责的一部分。高校教师由于自身独特的工作性质，社会服务的参与类型也纷繁多样，结合国内各高校在绩效考评社会服务方面的实施方法，将社会服务一级指标划分为社会兼职、服务效果两个二级指标（见图11-6）。

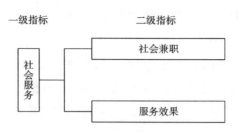

图 11-6　社会服务的指标体系

在分析教师功能一级、二级和三级指标的基础上，建立教师功能指标体系（见图11-7）。

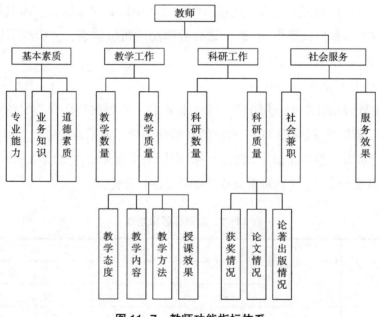

图 11-7　教师功能指标体系

（二）　功能指标权重的确定

由于建立的教师功能指标体系是一种阶梯层次结构，反映功能的指标体系就是将多层次、多角度的定量指标和定性指标结合起来，从而达到准确计算高校教师人力资源功能的目的。因此，考虑的指标有轻有重，在分析、比较、判断、评价、决策时，这些指标的重要性、影响力或者优先程度往往难以量化。为保证高校教师人力资源功能计算的客观性和公正性，在此采用层次分析法进行不同级别各个功能指标的权重的分配。

层次分析法的本质是把决策规划过程中定性分析与定量分析有机地结合起来用一种统一方式进行优化处理。[1] 它的优点在于需要的分析数据量较少，而且能使分析人员的分析思路通过系统数学模型化的方式通过不同权重准确地表达出来。

运用层次分析法计算教师功能指标权重，确定下层指标对上层指标的权重计算大体可分为两个步骤。首先，在对研究对象指标结构层次模型进行分析的基础上，需要各方专家通过综合研讨，先对同一层次的各个指标对上一层次中某一指标的重要性进行两两比较，构造两两比较判断矩阵；然后，由判断矩阵计算被比较元素对于该指标的相对权重，通过不同层次间指标的权重综合，确定最底层功能指标相对总目标的权重[2]。在此，结合教师功能指标体系，分析利用层次分析法确定其指标权重的计算过程。

1. 构造判断矩阵

判断矩阵表示针对上一层次某一个指标而言，本层次与之有关的各指标之间的相对重要程度。[3] 根据图 11-7 所示的教师功能指标体系，构造如下判断矩阵。

①对于总目标教师功能 U 而言，一级指标基本素质 U_1、教学工作 U_2、科研工作 U_3、社会服务 U_4 的相对重要程度如表 11-1 所示。

表 11-1　总目标教师功能

U	U_1	U_2	U_3	U_4
U_1	r_{11}	r_{12}	r_{13}	r_{14}
U_2	r_{21}	r_{22}	r_{23}	r_{24}
U_3	r_{31}	r_{32}	r_{33}	r_{34}
U_4	r_{41}	r_{42}	r_{43}	r_{44}

[1] 李无为. 层次分析法简介 [J]. 学校卫生, 1989 (4)：26-29.

[2] 王波，徐光华，文卫国. 人力资源价值的模糊计量方法 [J]. 重庆商学院学报, 2001 (2)：34-35.

[3] 徐泽水. 模糊互补判断矩阵排序的一种算法 [J]. 系统工程学报. 2001, 16 (4)：311-314.

②对于一级指标基本素质 U_1 而言，二级指标专业能力 U_{11}、业务知识 U_{12}、道德素质 U_{13} 的相对重要程度如表 11-2 所示。

表 11-2　一级指标基本素质

U_1	U_{11}	U_{12}	U_{13}
U_{11}	$r_{11}^{(1)}$	$r_{12}^{(1)}$	$r_{13}^{(1)}$
U_{12}	$r_{21}^{(1)}$	$r_{22}^{(1)}$	$r_{23}^{(1)}$
U_{13}	$r_{31}^{(1)}$	$r_{32}^{(1)}$	$r_{33}^{(1)}$

③对于一级指标教学工作 U_2 而言，二级指标教学数量 U_{21}、教学质量 U_{22} 的相对重要程度如表 11-3 所示。

表 11-3　一级指标教学工作

U_2	U_{21}	U_{22}
U_{21}	$r_{11}^{(2)}$	$r_{12}^{(2)}$
U_{22}	$r_{21}^{(2)}$	$r_{22}^{(2)}$

其中，对于二级指标教学质量 U_{22} 而言，三级指标教学态度 U_{221}、教学内容 U_{222}、教学方法 U_{223}、授课效果 U_{224} 的相对重要程度如表 11-4 所示。

表 11-4　二级指标教学质量

U_{22}	U_{221}	U_{222}	U_{223}	U_{224}
U_{221}	$r_{11}^{(22)}$	$r_{12}^{(22)}$	$r_{13}^{(22)}$	$r_{14}^{(22)}$
U_{222}	$r_{21}^{(22)}$	$r_{22}^{(22)}$	$r_{23}^{(22)}$	$r_{24}^{(22)}$
U_{223}	$r_{31}^{(22)}$	$r_{32}^{(22)}$	$r_{33}^{(22)}$	$r_{34}^{(22)}$
U_{224}	$r_{41}^{(22)}$	$r_{42}^{(22)}$	$r_{43}^{(22)}$	$r_{44}^{(22)}$

④对于一级指标科研工作 U_3 而言，二级指标科研数量 U_{31}、科研质量 U_{32} 的相对重要程度如表 11-5 所示。

表 11-5　一级指标科研工作

U_3	U_{31}	U_{32}
U_{31}	$r_{11}^{(3)}$	$r_{12}^{(3)}$
U_{32}	$r_{21}^{(3)}$	$r_{22}^{(3)}$

其中，对于二级指标科研质量 U_{32} 而言，三级指标获奖情况 U_{321}、论文情况 U_{322}、论著出版情况 U_{323} 的相对重要程度如表 11-6 所示。

表 11-6　二级指标科研质量

U_{32}	U_{321}	U_{322}	U_{323}
U_{321}	$r_{11}^{(32)}$	$r_{12}^{(32)}$	$r_{13}^{(32)}$
U_{322}	$r_{21}^{(32)}$	$r_{22}^{(32)}$	$r_{23}^{(32)}$
U_{323}	$r_{31}^{(32)}$	$r_{32}^{(32)}$	$r_{33}^{(32)}$

⑤对于一级指标社会服务 U_4 而言，二级指标社会兼职 U_{41}、服务效果 U_{42} 的相对重要程度如表 11-7 所示。

表 11-7　一级指标社会服务

U_4	U_{41}	U_{42}
U_{41}	$r_{11}^{(4)}$	$r_{12}^{(4)}$
U_{42}	$r_{21}^{(4)}$	$r_{22}^{(4)}$

r_{ij}、$r_{ij}^{(1)}$、$r_{ij}^{(2)}$、$r_{ij}^{(22)}$、$r_{ij}^{(3)}$、$r_{ij}^{(32)}$、$r_{ij}^{(4)}$、通常取 1，2，3，…，9 及它们的倒数，以 r_{ij} 为例，其含义如表 11-8 所示。

表 11-8　判断矩阵标度和含义

标度	含义	标度	含义
$r_{ij}=1$	表示 U_i 与 U_j 重要性相同	$r_{ij}=9$	表示 U_i 与 U_j 绝对重要
$r_{ij}=3$	表示 U_i 与 U_j 稍微重要一点	$r_{ij}=2,4,6,8$	上述相邻两个判断的中间值
$r_{ij}=5$	表示 U_i 与 U_j 明显重要	倒数($1/r_{ij}$)	因素 U_i 与 U_j 比较得判断 r_{ij}，则因素 U_j 与 U_i 比较得判断 $r_{ji}=1/r_{ij}$
$r_{ij}=7$	表示 U_i 与 U_j 强烈重要	—	—

显然，任何判断矩阵都应满足 $r_{ii}=1$ 和 $r_{ij}=1/r_{ji}$（i，j=1，2，3，4，5）。因此，若对于 n 阶判断矩阵，我们仅需要对 n（n-1）/2 个矩阵元素给出数值。

2. 层次单排序的特征根法

所谓层次单排序是指，根据判断矩阵计算对于上一层某指标而言，本层次与之有联系的指标重要性次序的权值。[1] 它是本层次所有指标相对上一层次而言的重要性进行排序的基础。

层次单排序可以归结为计算判断矩阵的最大特征根和特征向量问题，以判断矩阵 $\boldsymbol{R}=$（r_{ij}）$_{4×4}$ 为例[2]，计算 $\boldsymbol{R}$ 的最大特征根 λ_{max} 及其对应的特征向量 $\boldsymbol{W'}=$（w_1，w_2，w_3，w_4）$^\mathrm{T}$，则 $\boldsymbol{W}=$（w_1，w_2，w_3，w_4）作为各指标的权值。本书采用方根法进行计算，判断矩阵 $r_{ij}^{(1)}$、$r_{ij}^{(2)}$、$r_{ij}^{(22)}$、$r_{ij}^{(3)}$、$r_{ij}^{(32)}$、$r_{ij}^{(4)}$ 的计算方法与其相同。

①R 的元素按行相乘，得

$$w'_i = \prod_{j=1}^{4} r_{ij} \quad (i = 1,2,3,4) \tag{11-12}$$

②所得的乘积分别开 4 次方，得

$$\overline{w_i} = \sqrt[4]{w'_i} \quad (i = 1,2,3,4) \tag{11-13}$$

③将方根向量归一化

$$w_i = \frac{\overline{w_i}}{\sum\limits_{i=1}^{4} \overline{w_i}} \tag{11-14}$$

式中，$\boldsymbol{W}_i$ 为特征向量 $\boldsymbol{W'}$ 的第 i 个分量。

④计算最大特征根 λ_{max}

$$\lambda_{max} = \frac{1}{4} \sum_{i=1}^{4} \frac{(Rw')_i}{w_i} \tag{11-15}$$

式中，$(Rw')_i$ 为（Rw'）的第 i 个分量。

3. 判断矩阵一致性检验

对于 n 阶判断矩阵的一致性检验，其一致性指标 CI 定义为

---

[1] 谢承华. AHP 及其应用 [J]. 兰州商学院学报，2001，17（2）：79-82.

[2] 赵玮，岳德权. AHP 的算法及其比较分析 [J]. 数学的实践与认识，1995（1）：25-46.

$$CI = \frac{\lambda_{\max} - n}{n - 1} \qquad\qquad (11 - 16)$$

显然，当判断矩阵具有完全一致性时，CI=0。$\lambda_{\max} - n$ 越大，CI 越大，矩阵的一致性愈差。为了检验判断矩阵是否具有满意的一致性，需要将 CI 与平均随机一致性指标 RI 进行比较。[1] 对于 1~9 阶矩阵，RI 值如表 11-9 所示。

表 11-9　1~9 阶矩阵的平均随机一致性指标[2]

阶数	1	2	3	4	5	6	7	8	9
RI	0.00	0.00	0.58	0.90	1.12	1.24	1.32	1.41	1.45

按照我们对判断矩阵所下的定义，1 阶、2 阶判断矩阵总是完全一致的。当阶数大于 2 时，判断矩阵的一致性指标 CI，与同阶平均随机一致性指标 RI 之比称为判断矩阵的随机一致性比例，记为 CR，当 CR=CI/RI<0.10 时，判断矩阵具有满意的一致性，否则就需要对判断矩阵进行调整。[3]

因此，对于 4 阶判断矩阵 $\boldsymbol{R} = (r_{ij})_{4\times4}$，其一致性指标则为 $CI = \frac{\lambda_{\max} - 4}{3}$。同理可计算出指标 U_1 中各元素的权重，记作 $W^{(1)} = (W_1^{(1)}, W_2^{(1)}, W_3^{(1)})$；指标 U_2 中各元素的权重，记作 $W^{(2)} = (W_1^{(2)}, W_2^{(2)})$；指标 U_{22} 中各元素的权重，记作 $W^{(22)} = (W_1^{(22)}, W_2^{(22)}, W_3^{(22)}, W_4^{(22)})$；指标 U_3 中各元素的权重，记作 $W^{(3)} = (W_1^{(3)}, W_2^{(3)})$；指标 U_{32} 中各元素的权重，记作 $W^{(32)} = (W_1^{(32)}, W_2^{(32)}, W_3^{(32)})$；指标 U_4 中各元素的权重，记作 $W^{(4)} = (W_1^{(4)}, W_2^{(4)})$。

（三）功能值的计算

确定了教师的功能指标体系权重之后，就需要对这些指标进行量化，以计算功能值。由于教师的功能指标体系涉及因素众多，对于能够通过客观量化的指标，如教学工作量、科研成果数量、吸引的横向经费等，应有明确的数量标准进

---

[1]　张吉军. 模糊层次分析法 [J]. 模糊系统与数学，2000，14 (2)：90-88.

[2]　姚胜，刘荣祥. 对影响开发商决策因素的模糊分析 [J]. 扬州大学学报（自然科学版），2002 (3)：65-68.

[3]　张吉军. 模糊层次分析法 [J]. 模糊系统与数学，2000，14 (2)：90-88.

行评价。对于难以量化的指标如基本素质、专业素质、教学过程等具有较强的模糊性，可以用"优秀""良好""一般""较差""差"等等级概念来进行评价。模糊综合评判法就是应用模糊变换原理和模糊数学的基本理论——隶属度或隶属函数来描述中介过渡的模糊信息量，将专家定性的评价转换为定量的分数，考虑与评价事物相关的各个因素，浮动地选择因素阈值，做比较合理的划分，通过传统的数学方法进行处理，从而科学地得出计算结果。❶ 因为该方法能够避免因人为主观判断差异而造成教师指标体功能值难以量化等问题，因此，采用模糊综合评判法来计算高校教师的功能是可行的。

根据教师功能指标体系的特点，由于需考虑的指标较多，且指标之间具有层级关系，因此采用三级模糊综合评判模型。首先，针对功能指标体系中的三级指标分别作出三级指标模糊综合评判，然后再利用评判的结果进行一、二级指标的模糊综合评判，最终得到综合模糊评判的结果。

在此，根据以下教师功能指标体系的具体细则来进行专家评判，对于教师基本素质的三个二级指标："专业能力"以职务职称来衡量，分为助教、讲师、副教授、教授四个等级评判；"业务知识"以学历学位来衡量，分为本科以下、本科、硕士、博士四个等级评判；"道德素质"以工作测评来衡量，专家可以根据由直属领导、同事、本人等共同对教师具体表现的评价进行优秀、良好、合格、不合格四个等级的评判。

对于教学工作的两个二级指标："教学数量"以课时量来计算，分为低于标准工作量、满足基本工作量、超出基本工作量20%、超出基本工作量50%以上四个等级评判；"教学质量"可结合学生测评和督导考评的结果分别从教学态度、教学内容、教学方法、授课效果四个三级指标进行优秀、良好、合格、不合格四个等级的综合评价。

对于科研工作的两个二级指标："科研数量"以教师获得各类纵向科研项目数来衡量，分为校内科研项目数量、省（部）级所属部门科研项目数量、省（部）级科研项目数量、国家级科研项目数量四个等级评判；"科研质量"分别

---

❶ 刘希宋，张德明. 模糊数学在人力资源管理绩效评价中的应用研究 [J]. 商业研究，2003（5）：1-5.

从获奖情况、论文情况、论著出版情况三个三级指标来衡量，其中获奖情况以国家奖、省（部）级奖、省（部）级所属部门奖、校内奖四个等级评判，论文情况以三大检索、中文核心、一般杂志三个等级评判，论著出版情况以百佳出版社、其他出版社两个等级评判。

对于社会服务的两个二级指标："社会兼职"以兼职的重要程度来衡量，分为各级人大与政协兼职、各类企业兼职、各类学术社团兼职三个等级评判；"服务效果"以通过社会服务获得的各类横向科研经费来衡量，可根据不同学科类别（如理工科、医科、人文社科等）制定相应的标准进行评判。

下面根据教师各层级功能指标体系评定的具体标准，来分析利用模糊综合评判法量化功能指标的计算过程。

1. 三级指标模糊综合评判

（1）划分因素集 U

确定评判对象教师的影响因素集 U 为 $U = \{U_1, U_2, U_3, U_4\}$ 。

根据各因素的不同属性，将它们进一步分为以下子集，即 $U_1 = \{U_{11}, U_{12}, U_{13}\}$ ， $U_2 = \{U_{21}, U_{22}\}$ ， $U_{22} = \{U_{221}, U_{222}, U_{223}, U_{224}\}$ $U_3 = \{U_{31}, U_{32}\}$ ， $U_{32} = \{U_{321}, U_{322}, U_{323}\}$ ， $U_4 = \{U_{41}, U_{42}\}$ 。

这就是确定一级指标由哪些二级指标构成、二级指标由哪些三级指标构成的过程，前面教师的功能指标体系设计已经完成了这一步。

（2）确定定性抉择评语集 V ： $V = \{V_1, V_2, \cdots, V_n\}$

评语集目前主要有三级、五级、七级、九级评语集。等级数过大，判断等级归属不容易。等级数太小，模糊综合评判的质量要求又不符合。在此取 $V = \{V_1, V_2, V_3, V_4\} = \{$优秀，良好，合格，不合格$\}$ 。

（3）进行单因素评判，建立模糊关系矩阵 A

在构造了等级模糊子集之后，对各个三级指标进行单因素评判，得到三级指标对评语集的隶属度 $A(U_i)(i = 1, 2, \cdots, m)$ ，进而得到模糊关系矩阵 A 。模糊关系矩阵又称模糊变换器，可以表示为如下形式：

$$A = \begin{bmatrix} a_{11} & a_{12} & \cdots & a_{1j} & \cdots & a_{1n} \\ a_{21} & a_{22} & \cdots & a_{2j} & \cdots & a_{2n} \\ \vdots & \vdots & \ddots & \vdots & \ddots & \vdots \\ a_{i1} & a_{i2} & \cdots & a_{ij} & \cdots & a_{in} \\ \vdots & \vdots & \ddots & \vdots & \ddots & \vdots \\ a_{m1} & a_{m2} & \cdots & a_{mj} & \cdots & a_{mn} \end{bmatrix} \quad (0 \leqslant r_{ij} \leqslant 1, 1 \leqslant i \leqslant m, 1 \leqslant j \leqslant n)$$

(11 − 1)

其中，a_{ij} 为模糊集 U 中的因素集 U_i 对应 V 中的等级 V_j 的隶属关系，即三级指标对等级 V_j 的隶属关系。a_{ij}（$j = 1, 2, \cdots, n$）是对第 i 个因素 U_i 的单因素判断，它构成了模糊综合评判的基础。一个被评估对象在某个因素 U_i 方面的表现是通过模糊向量❶ $A(U_i) = (a_{i1}, a_{i2}, \cdots, a_{in})$ 来刻画的。

那么，二级指标 U_{22}，U_{32} 对应的模糊关系矩阵分别为

$$A^{(22)} = \begin{bmatrix} a_{11}^{(22)} & a_{12}^{(22)} & a_{13}^{(22)} & a_{14}^{(22)} \\ a_{21}^{(22)} & a_{22}^{(22)} & a_{23}^{(22)} & a_{24}^{(22)} \\ a_{31}^{(22)} & a_{32}^{(22)} & a_{33}^{(22)} & a_{24}^{(22)} \\ a_{41}^{(22)} & a_{42}^{(22)} & a_{34}^{(22)} & a_{24}^{(22)} \end{bmatrix}$$

(11 − 2)

$$A^{(32)} = \begin{bmatrix} a_{11}^{(32)} & a_{12}^{(32)} & a_{13}^{(32)} & a_{14}^{(32)} \\ a_{21}^{(32)} & a_{22}^{(32)} & a_{23}^{(32)} & a_{24}^{(32)} \\ a_{31}^{(32)} & a_{32}^{(32)} & a_{33}^{(32)} & a_{24}^{(32)} \end{bmatrix}$$

(11 − 3)

（4）确定评价因素的模糊权向量 W

$$W = \{w_1, w_2, \cdots, w_m\}$$

(11 − 4)

这一步是确定模糊权向量，即确定各三级指标在二级指标中的权重。前面功能指标权重的确定已经完成了这一步，在此不再叙述。

（5）选择合成算子，将 A 与 W 合成算出模糊综合评判结果向量 B

$$B = W \bigcirc A$$

(11 − 5)

---

❶ 苏为华. 多指标综合评价理论方法问题研究［D］. 厦门：厦门大学，2000.

A 中不同的行反映了不同等级高校教师功能指标从不同的指标细则对各个等级模糊子集的隶属度。用模糊权向量 W 将不同的行进行综合就可得到该评价事物高校教师功能从总体上来看对四个评价等级的隶属程度，即模糊综合评判结果向量 B。[1] 综合评判合成算子 "$\bigcirc$" 应当根据实际情况进行选取，这里选用 $M(.,+)$ 型，即 $b_j = \sum_{i=1}^{n} W_i a_{ij}$。该运算在综合评价中充分注意而又有区别地考虑到各因素的作用，但要注意权重向量 W 要做归一化处理。

因此，对应二级指标 U_{22}，U_{32} 的三级指标综合评判结果向量分别为

$$B^{(22)} = W^{(22)} \bigcirc A^{(22)} = (w_1^{(22)}, w_2^{(22)}, w_3^{(22)}, w_4^{(22)}) \bigcirc \begin{bmatrix} a_{11}^{(22)} & a_{12}^{(22)} & a_{13}^{(22)} & a_{14}^{(22)} \\ a_{21}^{(22)} & a_{22}^{(22)} & a_{23}^{(22)} & a_{24}^{(22)} \\ a_{31}^{(22)} & a_{32}^{(22)} & a_{33}^{(22)} & a_{24}^{(22)} \\ a_{41}^{(22)} & a_{42}^{(22)} & a_{34}^{(22)} & a_{24}^{(22)} \end{bmatrix} =$$

$$(b_1^{(22)}, b_2^{(22)}, b_3^{(22)}, b_4^{(22)}) \qquad\qquad (11-6)$$

$$B^{(32)} = W^{(32)} \bigcirc A^{(32)} = (w_1^{(32)}, w_2^{(32)}, w_3^{(32)}) \bigcirc \begin{bmatrix} a_{11}^{(32)} & a_{12}^{(32)} & a_{13}^{(32)} & a_{14}^{(32)} \\ a_{21}^{(32)} & a_{22}^{(32)} & a_{23}^{(32)} & a_{24}^{(32)} \\ a_{31}^{(32)} & a_{32}^{(32)} & a_{33}^{(32)} & a_{24}^{(32)} \end{bmatrix} =$$

$$(b_1^{(32)}, b_2^{(32)}, b_3^{(32)}, b_4^{(32)}) \qquad\qquad (11-7)$$

2. 二级指标模糊综合评判

同理，根据三级指标模糊综合评判得到的评判结果向量 $B^{(22)}$，$B^{(32)}$，则一级指标 U_1，U_2，U_3，U_4 对应的模糊关系矩阵分别为

$$A^{(1)} = \begin{bmatrix} a_{11}^{(1)} & a_{12}^{(1)} & a_{13}^{(1)} & a_{14}^{(1)} \\ a_{21}^{(1)} & a_{22}^{(1)} & a_{23}^{(1)} & a_{24}^{(1)} \\ a_{31}^{(1)} & a_{32}^{(1)} & a_{33}^{(1)} & a_{24}^{(1)} \end{bmatrix} \qquad\qquad (11-18)$$

---

[1] 邱东. 多指标综合评价方法 [J]. 统计研究，1990 (5)：43-51.

$$A^{(2)} = \begin{bmatrix} a_{11}^{(2)} & a_{12}^{(2)} & a_{13}^{(2)} & a_{14}^{(2)} \\ b_1^{(22)} & b_2^{(22)} & b_3^{(22)} & b_4^{(22)} \end{bmatrix} \qquad (11-19)$$

$$A^{(3)} = \begin{bmatrix} a_{11}^{(3)} & a_{12}^{(3)} & a_{13}^{(3)} & a_{14}^{(3)} \\ b_1^{(32)} & b_2^{(32)} & b_3^{(32)} & b_4^{(32)} \end{bmatrix} \qquad (11-10)$$

$$A^{(4)} = \begin{bmatrix} a_{11}^{(4)} & a_{12}^{(4)} & a_{13}^{(4)} & a_{14}^{(4)} \\ a_{21}^{(4)} & a_{22}^{(4)} & a_{23}^{(4)} & a_{24}^{(4)} \end{bmatrix} \qquad (11-11)$$

那么根据二级指标的权重 $W^{(1)}$、$W^{(2)}$、$W^{(3)}$、$W^{(4)}$，对应一级指标 U_1，U_2，U_3，U_4 的二级指标综合评判结果向量分别为

$$B^{(1)} = W^{(1)} \bigcirc A^{(1)} = (w_1^{(1)}, w_2^{(1)}, w_3^{(1)}) \bigcirc \begin{bmatrix} a_{11}^{(1)} & a_{12}^{(1)} & a_{13}^{(1)} & a_{14}^{(1)} \\ a_{21}^{(1)} & a_{22}^{(1)} & a_{23}^{(1)} & a_{24}^{(1)} \\ a_{31}^{(1)} & a_{32}^{(1)} & a_{33}^{(1)} & a_{24}^{(1)} \end{bmatrix} = (b_1^{(1)}, b_2^{(1)}, b_3^{(1)}, b_4^{(1)})$$

$$(11-12)$$

$$B^{(2)} = W^{(2)} \bigcirc A^{(2)} = (w_1^{(2)}, w_2^{(2)}) \bigcirc \begin{bmatrix} a_{11}^{(2)} & a_{12}^{(2)} & a_{13}^{(2)} & a_{14}^{(2)} \\ b_1^{(22)} & b_2^{(22)} & b_3^{(22)} & b_4^{(22)} \end{bmatrix} = (b_1^{(2)}, b_2^{(2)}, b_3^{(2)}, b_4^{(2)})$$

$$(11-13)$$

$$B^{(3)} = W^{(3)} \bigcirc A^{(3)} = (w_1^{(3)}, w_2^{(3)}) \bigcirc \begin{bmatrix} a_{11}^{(3)} & a_{12}^{(3)} & a_{13}^{(3)} & a_{14}^{(3)} \\ b_1^{(32)} & b_2^{(32)} & b_3^{(32)} & b_4^{(32)} \end{bmatrix} = (b_1^{(3)}, b_2^{(3)}, b_3^{(3)}, b_4^{(3)})$$

$$(11-14)$$

$$B^{(4)} = W^{(4)} \bigcirc A^{(4)} = (w_1^{(4)}, w_2^{(4)}) \bigcirc \begin{bmatrix} a_{11}^{(4)} & a_{12}^{(4)} & a_{13}^{(4)} & a_{14}^{(4)} \\ a_{21}^{(4)} & a_{22}^{(4)} & a_{23}^{(4)} & a_{24}^{(4)} \end{bmatrix} = (b_1^{(4)}, b_2^{(4)}, b_3^{(4)}, b_4^{(4)})$$

$$(11-15)$$

3. 一级指标模糊综合评判

一级指标模糊综合评判与二级指标模糊综合评判方法相同，由二级指标模糊综合评判得到的评判结果向量 $B^{(1)}$，$B^{(2)}$，$B^{(3)}$，$B^{(4)}$ 构成一级指标模糊综合评判的模糊综合关系矩阵：

$$B = [B^{(1)} \quad B^{(2)} \quad B^{(3)} \quad B^{(4)}]^{\mathsf{T}} = \begin{bmatrix} b_1^{(1)} & b_2^{(1)} & b_3^{(1)} & b_4^{(1)} \\ b_1^{(2)} & b_2^{(2)} & b_3^{(2)} & b_4^{(2)} \\ b_1^{(3)} & b_2^{(3)} & b_3^{(3)} & b_4^{(3)} \\ b_1^{(4)} & b_2^{(4)} & b_3^{(4)} & b_4^{(4)} \end{bmatrix} \quad (11-16)$$

根据一级指标的权重 $W = \{w_1, w_2, w_3, w_4\}$，综合评价教师对评语集 V 的评判结果向量为

$$C = W \bigcirc B = (w_1, w_2, w_3, w_4) \bigcirc \begin{bmatrix} b_1^{(1)} & b_2^{(1)} & b_3^{(1)} & b_4^{(1)} \\ b_1^{(2)} & b_2^{(2)} & b_3^{(2)} & b_4^{(2)} \\ b_1^{(3)} & b_2^{(3)} & b_3^{(3)} & b_4^{(3)} \\ b_1^{(4)} & b_2^{(4)} & b_3^{(4)} & b_4^{(4)} \end{bmatrix} = (c_1, c_2, c_3, c_4)$$

$$(11-17)$$

4. 对模糊评估结果处理

根据判定结果的信息清晰化的这一步，最终可以对评估对象作出判定。在实际工作中，对评估结果的分析处理方法很多，如最大隶属度判别标准、隶属度对比系数法等。也可选用如下模糊向量单值化方法，即根据实际情况赋予不同等级评语 v_i 规定的值 β_j，以隶属度 b_j 为权数，综合评分值可以计算为 $\beta = \sum_{j=1}^{n} b_j \beta_j / \sum_{j=1}^{n} b_j^k$，一般可取 $k=1,2$。在此取 $k=1$，那么教师的功能值 F 可通过式（11-18）计算得到：

$$F = \sum_{j=1}^{4} C_j \beta_j \quad (11-18)$$

其中，C_j 表示综合评价教师对评语集 V 的评判结果向量；β_j 表示对评语集 V 中不同等级评语 v_i 相应的赋值。

二、高校教师人力资源的成本界定

高校教师人力资源成本是指高校为获取教师人力资源从取得、维持和开发到离职整个人力资源寿命周期内所有费用之和，主要包括引入成本、使用成本、开发成本、离职成本四个部分。❶

---

❶ 王竹玲. 价值工程在西部高校人力资源管理中的应用 [J]. 商业时代, 2009 (11): 68-69.

（一）引入成本 C_{t1}

引入成本是指高校根据自身教师需求计划，为吸引和确定所需教师人力资源而发生的所有费用的总和。主要包括对教师人力资源进行调研、信息搜集、规划论证费用的研究成本；为吸引未来进入高校工作教师而开展招聘工作相关人员的工资、差旅费、招待费、资料宣传费等招募成本；在选拔测试教师资源时支付给相关专家的出卷、面试及租用场地的选拔成本；为聘用教师提供的住房安置和科研启动资金等的安置成本。[1]

（二）使用成本 C_{t2}

使用成本是指高校在使用教师人力资源过程中所支付的所有费用之和，主要包括工资成本、保障成本和激励成本三个部分。其中工资成本内含基础工资、职务工资、工龄津贴，以及国家规定的地区生活费补贴等为主的教师基本工资和补助工资；以医疗保险、退休养老保险和失业保险等为主的保障成本；涵盖岗位津贴、奖金和福利等的激励成本。

（三）开发成本 C_{t3}

开发成本是指高校为了提高教师人力资源的能力和效用，从而提高教师人力资源的价值所产生的成本，主要包括岗位培训成本和后续教育成本。岗位培训成本是指为使新引进教师能尽快胜任自己职责对其所进行的相关的任职培训，以及考取职业资格证书的费用。[2] 后续教育成本指为提高教师职业技能和综合素质等所进行的相关培训、进修、深造所产生的费用。

（四）离职成本 C_{t4}

离职成本是指由于教师人力资源离开高校所产生的一系列成本，包括离职补偿成本、离职低效成本、空职成本等。这些成本通常以教师人力资源的离开给高校造成的损失来计量，同时也包括离职、退休、死亡等原因发生的人力资源累计摊销额[3]。

---

[1] 吴俊英. 人力资源功能与成本的价值分析 [J]. 会计与审计, 2006 (11)：255-257.

[2] 张明亲, 杨倩. 价值工程在人力资源管理中的应用研究 [J]. 商业研究, 2003 (13)：66-68.

[3] 李小艳, 王守瑞. 价值工程在高校教师选用中的应用研究 [J]. 价值工程, 2006 (7)：78-81.

三、高校教师人力资源的价值界定

根据价值管理的定义可知，价值管理是"一种系统化的、多专业的研究活动，通过项目的功能分析，用最低的全寿命成本最好地实现项目的价值"❶，价值管理的目的是以对象的最低寿命周期成本可靠地实现使用者所需功能，以获取最佳的综合效益❷，也就是说，要以最低的费用获得足够的使用功能。显然，高校教师人力资源管理符合价值管理研究对象的要求，高校为了获取高校教师的人力资源功能就必然需要付出相应的人力资源使用成本。因此，在对高校教师人力资源功能和成本界定的基础上，进一步研究其价值概念，从而构建起高校教师人力资源价值模型，将价值管理原理运用于高校教师人力资源管理中，实现以高校教师人力资源的最低寿命周期成本可靠地实现高校所需功能，以获取最佳的综合效益。

（一）高校教师人力资源价值

高校教师人力资源的价值是指高校教师在实现学校人才培养、科学研究和社会服务的职能中发挥出来的功能，是高校投入到师资队伍建设中的成本转化为效能的直接反映，体现在教师身上的是其使用价值。

价值管理的奠基石就是麦尔斯所提出的价值公式，即某种产品（劳务、服务或工程）的功能与成本（或费用）的相对关系或比值，与恩格斯关于价值是"费用与效用的关系"的理论相一致。高校作为技术与知识密集型的特殊企业，有其自身的特点和优势，借鉴企业价值管理的方法，将价值管理的基本原理应用于高校教师人力资源管理实践中，可以对高校教师人力资源价值管理作如下定义：通过对高校教师人力资源的功能分析，寻求以最低的高校教师人力资源成本，可靠地实现高校教师人力资源功能，提高高校教师人力资源价值的一种管理技术。用数学公式可表示为

$$THRV = \frac{THRF}{THRC} \qquad (11-19)$$

式中，THRV 为教师人力资源价值（Teacher Human Resources Value），THRF 为教师人力资源功能（Teacher Human Resources Function），THRC 为教师人力资源

---

❶ 谭浩邦，杨明. 新编价值工程 [M]. 广州：暨南大学出版社，1997.

❷ 李俭. 简明价值工程 [M]. 成都：四川科学技术出版社，1990：89.

成本（Teacher Human Resources Cost）。

（二）高校教师人力资源价值系数

从形式上来看，高校教师人力资源价值公式并不复杂，但是在实际应用的过程中主要存在以下两个问题。

1. 高校教师人力资源功能和成本的绝对值难以获取

从高校教师人力资源功能和成本的界定中可知其存在许多定性因素，这些定性因素往往难以找到相应的定量指标来衡量。相比较而言，高校教师人力资源的成本较易获得，可认为是教师从进入该高校到离开，高校为了发挥其功能所支付的所有费用。对于高校教师人力资源功能而言，如教学态度、专业知识素质、职业道德等这些定性的功能指标，没有直观对应的量化指标，无法直接计算其功能的绝对值。常见的方式是通过专家对其进行打分，以得分值作为其量化指标。本书在高校教师人力资源功能界定的过程中正是采用这一思路，根据专家的打分值，利用模糊综合评判的方法获取各个功能指标的量化值。

2. 高校教师人力资源功能和成本的量化标准不统一

高校教师人力资源成本是由引入成本、使用成本、开发成本等多个部分组成的，这些成本中虽然有些是无形的，但通过分析都可将其转化为相应的工资或薪酬，即通过货币这一形式统一了成本的表示。❶ 然而，对于高校教师人力资源功能的量化而言，采用专家打分的方法就会出现标准不统一的现象。例如，专家打分可以采用百分制，即得分的取值范围在 0~100，也可以采用十分制，即满分为 10 分，甚至还可以采用 0~1 的打分值。专家采用不同的打分制得到功能值的取值范围存在较大的差别，无法在统一的标准下计算高校教师人力资源价值，得到的结果可比性不强。

针对以上高校教师人力资源价值公式在实际应用中存在的问题，本书采用相对系数的方法来确定功能和成本的取值，计算高校教师人力资源的价值，从而使不同教师之间的价值大小具有较强的可比性，为高校在人才选聘、收入分配等方面提供有力依据。

首先定义教师人力资源功能系数，其数学表达式为

---

❶ 张少杰，曲然. 信息经济时代知识型人力资源价值评估研究[J]. 情报科学,2005（4）：520-523.

$$THRFC = \frac{F_{ti}}{\sum\limits_{j=1}^{n} F_{tj}} \qquad (11-20)$$

式中，THRFC 为教师人力资源功能系数（Teacher Human Resources Function Coefficient），F_{ti} 为第 i 位教师人力资源功能值，$\sum\limits_{j=1}^{n} F_{tj}$ 为所有被评价教师功能值总和。

通过某一位被评价人员功能值与全部被评价人员功能值总和的比值，教师人力资源功能系数反映了该位教师功能的相对大小。

其次定义教师人力资源成本系数，其数学表达式为

$$THRCC = \frac{C_{ti}}{\sum\limits_{j=1}^{n} C_{tj}} \qquad (11-21)$$

式中，THRCC 为教师人力资源成本系数（Teacher Human Resources Cost Coefficient），C_{ti} 为第 i 位教师人力资源成本值，$\sum\limits_{j=1}^{n} C_{tj}$ 为所有被评价教师的成本值总和。

同样地，通过某一位被评价人员成本值与全部被评价人员成本值总和的比值，教师人力资源成本系数反映了该位教师成本的相对大小。

最后，定义高校教师人力资源价值系数，其数学表达式为

$$THRVC = \frac{THRFC}{THRCC} \qquad (11-22)$$

式中，THRVC 为教师人力资源价值系数（Teacher Human Resources Value Coefficient），THRFC 为教师人力资源功能系数，THRCC 为教师人力资源成本系数。

（三）高校教师人力资源价值分析

通过某一位被评价人员功能系数与其相应成本系数的比值，高校教师人力资源价值系数反映了该位教师功能和成本之间的相对关系，THRVC 的取值存在以下三种情况。

①THRVC>1，即 THRFC>THRCC，说明该位教师在此岗位的功能价值大大超过高校所支付的成本，出现教师功能过剩的情况。

②THRVC<1，即 THRFC<THRCC，说明高校支付给该位教师的报酬大于其在此岗位上所付出的功能，出现学校资源浪费或者人岗匹配不佳的情况。

③THRVC=1，即 THRFC=THRCC，说明该位教师在此岗位的表现与高校所支出的成本相匹配，也就是我们所追求的最佳效果。

显然，我们追求的目标是高校教师在各自的岗位上发挥其最大的价值的同时获得应有的回报，最终达到个体与高校的共赢。因此，不同高校应根据自身人力资源的具体情况，采取有效措施来调节影响 THRVC 的两个关键因素——THRF 和 THRC❶，使 THRVC 的取值达到一个较为理想的状态。

第四节　高校教师人力资源价值管理的实例分析

为了更加清楚地演示价值管理在高校教师人力资源管理中的应用情况，本书结合某高校同科室 10 位专职授课教师的人力资源状况，利用价值管理的方法来进行实例分析。

一、选择高校教师人力资源价值管理的对象

在高校教师管理的实践中，客观、公平、公正地评价一个教师的工作状况，往往采取定性的办法，一般是在年终考核时参照行政人员的考核办法，在个人总结的基础上以教研室或系部为单位，从德、能、勤、绩、廉 5 个方面给教师打分，教师相互间完全是凭主观印象评价。这种方式看似公平、公开，实质是评价不公，挫伤了教师的积极性。现选择某高校人力资源管理教研室的 10 位教师作为研究对象，运用高校人力资源价值管理模型对其一年来的工作表现做功能成本分析，并作出价值评价。

如前所述，高校教师人力资源成本主要包括引入成本、使用成本、开发成本、离职成本 4 个部分。一般来说，高校教师人力资源成本中最主要的是使用成本（工资成本、保障成本和激励成本），主要以薪酬的形式来体现，包括经济性报酬（涵盖高校支付给教师的基本工资、津补贴和奖金等直接货币收入，以及相关福利等间

---

❶ 吴柳. VM 视域下的高校人力资源管理 [J]. 价值工程. 2012 (36)：225-227.

接货币收入）和非经济性报酬（包括教师职业生涯培训、人文关怀、进修等方面的非货币补偿）两部分。[❶] 相对于非经济性报酬而言，经济性报酬与高校教师功能的实现关系更为直接、密切，因此，本书将经济性报酬中的岗位工资、薪级工资、基础绩效工资（岗位津贴和生活补贴）和校内奖励津贴（根据每个教师的授课数量及科研工作量来确定）这4种薪酬方式作为价值管理的研究对象。

二、收集高校教师人力资源信息

确定10位教师作为研究对象之后，就要收集他们的基本信息，包括这些教师一年来在教学、科研、社会服务方面所取得的成绩，以及学校为这10位教师支付的成本。高校教师的薪酬一般包括由岗位工资和薪级工资组成的国家工资，以及津贴奖金等，目前按照事业单位专业技术人员岗位工资标准，可以将基本工资划分为13个等级。高校教师职称中教授、副教授、讲师、助教分别对应国家规定的专业技术人员通用岗位等级相应的级别（见表11-10）。

表11-10　高校教师职称与专业技术人员通用岗位等级对应关系

序号	职称	专业技术人员通用岗位等级	序号	职称	专业技术人员通用岗位等级
1	教授	1~4	3	讲师	8~10
2	副教授	5~7	4	助教	11~13

从表11-10可知，高校教师职称对应级别分为13个等级，分别是教授（1级至4级）、副教授（5级至7级）、讲师（8级至10级）、助教（11级至13级）。即使职称一样，例如，两位教师同为副教授，但是可能一位对应5级技术岗位，另一位对应6级技术岗位，那么根据他们对应不同的技术等级，享受不同的工资待遇。

根据前期高校教师薪酬资料的调查与收集，得到某高校10位从事教学岗位工作教师的工资收入明细（见表11-11）。

---

❶ 谷金鑫. 河北省高校教师薪酬管理问题［D］. 秦皇岛：燕山大学，2009.

表 11-11　10 位教师月工资明细表

序号	岗位职务	任职年限/年	工作年限/年	岗位工资/元	薪级工资/元	基础绩效		校内奖励津贴/元	工资总额/元
						岗位津贴/元	生活补贴/元		
1	中职一级	4	10	780	233	1 390	1 430	3 428	7 275
2	正高三级	5	32	1 630	944	2 670	1 430	5 242	11 953
3	中职二级	5	11	730	273	1 350	1 430	3 028	6 811
4	副高二级	8	31	1 040	735	2 160	1 430	4 128	9 532
5	初职一级	2	4	620	125	960	1 430	2 448	5 583
6	正高四级	7	33	1 420	984	2 450	1 430	4 990	11 314
7	中级三级	6	13	680	295	1 310	1 430	2 980	6 714
8	副高一级	7	21	1 180	555	2 210	1 430	4 600	10 003
9	初职一级	2	2	620	80	960	1 430	2 248	5 342
10	副高一级	2	13	1 180	341	1 990	1 430	4 300	9 241

三、对高校教师人力资源进行功能、成本分析

功能、成本分析主要包括对高校教师功能系数、成本系数及价值系数三个方面的计算。其中，教师功能系数的计算又分为功能指标体系的建立、利用层次分析法确定功能指标的权重、通过模糊综合评判法计算功能值三个步骤。

根据已建立高校教师功能 U 的指标体系，以及专家对一级指标基本素质 U_1、教学工作 U_2、科研工作 U_3、社会服务 U_4 的打分结果，构造判断矩阵（见表 11-12）。

表 11-12　一级指标判断矩阵

U	U_1	U_2	U_3	U_4
U_1	1	1/4	1/3	1/2
U_2	4	1	5/4	5/3
U_3	3	4/5	1	5/3
U_4	2	3/5	3/5	1

即 $R = \begin{bmatrix} 1 & 1/4 & 1/3 & 1/2 \\ 4 & 1 & 5/4 & 5/3 \\ 3 & 4/5 & 1 & 5/3 \\ 2 & 3/5 & 3/5 & 1 \end{bmatrix}$，根据功能指标权重的确定方法，矩阵 R 的元

素按行相乘，得 $w_1 = 0.0417$，$w_2 = 8.3333$，$w_3 = 4$，$w_4 = 0.72$。将 w_i（$i = 1,2,3,$

4）分别开 4 次方，得 $\overline{w}_1 = 0.4519$，$\overline{w}_2 = 1.699$，$\overline{w}_3 = 1.4142$，$\overline{w}_4 = 0.9212$。将 $\overline{w}_1$，

（$i = 1,2,3,4$）向量归一化，得 $w = (0.1007 \quad 0.3787 \quad 0.3152 \quad 0.2053)$。

所以，$R \cdot W' = \begin{bmatrix} 1 & 1/4 & 1/3 & 1/2 \\ 4 & 1 & 5/4 & 5/3 \\ 3 & 4/5 & 1 & 5/3 \\ 2 & 3/5 & 3/5 & 1 \end{bmatrix} \begin{bmatrix} 0.1007 \\ 0.3787 \\ 0.3152 \\ 0.2053 \end{bmatrix} = \begin{bmatrix} 0.4031 \\ 1.5177 \\ 1.2624 \\ 0.823 \end{bmatrix}$，则最大特征

根 $\lambda_{max} = \frac{1}{4} \sum_{i=1}^{4} \frac{(RW')_i}{w_i} = \frac{1}{4} \cdot \left(\frac{0.4031}{0.1007} + \frac{1.5177}{0.3787} + \frac{1.2624}{0.3152} + \frac{0.823}{0.2053} \right) = 4.0061$。

那么其一致性指标 CI 为 $CI = \frac{\lambda_{max} - n}{n - 1} = \frac{4.0061 - 4}{4 - 1} = 0.002$。

由平均随机一致性指标表可知 $RI = 0.90$，则 $CR = CI/RI = 0.002/0.9 = 0.0022 <$

0.10，可见判断矩阵 R 具有满意的一致性。所以一级指标相对于高校教师功能 U

的权重为 $W = (0.1007 \quad 0.3787 \quad 0.3152 \quad 0.2053)$。

按照上述计算过程，根据专家对各个二级指标的打分结果分析，分别构造判

断矩阵并通过一致性检验。

二级指标专业能力 U_{11}、业务知识 U_{12}、道德素质 U_{13} 相对一级指标基本素质

U_1 的判断矩阵及权重如表 11-13 所示。

表 11-13　U_{11}~U_{13} 相对 U_1 的判断矩阵及权重

U_1	U_{11}	U_{12}	U_{13}	$W^{(1)}$
U_{11}	1	2	4	0.558 4
U_{12}	1/2	1	3	0.319 6
U_{13}	1/4	1/3	1	0.122 0

二级指标教学数量 U_{21}、教学质量 U_{22} 相对一级指标教学工作 U_2 的判断矩阵及权重如表 11-14 所示。

表 11-14　U_{21}、U_{22} 相对 U_2 的判断矩阵及权重

U_2	U_{21}	U_{22}	$W^{(2)}$
U_{21}	1	4/5	0.444 4
U_{22}	5/4	1	0.555 6

二级指标科研数量 U_{31}、科研质量 U_{32} 相对一级指标科研工作 U_3 的判断矩阵及权重如表 11-15 所示。

表 11-15　U_{31}、U_{32} 相对 U_3 的判断矩阵及权重

U_3	U_{31}	U_{32}	$W^{(3)}$
U_{31}	1	2/3	0.400 0
U_{32}	3/2	1	0.600 0

二级指标社会兼职 U_{41}、服务效果 U_{42} 相对一级指标社会服务 U_4 的判断矩阵及权重如表 11-16 所示。

表 11-16　U_{41}、U_{42} 相对 U_4 的判断矩阵及权重

U_4	U_{41}	U_{42}	$W^{(4)}$
U_{41}	1	1/3	0.250 0
U_{42}	3	1	0.750 0

三级指标教学态度 U_{221}、教学内容 U_{222}、教学方法 U_{223}、授课效果 U_{224} 相对二级指标教学质量 U_{22} 的判断矩阵及权重如表 11-17 所示。

表 11-17 $U_{221} \sim U_{224}$ 相对 U_{22} 的判断矩阵及权重

U_{22}	U_{221}	U_{222}	U_{223}	U_{224}	$W^{(22)}$
U_{221}	1	4	1/2	1/3	0.192 7
U_{222}	1/4	1	1/3	1/4	0.080 1
U_{223}	2	3	1	1/2	0.270 4
U_{224}	3	4	2	1	0.456 5

三级指标获奖情况 U_{321}、论文情况 U_{322}、论著出版情况 U_{323} 相对二级指标科研质量 U_{32} 的判断矩阵及权重如表 11-18 所示。

表 11-18 $U_{321} \sim U_{323}$ 相对 U_{32} 的判断矩阵及权重

U_{32}	U_{321}	U_{322}	U_{323}	$W^{(32)}$
U_{321}	1	2/3	3	0.385 6
U_{322}	3/2	1	4	0.517 1
U_{323}	1/3	1/4	1	0.124 3

最终高校教师功能指标权重体系如表 11-19 所示。

表 11-19 高校教师功能指标权重体系表

目标	一级指标		二级指标		三级指标	
	名称	相对目标的权重	名称	相对一级指标的权重	名称	相对二级指标的权重
教师 U	基本素质 U_1	0.100 7	专业能力 U_{11}	0.558 4	—	—
			业务知识 U_{12}	0.319 6	—	—
			道德素质 U_{13}	0.122 0	—	—
	教学工作 U_2	0.378 7	教学数量 U_{21}	0.444 4		
			教学质量 U_{22}	0.555 6	教学态度 U_{221}	0.192 7
					教学内容 U_{222}	0.080 1
					教学方法 U_{223}	0.270 4
					授课效果 U_{224}	0.456 5

目标	一级指标		二级指标		三级指标	
	名称	相对目标的权重	名称	相对一级指标的权重	名称	相对二级指标的权重
教师 U	科研工作 U_3	0.315 2	科研数量 U_{31}	0.400 0	—	—
			科研质量 U_{32}	0.600 0	获奖情况 U_{321}	0.385 6
					论文情况 U_{322}	0.517 1
					论著出版情况 U_{323}	0.124 3
	社会服务 U_4	0.205 3	社会兼职 U_{41}	0.250 0	—	—
			服务效果 U_{42}	0.750 0	—	—

在确定各个功能指标权重的基础上，本书利用模糊综合评判法量化指标的取值。首先确定定性抉择评语集 $V = \{V_1, V_2, V_3, V_4\} = \{$优秀，良好、合格、不合格$\}$，然后统计各功能指标的评语等级的频数，从而根据

$$a_{ij} = \frac{N_{ij}}{\sum_{k=1}^{n} N_{ik}} \qquad (11-23)$$

计算指标的隶属度，其中，N_{ij} 表示指标 U_i 得到评语等级 V_j 的次数；$\sum_{k=1}^{n} N_{ik}$ 表示指标 U_i 得到各个等级评语的总次数；a_{ij} 表示指标 U_i 对于评语等级 V_j 的隶属度。

教师功能指标体系中包含 9 个二级指标和 7 个三级指标，由 20 位专家针对表 11-19 中 10 位教师的二级指标分别进行打分。在此采用 4 分制评分标准，即优秀打 4 分，良好打 3 分，一般打 2 分，不合格打 1 分。以计算表 11-19 中第 1 位教师的功能值为例，其打分结果统计如表 11-20 所示。

表 11-20　专家打分结果统计表　　　　　　　　单位：人

一级指标	二级指标	三级指标	各评语等级评分人数			
			4 分	3 分	2 分	1 分
基本素质 U_1	专业能力 U_{11}	—	13	2	3	2
	业务知识 U_{12}	—	5	10	4	1
	道德素质 U_{13}	—	11	6	1	2

一级指标	二级指标	三级指标	各评语等级评分人数			
			4分	3分	2分	1分
教学工作 U_2	教学数量 U_{21}	—	3	7	6	4
	教学质量 U_{22}	教学态度 U_{221}	2	9	8	1
		教学内容 U_{222}	4	12	2	2
		教学方法 U_{223}	8	3	3	6
		授课效果 U_{224}	14	2	3	1
科研工作 U_3	科研数量 U_{31}	—	15	2	2	1
	科研质量 U_{32}	获奖情况 U_{321}	3	4	12	1
		论文情况 U_{322}	6	7	5	2
		论著出版情况 U_{323}	16	3	1	0
社会服务 U_4	社会兼职 U_{41}	—	10	7	0	3
	服务效果 U_{42}	—	3	5	7	5

由表 11-20 中基本素质 U_1 下属的 3 个二级指标的打分统计结果可知，U_1 的模糊关系矩阵 $\boldsymbol{A}^{(1)}$ 为

$$\boldsymbol{A}^{(1)} = \begin{bmatrix} 0.65 & 0.1 & 0.15 & 0.1 \\ 0.25 & 0.5 & 0.2 & 0.05 \\ 0.55 & 0.3 & 0.05 & 0.1 \end{bmatrix} \qquad (11-24)$$

则基本素质 U_1 对评语集 V 的隶属向量 $\boldsymbol{B}^{(1)}$ 为

$$\boldsymbol{B}^{(1)} = \boldsymbol{W}^{(1)} \bigcirc \boldsymbol{A}^{(1)} = (0.5584, 0.3196, 0.122) \bigcirc \begin{bmatrix} 0.65 & 0.1 & 0.15 & 0.1 \\ 0.25 & 0.5 & 0.2 & 0.05 \\ 0.55 & 0.3 & 0.05 & 0.1 \end{bmatrix} =$$

$$(0.51, 0.2522, 0.1538, 0.084) \qquad (11-25)$$

二级指标 U_{22}，U_{32} 所属的三级指标综合评判结果向量分别为

$$\boldsymbol{B}^{(22)} = \boldsymbol{W}^{(22)} \bigcirc \boldsymbol{A}^{(22)} = (0.1927, 0.0801, 0.2704, 0.4565) \bigcirc \begin{bmatrix} 0.1 & 0.45 & 0.4 & 0.05 \\ 0.2 & 0.6 & 0.1 & 0.1 \\ 0.4 & 0.15 & 0.15 & 0.3 \\ 0.7 & 0.1 & 0.15 & 0.05 \end{bmatrix} =$$

$$(0.463, 0.221, 0.1941, 0.1216) \qquad (11-26)$$

$$\boldsymbol{B}^{(32)} = \boldsymbol{W}^{(32)} \bigcirc \boldsymbol{A}^{(32)} = (0.3586, 0.5171, 0.1243) \bigcirc \begin{bmatrix} 0.15 & 0.2 & 0.6 & 0.05 \\ 0.3 & 0.35 & 0.25 & 0.1 \\ 0.8 & 0.15 & 0.05 & 0 \end{bmatrix} =$$

$$(0.3084, 0.2714, 0.3506, 0.0696) \tag{11-27}$$

那么，根据表 11-13 的打分统计结果，教学工作 U_2、科研工作 U_3、社会服务 U_4 对评语集 V 的隶属向量 $\boldsymbol{B}^{(2)}$、$\boldsymbol{B}^{(3)}$、$\boldsymbol{B}^{(4)}$ 分别为

$$\boldsymbol{B}^{(2)} = \boldsymbol{W}^{(2)} \bigcirc \boldsymbol{A}^{(2)} = (0.4444, 0.5556) \bigcirc \begin{bmatrix} 0.15 & 0.35 & 0.3 & 0.2 \\ 0.463 & 0.221 & 0.1941 & 0.1216 \end{bmatrix} =$$

$$(0.3239, 0.2783, 0.2412, 0.1564) \tag{11-28}$$

$$\boldsymbol{B}^{(3)} = \boldsymbol{W}^{(3)} \bigcirc \boldsymbol{A}^{(3)} = (0.4, 0.6) \bigcirc \begin{bmatrix} 0.75 & 0.1 & 0.1 & 0.05 \\ 0.3084 & 0.2714 & 0.3506 & 0.0696 \end{bmatrix} =$$

$$(0.485, 0.2028, 0.2504, 0.0618) \tag{11-29}$$

$$\boldsymbol{B}^{(4)} = \boldsymbol{W}^{(4)} \bigcirc \boldsymbol{A}^{(4)} = (0.25, \ 0.75) \bigcirc \begin{bmatrix} 0.5 & 0.35 & 0 & 0.15 \\ 0.15 & 0.25 & 0.35 & 0.25 \end{bmatrix} =$$

$$(0.2375, \ 0.275, \ 0.2625, \ 0.225) \tag{11-30}$$

由隶属向量 $\boldsymbol{B}^{(1)}$、$\boldsymbol{B}^{(2)}$、$\boldsymbol{B}^{(3)}$、$\boldsymbol{B}^{(4)}$ 可得一级指标的模糊综合关系矩阵 B 为

$$\boldsymbol{B} = [\boldsymbol{B}^{(1)} \quad \boldsymbol{B}^{(2)} \quad \boldsymbol{B}^{(3)} \quad \boldsymbol{B}^{(4)}] = \begin{bmatrix} 0.51 & 0.2522 & 0.1538 & 0.084 \\ 0.3239 & 0.2783 & 0.2412 & 0.1564 \\ 0.485 & 0.2028 & 0.2504 & 0.0618 \\ 0.2375 & 0.275 & 0.2625 & 0.225 \end{bmatrix}$$

$$\tag{11-31}$$

根据一级指标的权重向量 $\boldsymbol{W} = (0.1007 \quad 0.3787 \quad 0.3152 \quad 0.2053)$，综合评价教师对评语集 V 的隶属向量 C 为

$$\boldsymbol{C} = \boldsymbol{W} \bigcirc \boldsymbol{B} = (0.1007 \quad 0.3787 \quad 0.3152 \quad 0.2053) \bigcirc \begin{bmatrix} 0.51 & 0.2522 & 0.1538 & 0.084 \\ 0.3239 & 0.2783 & 0.2412 & 0.1564 \\ 0.485 & 0.2028 & 0.2504 & 0.0618 \\ 0.2375 & 0.275 & 0.2625 & 0.225 \end{bmatrix} =$$

$$(0.3756 \quad 0.2512 \quad 0.2396 \quad 0.1334) \tag{11-32}$$

定义分数集 $G = (4 \quad 3 \quad 2 \quad 1)^{\mathsf{T}}$ 对应评语集 $V = \{V_1, V_2, V_3, V_4\} = $ {优秀，良好，合格，不合格}，则该教师的功能值 F 为

$$F = C \bigcirc G = (0.3756 \quad 0.2512 \quad 0.2396 \quad 0.1334) \begin{pmatrix} 4 \\ 3 \\ 2 \\ 1 \end{pmatrix} = 2.8688$$

$$(11-33)$$

按照同样的方法可以计算出其他 9 位教师的功能值，再根据高校教师人力资源功能系数计算公式 $\mathrm{THRFC} = \dfrac{F_{ti}}{\sum\limits_{j=1}^{n} F_{tj}}$ 能够得到 10 位教师各自的功能系数 THRFC，则全部教师的功能值和其相应的功能系数如表 11-21 所示。

表 11-21　10 位教师的功能值及功能系数

教师序号	1	2	3	4	5	6	7	8	9	10
功能值	2.868 8	3.850 4	2.457 9	2.369 4	1.693 4	3.673 9	1.055 5	2.820 5	3.286 3	3.464 2
功能系数	0.104 2	0.139 8	0.089 2	0.086	0.061 5	0.133 4	0.038 3	0.102 4	0.119 3	0.125 8

根据表 11-9 中 10 位教师的工资总额，由高校教师人力资源成本系数计算公式 $\mathrm{THRCC} = \dfrac{C_{ti}}{\sum\limits_{j=1}^{n} C_{tj}}$ 能够得到 10 位教师各自的成本系数 THRCC，则全部教师的成本和其相应的成本系数如表 11-22 所示。

表 11-22　10 位教师的成本及成本系数

教师序号	1	2	3	4	5	6	7	8	9	10
成本/元	7 275	11 953	6 811	9 532	5 583	11 314	6 714	10 003	5 342	9 241
成本系数	0.086 8	0.142 6	0.081 3	0.113 7	0.066 6	0.135 0	0.080 1	0.119 4	0.063 7	0.110 3

在得到 10 位教师功能系数 THRFC 和成本系数 THRCC 的基础上，根据高校

教师人力资源价值系数计算公式 $THRVC = \dfrac{THRFC}{THRCC}$，最终计算该 10 位教师的价值系数如表 11-23 所示。

表 11-23　10 位教师的价值系数

教师序号	1	2	3	4	5	6	7	8	9	10
功能系数	0.104 2	0.139 8	0.089 2	0.086	0.061 5	0.133 4	0.038 3	0.102 4	0.119 3	0.125 8
成本系数	0.086 8	0.142 6	0.081 3	0.113 7	0.066 6	0.135 0	0.080 1	0.119 4	0.063 7	0.110 3
价值系数	1.200 5	0.980 4	1.097 2	0.756 4	0.923 4	0.988 1	0.478 2	0.857 6	1.872 8	1.140 5

根据以上某高校 10 位教师的功能系数、成本系数而得来的价值系数计算结果，就能够对该高校的人力资源管理相关的环节进行设计或者改进。

四、改进高校教师人力资源管理的设想和方案

对高校教师人力资源进行功能、成本、价值分析，最终的目的是确定他们的利用程度，对于高校价值较低的人员，针对他们的具体问题，挖掘其潜力，通过改进高校教师人力资源的管理方式与方法，实现人力资源和高校共赢的局面，即高校人员的价值得到提升，同时高校的战略目标得以实现。

正如表 11-12 所示的 10 位教师中，第 9 位教师的价值系数最高为 1.9304。那么，学校对该老师增加薪酬或者进行奖励，就不会使其他教师产生不公平感。这样的奖励一方面会极大激励该教师的工作热情，另一方面也会促进其他教师以此为榜样努力工作，争取加薪奖励的机会。对于第 9 位教师的加薪，虽然提高了一定的人力资源成本，但由于该教师受到激励，大大提高了工作效率，显著提升了其实现高校发展战略的功能，这样高校就达到了提升人力资源价值的目的，利于高校长远战略目标的实现。

由价值系数的计算公式可知，当 $THRVC=1$ 时，表明高校教师人力资源价值发挥得最好，即教师在该职位上的功能和成本适宜，暂不需要做改进，是一种理想状态。对于许多实际问题，这种理想状态是我们追求的目标，在此以 $THRVC=1$ 为标准，将可接受的价值系数偏差范围设定为 0.2，即当 $0.8 \leqslant THRVC \leqslant 1.2$ 时，价值系数的取值被认为是较为合理的，则 10 位教师的价值系数如图 11-8 所示。

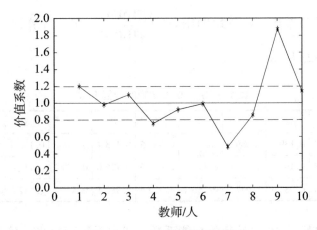

图 11-8　10 位教师价值系数

从图 11-8 可以看出，第 1、第 2、第 3、第 5、第 6、第 8、第 10 位教师的价值系数均在合理的范围内，对其的功能和成本暂不需要进行调整。

第 9 位教师的价值系数高于可接受的范围，表明在该职位上的教师功能有较大的发挥和实现，但薪酬支付偏低，容易挫伤其工作的积极性，产生人才流失的现象，所以在经考查没有出现功能过剩的情况下，对于这位教师应考虑给予相应的薪酬奖励或在评优评奖、职务升迁时优先考虑以激励并使其保持这种高效的工作状态。

第 4、第 7 位教师的价值系数均低于可接受的范围，表明在该职位上的教师功能未能有效地发挥和实现，薪酬支付过高而导致浪费，那么按照价值管理原理中提升价值的途径，要提高这两位教师的价值有以下 4 种途径可以选择：①稍微降低工作的要求，但大幅削减其薪酬，以达到提高价值的目的；②对其工作的能力和效果要求不变，在保持原有功能的基础上降低所需成本，即减薪；③以降低薪酬作为负面激励，使其在压力之下努力工作，提高功能；④增加对教师的培训投资，通过岗位培训、留学深造等形式，全面提升其教学科研能力，从而以适当增加成本，但大大提高其功能的方式提升教师的价值。由于教师这一类人力资源不同于一般的产品和工作流程的管理对象，高校进行人力资源管理，要以提高任职者能力素质功能为核心，相应提高人力成本，职位功能和成本的任何一方提高，则另一方必须提高。那么，从上述 4 种提升教师价值的途径来看，应选择第

④种方式，即适当增加人力资本的投资，以大幅提升教师的功能。

根据讨论不难发现，高校教师人力资源管理就是要保持功能和成本的比值，即价值系数为 1 的平衡，但这种平衡不应是静止不变的，而应是一种动态的平衡。也就是以提高教师本身的功能为基础，使其处于一个能够彻底发挥功能的环境或岗位，从而有利于高校实现其长远战略目标。

以上列举的改进高校教师人力资源管理的设想和方案，在一定程度上能够提高该高校教师人力资源的功能，而高校教师人力资源价值管理体系是一个庞大的系统工程，涵盖的内容很多，如果要获取高校教师的最佳人力资源功能，则必须多采用高校领导和专家的意见和建议，共同开发出更具创造性的高校教师人力资源管理方案。

五、分析与评定高校教师人力资源管理的方案

（一）概略评估

根据 10 位教师的不同价值系数采用不同的方法进行安排管理，从社会效益的角度来看，能让教师的个人能力得到充分的发挥，使得高校培养高素质人才能力的提高，从而有利于社会的发展进步，具有显著的社会效益。

（二）详细评估

按照提升价值的 5 种途径，对于第 4、第 7 位教师而言，简单地降低他们的成本来提高价值系数，从学校的角度来看无疑节约了支出成本，但是在降低薪酬的条件下，要使其还保持原有的工作热情难度非常大，难以满足他们的职业期望感，必然会造成学校人才的流失，这对高校整体能力的提升和社会的进步都是不利的。而通过岗位培训、留学深造等方式，能够增加这些教师爱岗敬业的积极性，大大提升其教学科研的工作能力，从长远来看能够提高学校整体教学科研水平。岗位培训、留学深造虽然客观上增加了一定的成本支出，但是相比一味地降低教师薪酬的方式，使他们从感情上更加容易接受，教师对高校的认同感更强，内心感激学校给予的学习深造机会，势必会激发其工作学习的热情，大幅提升自身的功能价值，高校相当于用较低的成本支出换取了较高的教师功能提高，具有良好的社会和经济效益。

通过上述的概略和详细评估，建议该高校现有薪酬分配和人力资源配置方案如下：对第 1、第 2、第 3、第 5、第 6、第 8、第 10 位教师暂不做调整；对第 9 位教师给予一定的薪酬奖励及在评奖评优等方面优先考虑；对第 4、第 7 位教师可进行约谈，根据具体情况对于不胜任岗位的给予调整或者培训。对于以上 10 位教师的规划安排，能够提高该校教师的人力资源价值合理利用度，同时也激励和警醒教师的工作责任心，使他们能够发自内心地努力工作，在教学科研的道路上勇攀高峰，有助于高校的全面建设和快速发展。

六、试验与审定高校教师人力资源管理的方案

由该校教师人力资源管理部门针对以上经过改进的方案结合各专业系部意见进行讨论，然后上交学校党委会审批，最后将通过审批后的改进方案进行具体实施。

七、检查、评价高校教师人力资源管理活动相关情况

由于高校教师劳动价值实现的长期性，在教学过程中，教师的学术思想要想影响受教育者，开发其潜在的能力，需要经历知识的吸收、转化过程，其毕业后还要经过一定时间才能根据他们取得的成绩来评判教师的劳动成果；在科研过程中，从研究方向的确定到开展理论研究，再到转化为现实生产力，实现经济、社会价值，需要更长的时间，因此不能仅仅根据短期的绩效指标进行评价，而是要结合长期绩效指标考查高校教师人力资源的价值。

本章结合某高校 10 位教师的人力资源状况，对高校教师人力资源价值管理进行了实例分析。按照选择高校教师人力资源价值管理的对象、收集高校教师人力资源信息、对高校教师人力资源进行功能分析、改进高校教师人力资源管理的设想和方案、分析与评定高校教师人力资源管理的方案、试验与审定高校教师人力资源管理的方案、检查评价高校教师人力资源管理活动情况 7 个步骤，展示了将价值管理应用于高校教师人力资源管理的具体过程，验证了本书所提方法的可行性和有效性。

第十二章
价值管理在高校图书馆资源利用绩效评价中的应用

当前，我国高校图书馆事业发展正处于传统图书馆、数字图书馆、复合图书馆互补发展的全新时期，以服务为主旋律的图书馆面临着技术、服务和管理三方面的挑战。传统的图书馆绩效资源利用评价模式存在着重定性、轻定量，重投入、轻产出，重理论、轻实证的现象，已不能适应发展需求。从价值管理的角度探讨图书馆资源利用绩效，建立高校图书馆资源利用绩效价值评估模型，对满足用户需求的情况进行功能成本分析，并进行实证性研究，从而指导高校图书馆科学有效地配置资源，从内涵上挖掘潜力，提高图书馆资源利用的效益，从而促进高校图书馆事业的可持续发展。

第一节　高校图书馆资源利用绩效评价的理论基础

一、高校图书馆资源利用绩效评价的基本概念

高校图书馆资源利用绩效是图书馆为师生员工提供服务的效能及拨款和资源利用相对于所提供服务中的效率，是对图书馆各项资源的投入和产出效益的比较。其绩效评价是对图书馆的各项工作和目标进行测度与评价，采用定性和定量的方法，通过对图书馆资源的实际利用情况来制订方案以实现预期目标，这是图书馆实现管理目标、提高资源利用效益不可或缺的手段。

高校图书馆因其本身的特殊性，即非营利性，相较于教学、科研等高校其他工作功能具有间接性、内隐性、缓释性和多元性的特点，一般认为它的功能表现在保

存人类文化遗产、开发信息资源、参与社会教育三个方面。在信息技术背景下，其功能经过发展逐渐表现为借阅服务、读者工作、信息检索和参考咨询四个方面。图书馆在提供这些功能时需消耗相应的人力、物力和财力，将高校图书馆资源利用绩效作为价值管理对象，高校图书馆资源利用绩效价值评估可以定义为：社会组织或高校组织内部运用价值管理的理论和方法，综合考虑高校图书馆资源功能产出和成本投入的过程，建立高校图书馆资源利用绩效价值评估模型，对高校图书馆资源利用的状况进行定期和不定期的考核和评价，并根据评价的结果提出价值优化的路径。假设高校图书资源利用的目标功能为 F，获得目标功能所投入的成本为 C，则价值 V 用公式则表达为 $V=F/C$，即 V 由功能和成本共同决定。

二、高校图书馆资源利用绩效评价研究概述

绩效评价最初应用于企业管理，20 世纪 60 年代由于成本经费与读者需求的矛盾不断扩大，美国首次尝试将绩效管理引入图书馆界。最初的绩效评价侧重于投入资源，包含馆藏、人员、设备等诸多要素，而到了 20 世纪 70 年代和 80 年代图书馆的绩效评估逐渐进入高潮，侧重点也逐渐由投入转向产出，到了 20 世纪 90 年代，图书馆受到多个学科的影响，越来越重视对服务有效性即产出的研究，不断扩大内涵，愈见成熟。我国图书馆正式引入绩效评价的研究始于 2003 年的《高校图书馆绩效评估方案设计》一文❶，至 2005—2008 年教育部针对高校教学评估时全面展开，高校图书馆的绩效评价逐渐破除窠臼，摒弃了以往照本宣科走形式的评估方式，逐渐呈现务实的业务评价的发展趋势，这充分表明高校图书馆的绩效评价已经引起了政府主管部门和高校内部的高度重视，真正得以落实。截至 2008 年，为期五年的教育部首轮普通高校教育评价工作告一段落，此次评价中暴露出诸多问题，例如，重投入轻产出、指标权值不科学等，引起了社会的广泛重视。由此，我国的高校图书馆绩效评估逐渐进入发现问题、解决问题和热点研究难点研究并重的阶段，呈现由理论起步到实证剖析的良性发展趋势。

有关图书馆资源利用绩效评价的定义，赵春辉指出，图书馆绩效评价是遵照统一指标对图书馆管理者及从业人员在一定时期内经营图书馆所取得业绩，以及

---

❶ 龚娇腾. 高校图书馆绩效评估方案设计 [J]. 图书情报工作，2003（12）：98-101.

图书馆在一定时间内提供各项服务中所获得的效益进行评价和测评。❶ 朱秀珍则将其简单概括为对图书各项资源的投入和产出效益的比较。❷

评价指标是图书馆资源利用绩效评价的重要组成部分，刘国俊指出，高校图书馆若想提升竞争力与创新能力，不能仅依靠成本投入，应当有一个更为长远的战略目标。目前，国内高校绩效评估侧重多在员工业绩与业务工作上，但实际上传统的图书馆绩效评价模式已不能满足需求，因此对于科学且高效的绩效评价体系的需求十分强烈。在开始实施绩效评价之前必须结合图书馆实际对评价指标的结构进行优化，进而构建科学合理的指标体系。❸ 陈学清在《高校图书馆文献采访绩效评价指标体系构建》一文中指出，评价内容与评价重点是评价标准和指标体系构建的重心，但指标的确定不是主观臆断，应是建立在对评估对象情况准确把握并做了足够实践调查的基础之上的理性行为。另外，在构成指标体系时要注重客观指标与主观指标相结合，即定量与定性相结合，既要摆脱单纯以统计数据作为绩效依据的做法，又要避免依赖主观判断使结果失去可信度。定量、定性相结合而建构的绩效综合评价指标体系，使得整个图书馆的绩效水平更为直观。

当前，许多高校立足于本校图书馆实际，尽可能设计出最为完备的指标体系，但由于缺乏长期战略定位，使得绩效评价仍限于短期业务评价的范围之内，并不能真正意义上使组织战略线路清晰呈现，为图书馆的长期发展构建蓝图。张坤玲在《试析高等院校图书馆绩效评价指标的构建》中指出，我国目前高校图书馆的绩效评价实践主要侧重短期评价，对组织长期发展缺乏支撑，因此表现出指标项目过于烦琐、评价方式不合理、忽视发展性评价等缺陷。张春辉也指出了当前的图书馆绩效评价体系存在协同性不足、持续性研究不足和过度量化等问题，需强化高校特异性因素剖析，从实证角度强化对研究成果的回溯，并且同样提到了评价需结合馆情特色评价。

❶ 赵春辉. 我国高校图书馆绩效评价研究进展及问题分析 [J]. 图书馆工作与研究，2015（2）：16-20.

❷ 朱秀珍，陈新添，黄进龙，等. 高校图书馆绩效评估管理问题探讨 [J]. 现代情报，2008（1）：182-183.

❸ 刘国俊. 高校图书馆绩效评估模型的构建及应用 [J]. 兰台世界，2012（29）：88-89.

三、价值管理在图书馆资源利用绩效评价中的应用

自价值管理理论引入以来便一直受到众多高等教育界学者的重视，其借鉴意义与应用价值愈发为大家所共识，这也是价值管理在高校中的应用范围越来越大的原因所在。信息技术的发展使得图书馆管理部门越来越感受到公众展示和服务成效的压力，在图书馆用户的阅读习惯产生重大变化与图书馆管理越来越透明化的现在，图书馆的绩效管理压力显著，加之国家政策及预算的压缩，使其对行之有效的新的绩效评价方式的需求越发强烈。钱佳平指出，图书馆若想让各项资源的投入与产出处在一个合理的状态，给出一个能让社会满意的效益，势必要对产出效益进行确认和量化，但由于图书馆本身的非营利性加大了效益数字化的难度，无论是公共性质还是高校图书馆都很难为其服务赋值定性，亟须一种能够将其转化的新的评估方式。可见，如何确认图书馆及其服务价值，对于图书馆事业的发展影响重大。❶

国外早有将价值管理应用于图书馆绩效评价的尝试，20 世纪 80 年代，金（King）开始尝试采用条件价值评价法来计算图书馆的投资回报率，信息服务领域最早的价值评价应用便是他们在 1982 年的能源数据库价值评价项目，被应用到了 30 多个机构的价值评价工作中去，是价值管理理论实际应用的一次突破性尝试。近年来，国内将价值管理理念引入图书馆资源绩效管理的尝试也初见成效。张翠芬在《企业图书馆价值管理初探》中指出，价值管理的理念已被引入采购、分类、文献利用、读者服务、文献检索、信息工程等多个环节，每一个都紧密围绕价值这一核心，取得显著效果。

四、对国内外研究的综合评析

通过国内外对价值管理与高校图书馆资源利用绩效评价的文献梳理，以及价值管理之于高校图书馆资源利用绩效评价的应用现状解读中我们可以得出以下结论。

首先，价值管理理论与实践应用在西方发达国家要比国内更为成熟，这一方

---

❶ 钱佳平，刘兹恒. 国外基于投资回报的图书馆价值研究：述评与启示 [J]. 中国图书馆学报，2008 (6)：84-89.

面是因为该理论最先起源于西方，也是使用环境所致，西方发达国家在政策上获得的支持要相对优于国内。但同时也不难发现，价值管理在中国的应用领域较为狭隘，多用于工程建设与企业管理领域，因此，从总体来看，我国对于价值管理的应用仍处于起步发展阶段。

其次，我国价值管理理论在高等教育中的应用尚处在探索阶段，并不成熟，但已在多领域取得成果，诸如学科建设、人力资源管理、校园基本建设、课程建设、学生工作、人才培养、项目投资、物资采购、科研工作等，越来越多的高校管理者开始重视高校管理的效益问题，但将价值管理应用到图书馆资源利用绩效评价中的尝试还很或缺。

最后，相对于传统图书馆资源利用绩效评价存在的缺陷，价值评价有着明显优势。价值管理以功能分析为基础，避免过多依赖人为判断，用科学理性的功能分析法可以更为直观地评价绩效，抓住问题的核心，也使得后期改进建议与对策的提出更具针对性。因此，将价值管理引入高校图书馆资源利用绩效评价中来，是用全新的管理来带动图书馆资源利用绩效评估的规范化和科学化，是一次非常有益的尝试。

第二节　高校图书馆资源利用绩效评价现状分析

一、高校图书馆资源利用绩效评价的现状

（一）理论研究需深化，理论指导实践需加强

图书馆的绩效评价始于 20 世纪 60 年代后期和 70 年代初期的美国图书馆界，当时为缓解经费困难、文献采购减少与读者日益增加的需求之间的矛盾，图书管理者改变了图书馆以往的评价方法，不单单重视图书馆的投入，而是技能与效率两手抓起，开启了图书馆绩效评价的先河。我国图书馆资源利用绩效评价始于 20 世纪 80 年代，与国外相比，我国关于图书馆资源绩效评价的研究工作起步较晚，一方面缺乏有效的组织和协调，另一方面理论体系尚不成熟，多停留在针对国外研究的探讨层面，缺乏成功的实践经验。尽管《普通高等学校图书馆评估指

标体系》与《公共图书馆评估指标体系》的颁布对于图书馆的资源评价起到了很大的推动作用，但指标制定是否全面详尽、是否适合我国高等院校图书馆资源利用绩效评价实际尚有待考究，指标体系的实际应用性有待加强，且图书馆资源利用绩效评价的理论体系也尚未到达成熟阶段。

（二）研究方法有待改进，定量和实证研究欠缺

当前，学界在高校图书馆资源利用绩效评价的方法应用上可谓百花齐放，在用于框架构建的方法中，平衡计分卡法、关键指标法、投入—产出法列前三；在用于权重确定的方法中，层次分析法最多，灰色关联分析法次之；在用于指标量化的方法中，主要有数据包络分析法和模糊综合评判法，而其他的分析方法诸如因子分析法、熵值法、分类评价法、DHGF 算法、BP 神经网络、TEP 指数法、模糊多属性决策法等应用得较少。这些评估方法各有优势，但尚没有一种方法能得到大家所共认，研究方法本身需要不断进行完善和改进。另外，在评价指标的选择上过分依赖主观判断的难于数字化的定性标准，而对于图书馆的实际工作绩效且可以量化的绩与效却从简，甚至有简略带过的情况。根据评判者的印象或个人喜好影响的侧重定性的绩效评价难免有失公允，应当加大可量化的权重指标所占比例，在制定评价指标时注重全方位调查，一方面使得选取的指标符合图书馆实际，另一方面也给指标的量化工作提供依据，加大定量研究和实证研究的比例，这样针对图书馆资源利用绩效评价才更加科学、合理、高效。

（三）研究内容不平衡，资源利用绩效研究偏少

高校图书馆管理的内容十分繁杂，最常见的包括预算、财务计划、费用支配、人力资源管理、馆藏的拓展与读者借阅、信息检索数据的统计，以及计算机软件与图书馆硬件的改配等。国内外针对图书馆管理内容的研究涉及图书馆管理的方方面面，但就绩效评价而言，在检索各大文献平台不难发现多侧重于财务、人力资源及数据统计和信息环境下的图书馆软件改进上，针对资源利用绩效评价的研究尚占少数，无论是图书馆资源配置还是绩效评价指标体系的构建都呈现相对的研究不足。

二、现行的高校图书馆资源利用绩效评价中存在的问题

(一) 指标体系烦琐, 评价难以操作

图书馆绩效评价指标体系是图书馆绩效评价的测量工具, 自绩效评价理念进入图书馆界以来, 对图书馆绩效指标体系的探讨一直是研究重点, 而有关指标体系的构建更是关键环节。如图书馆绩效评价国际标准 ISO 11620 从 5 个方面拟定了 34 项评价指标, 包含了公共服务、技术服务、改善服务、用户评价及人力资源利用等。而 ISO/TR 20983 从公共服务、人力资源的有效性与利用两个方面构建了 15 个指标。高校图书馆资源利用绩效评价的投入指标一般包含资源数量、资源购置所需经费及保障资源运行而投入的硬件成本等, 而效益指标则可以分成经济效益、使用效益及学术效益等, 而这每一个指标又可以细化成更低一个层次的具体指标。因此, 构建图书馆资源利用绩效评价指标工作量极大。

绩效评价指标体系应该体现组织或者个人的全部工作和活动状况, 各指标间应有层次化的结构关系, 不只是数据和内容的简单罗列。但目前我国图书馆资源利用绩效评价缺乏完善有效的测量工具, 指标体系相对烦琐。另外, 由于我国图书馆绩效评价还缺乏统一的规划, 存在评价重点、评价标准、评价程序、评价方式不一致的问题, 造成了评价在实际操作困难重重的情况。●

(二) 定性分析偏多, 定量分析不够

针对前面提到高校图书资源利用绩效评价指标里有许多难以量化, 评价中容易出现指标评判标准偏定性、少定量的情况, 评判标准带有诸多主观色彩, 不能客观反映绩效等现状, 对评价的结果很容易产生误差, 大大降低其参考价值, 进而影响到接下来的图书资源配置工作。绩效评价指标体系不仅仅是非数字化的定性工作, 还应包括数字测量, 定量与定性相结合是指标体系的基本特征。因此, 评价指标的客观量化对于评价本身十分重要。但图书馆资源评价由于图书馆本身的特殊性, 难以精确确定其功能值, 这也使得单一的定量分析很难精确。另外, 传统的绩效评价多数以绝对产出为基础, 很少会考虑到支撑产出的投入的重要性, 但实际上产出与投入多数时候成正相关, 任何撇开投入谈产出的方式方法都

● 黄毕慧, 杨永清. 图书馆绩效评估的反思 [J]. 图书馆建设, 2010 (2): 80-83.

缺乏科学性。因此，找到较好地融合定量与定性分析的方法至关重要。

（三）关注理论分析，指导改进欠缺

绩效评价的目的在于改进评价中所发现的问题，及时改进，提高绩效。然而，现如今的高校图书馆资源利用绩效评价里多见评价过后没有及时制定改进措施，没有根据评价结果制定相应的改善或补救的措施，使得评价效用缺失。或者评价后尝试制订方案改进，执行时却出现了懈怠，且没有好好跟踪监督，使得问题依旧留存，评价失去应有的作用。采用科学的方法对高校图书馆的资源利用进行评价，评价应与政策指导相结合，评价不是目的，而是一种管理手段，通过评价活动的实施提出行之有效的政策建议，用于指导图书馆的具体工作提高图书馆资源利用率才是绩效评价的真正目的。

三、价值绩效评价的优势与特点

（一）投入与产出相结合，更加注重图书馆资源利用的使用效率

钟契夫探讨了投入与产出的含义。他认为投入即活动的消耗，如生产过程的消耗，其中又有中间投入与最初投入之分。而产出则对应一系列活动的结果，包括该活动最后所得产品，即物质形式与劳务形式。❶ 价值管理视角下的图书馆资源利用绩效评价不同于传统的绩效评价只看重投入（成本）或者只统计绝对产出，而是更为全面且系统地分析投入与产出两方面的内容，既注重初始投入也不会忽视评价过程中的投入消耗；在计算产出（功能）时亦是从评价指标体系出发，通过功能分析，分析哪些是必要功能哪些是多余或过剩的，更加科学可靠。价值评价是一个动态的过程，并不追求单一精准的结果，而是把目光投射到评价全过程，始终将重心放在提高图书馆资源利用的使用效率上。

（二）定性与定量相结合，更加注重图书馆资源利用绩效评价的量化标准

所谓定性分析是对评价对象属性特点的一种概括，对个人判断依赖性高，而定量分析则需依据所统计的数据建立数学模型，从而分析计算评价对象的多种指标及其具体数值的一种分析方法。这两种使用频率颇高的分析方法各有优势，并

---

❶ 钟契夫. 投入产出分析讲义［M］. 北京：中国财政经济出版社，2004.

不能简单评比优劣，而是要依据具体问题选取最为合适的分析方法。定量分析法多用于宏观层面的大规模社会调查和政策预测，但不利于自然情境下的针对微观层面的细致分析和动态描述；定性研究是研究者与被研究者通过长期深入、细致的调查分析所得出的较为全面的认识，这难于用数字表达，却也是分析评价中极为重要的方法之一。

因此，利用二者之间相互补充、相得益彰的特点对图书馆资源利用绩效进行分析，在对图书馆资源利用情况有了充分了解的前提下制定贴合图书馆实际的指标体系，使得量化标准更具科学性和可操作性，有益于提高评价结果的准确性。

（三）理论与实践相结合，更加注重图书馆资源配置的持续改进

理论是人们把在实践中获得的认识和经验加以概括和总结所形成的，它们从客观实际中抽象出来，又在客观实际中得到了证明，被用于指导诸多实践活动。价值管理理论正是从实践中产生又应用于实践活动的范例，在前面分析价值管理理论发展时也有提及，正是由于价值分析给通用电气公司带来了成本降低和产品性能提高，这一管理方式才得以在美国得到广泛应用，进而从一个管理方法逐渐进化成科学理论。正是由于这样的产生背景，使得理论与实践相结合伴随价值评价全过程，在对高校图书馆资源利用绩效进行全面评价后，分析优势与缺陷，及时制定改进方案，并跟进方案执行，不断作出变更，始终把图书馆资源配置的持续改进放在重要位置。

第三节　高校图书馆资源利用绩效价值评价模型的建立

一、高校图书馆资源利用绩效价值评价的功能界定

（一）高校图书馆资源利用绩效价值评价功能指标体系的建立

高校图书馆是信息资源的保障主体，具有教育和情报职能，也是为教学和科研服务的学术型机构。因此，根据其职能可将高校图书馆资源利用绩效评价的功能指标分成经济功能、学术功能、使用功能三个一级指标。相应地构建其功能指标体系如表 12-1 所示。

表 12-1　高校图书馆资源利用绩效评价功能指标体系

一级指标	二级指标	三级指标
经济功能	查收、查引	—
	科技查新	—
	各类咨询分析报告	—
	开设文献检索课程	—
学术功能	科研项目	横向经费
		纵向经费
	科研成果	专著数
		专利数
		核心期刊论文数
	成果获奖	国家级奖项
		省部级奖项
		市局级奖项
使用功能	空间资源使用	年入馆总人次
		年报告厅使用人次
	纸质资源使用	年借还总册数
		中外文期刊签到人次
	电子资源使用	电子资源检索次数
		电子资源下载次数

（二）高校图书馆资源利用绩效价值评价功能指标权重的确定

1. 采用专家打分法确定静态权重

全程采用匿名的方式进行打分。评分参照学界公认标准，分为好、较好、一般、差、较差五个等级。或者按照 10 分制评分标准，分为 9~10 分、7~8 分、5~6 分、3~4 分、1~2 分打分。

然后，根据每个一级指标总分占整个一级指标总分的比例得出该指标的权重值，用公式表示为

$$W = \frac{\sum\limits_{i=1}^{n} P}{\sum\limits_{j=1}^{m} \sum\limits_{i=1}^{n} P} \qquad (12-1)$$

式中，n 表示专家总数，P 为专家打分的值，m 为指标总数。

2. 运用熵值法对权重进行修正

熵值法多用于计算事件的随机性和无序程度，也用于判断指标的离散程度。在熵值法中，指标的离散程度越大，那么指标对于评价本身的影响也越大，重要性越高。步骤如下。

第一步：选取 m 个对象，n 个指标，以形成原始指标数据矩阵 $X = (x_{ij})_{m \times n}$。对于某项指标 x_j，指标值 x_{ij} 的差距越大，则该指标在图书馆资源利用绩效综合评价中所起的作用越大；反之，则作用越小。

第二步：指标的标准化处理，即异质指标同质化。由于多数情况下指标的计量单位难于统一，因此在用它们计算前要先进行标准化处理。熵值法计算首先需要建立数据矩阵，根据不同专家对各个指标的打分建立矩阵 A。

$$A = \begin{pmatrix} X_{11} & \cdots & X_{1m} \\ \vdots & \ddots & \vdots \\ X_{n1} & \cdots & X_{nm} \end{pmatrix}_{n \times m} \qquad (12 - 2)$$

式中，X_{ij} 为第 i 个专家对第 j 个指标打分的数值。

第三步：计算第 j 项指标下第 i 个对象占该指标的比重。

$$P_{ij} = \frac{X_{ij}}{\sum_{i=1}^{n} X_{ij}} \quad (j = 1, 2, \cdots, m) \qquad (12 - 3)$$

第四步：计算第 j 项指标的熵值。

$$e_j = -k \times \sum_{i=1}^{n} P_{ij} \log(P_{ij}) \qquad (12 - 4)$$

式中，$k = 1/\ln(m)$，其中，$k > 0$，$\ln$ 为自然对数，$e_j \geq 0$。

第五步：计算第 j 项指标的差异系数。指标值差异越大，对价值评估的影响程度就越高，熵值就越小。

$$g_j = 1 - e_j \qquad (12 - 5)$$

第六步：求权值。

$$W_j = \frac{g_j}{\sum_{j=1}^{m} g_j} \quad (j = 1, 2 \cdots, m) \qquad (12 - 6)$$

第七步：计算各个对象的综合得分。

3. 计算功能一级指标的权重

首先，由 10 位专家对一级指标进行打分（见表 12-2）。

表 12-2 一级指标专家打分统计

专家	一级指标		
	经济功能	学术功能	使用功能
专家 1	7	6	8
专家 2	5	6	10
专家 3	7	9	9
专家 4	7	9	10
专家 5	8	5	6
专家 6	6	9	7
专家 7	7	7	7
专家 8	5	8	5
专家 9	5	6	9
专家 10	8	8	4
平均分	6.5	7.1	7.5
静态权重	0.31	0.34	0.36

其次，根据 10 位专家对 3 个一级指标打分，运用熵值法进行修正。由平均值构建判别矩阵：

$$X_{ij} = \begin{bmatrix} 7 & 6 & 8 \\ 5 & 6 & 10 \\ 7 & 9 & 9 \\ 7 & 9 & 10 \\ 8 & 5 & 6 \\ 6 & 9 & 7 \\ 7 & 7 & 7 \\ 5 & 8 & 5 \\ 5 & 6 & 9 \\ 8 & 8 & 4 \end{bmatrix} \qquad (12-7)$$

根据熵值法计算流程可以计算出 P_{ij}，e_j，g_j，W_j 分别为

$$\boldsymbol{P}_{ij} = \begin{bmatrix} 0.11 & 0.08 & 0.11 \\ 0.08 & 0.08 & 0.13 \\ 0.11 & 0.12 & 0.12 \\ 0.11 & 0.12 & 0.13 \\ 0.12 & 0.07 & 0.08 \\ 0.09 & 0.12 & 0.09 \\ 0.11 & 0.10 & 0.09 \\ 0.08 & 0.11 & 0.07 \\ 0.08 & 0.08 & 0.12 \\ 0.12 & 0.11 & 0.05 \end{bmatrix} \tag{12-8}$$

$$\boldsymbol{e}_j = \begin{bmatrix} 0.993 & 0.985 & 0.977 \end{bmatrix} \tag{12-9}$$

$$\boldsymbol{g}_j = \begin{bmatrix} 0.006 & 0.015 & 0.023 \end{bmatrix} \tag{12-10}$$

$$\boldsymbol{W}_j = \begin{bmatrix} 0.136 & 0.340 & 0.523 \end{bmatrix} \tag{12-11}$$

静态权重值对应为 0.31、0.34、0.36，从数字上来看 3 个指标的权重值比较接近。熵值法确定权重结果是通过分析专家打分的差异性得出的，通过比较静态权重与熵值权重不难发现，在使用效益指标上，熵值权重要远远高于静态权重，在经济效益指标上熵值权重却比静态权重低了不少，显然更符合高校图书馆资源绩效价值评价的现状（见图 12-1）。

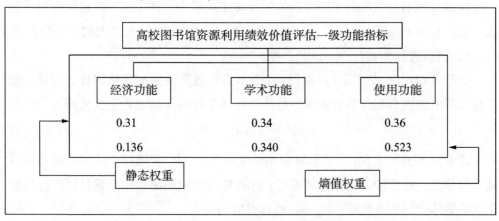

图 12-1　熵值与静态权重值的比较

4. 运用静态赋权法对二级指标的权重进行计算

鉴于三级指标中的数值进行了标准化的功能绩点和成本级点赋值，对二级指标以静态权重的方法确定。相应地，一级和二级指标分别权重如图 12-2 所示。

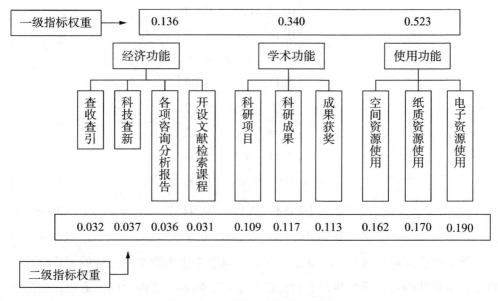

图 12-2　一级和二级指标权重值

（三）高校图书馆资源利用绩效价值评价功能值的计算

设高校图书馆资源利用绩效价值评价功能指标为总体 U，一级指标为经济功能（U_{11}）、学术功能（U_{12}）、使用功能（U_{13}），二级指标如"查收、查引"为（U_{21}），科技查新为（U_{22}），以此类推。

类推可知：U_{ij} 表示第 i 层指标第 j 个节点位置所对应的指标名称，因此，整个高校图书馆资源利用绩效价值评价的指标体系的功能值 F 由公式表示为

$$F_l = \sum a \times U_{ij} \times W_{ij} \qquad (12-12)$$

式中，$\sum$ 表示求和；a 表示特定指标完成数量；U_{ij} 表示评价体系中指标完成赋予的绩点，这个绩点的获取就根据具体高校图书馆资源利用绩效价值评价指标完成的具体奖励绩点而定；W_{ij} 表示指标对应的权重。

二、高校图书馆资源利用绩效价值评价成本的确定

(一) 人力资源成本

高校图书馆人力资源一般由高级职称人员、中级职称人员和中级职称以下人员 (含临时工) 三个部分构成。人力资源成本包括人力资源在招募、选拔和录用时所消耗的经费；为提高其专业技术水平用于满足组织发展需求的岗前培训成本、再教育成本；以及在使用人力资源过程中相应的维持成本、奖励成本和保障成本。

(二) 财力资源成本

财力资源成本主要是每年学校投入到图书馆的运行经费，用于当年纸质资源、电子资源的购买费用，增添设备、美化环境的费用，也包含馆舍修缮费、行政管理投入费用、业务费用等相关维持费用。除去学校财务的拨款，还会包含一些科研项目合作经费及自创盈利等。

(三) 物力资源成本

物力资源是货币资金的实物形态，主要是指馆舍建设投入、仪器设备投入及运行维护费用、实体藏书、电子期刊资料、杂志等物质资料的总和，体现了物化劳动的占有和消耗。在物力资源成本中主要是在馆舍及图书资源上的货币投入。

三、高校图书馆资源利用绩效价值评价的价值分析

(一) 高校图书馆资源利用绩效的价值

根据价值管理的公式，高校图书馆资源利用绩效可表示为

$$LPV = \frac{LPF}{LPC} \qquad (12-13)$$

式中，LPV 为图书馆资源利用绩效价值 (Library Performance Value)，LPF 为图书馆资源利用绩效功能 (Library Performance Function)，LPC 为图书馆资源利用绩效成本 (Library Performance Cost)。

（二）高校图书馆资源利用绩效价值系数

在价值管理过程中，功能和成本的单位往往不统一，图书馆资源利用绩效以图书馆功能指标的完成情况来衡量，而功能指标体系中指标完成量具有不同的单位，需要在价值管理理论中引入价值系数的概念。

①图书馆资源利用绩效功能系数可表示为

$$\text{LPFC} = \frac{F_{1i}}{\sum\limits_{j=1}^{n} F_{1i}} \qquad (12-14)$$

式中，LPFC 为图书馆资源利用绩效功能系数（Library Performance Function Coefficient），F_{1i} 为第 i 年份图书馆资源利用绩效功能值，$\sum\limits_{j=1}^{n} F_{1j}$ 为所有参评年份图书馆资源利用绩效功能总值。LPFC 反映的是某一年份图书馆绩效功能产出的贡献度。

②图书馆资源利用绩效成本系数可表示为

$$\text{LPCC} = \frac{C_{1i}}{\sum\limits_{j=1}^{n} C_{1i}} \qquad (12-15)$$

式中，LPCC 为图书馆资源利用绩效成本系数（Library Performance Cost Coefficient），C_{1i} 为第 i 年份图书馆资源利用绩效成本值，$\sum\limits_{j=1}^{n} C_{1j}$ 为所有年份参评图书馆资源利用绩效成本总值。LPCC 反映的是某一年份图书馆资源利用投入的成本占有度。

③图书馆资源利用价值系数可表示为

$$\text{LPVC} = \frac{\text{LPFC}}{\text{LPCC}} \qquad (12-16)$$

式中，LPVC 为图书馆资源利用绩效价值系数（Library Performance Value Coefficient），LPFC 为图书馆资源利用绩效功能系数（Library Performance Function Coefficient），LPCC 为图书馆资源利用绩效成本系数（Library Performance Cost Coefficient）。LPVC 反映的是图书馆资源成本投入与功能产出的相对契合度。

（三）高校图书馆资源利用绩效价值分析

价值系数一般维持在数值 1 附近，大于 1 或小于 1 都表示该评估对象存有需要改进的地方，价值系数恰好等于 1 是价值管理最为理想的状况，但这种理想化的情况通常不会出现。

当 LPVC>1，即 LPFC>LPCC 时，说明该图书馆这一年度的绩效功能相较于投入的成本存在富余的情况，需跟进成本的投入，若长期维持这个状态则容易导致绩效功能下滑。

当 LPVC<1，即 LPFC<LPCC 时，说明该图书馆的成本投入相较于其功能产出略大，存在资源浪费的情况，应改变其策略，在成本不变的情况下创造更多功能，或针对功能产出情况适当减少成本投入。

当 LPVC＝1，即 LPFC＝LPCC 时，说明该图书馆资源利用的绩效功能与产出非常契合，是一种最佳状态，应针对这一情况做好统筹分析，以用作之后工作的参考。

第四节　高校图书馆资源利用绩效价值评价实例分析
——以南京某本科院校 2013—2015 年图书馆资源利用绩效为例

根据前面价值管理原理的阐释和模型的建立，本章将选取南京某高校图书馆资源使用 2013—2015 年的功能成本数据做纵向评价，从而将价值管理理论运用到该图书馆的绩效评价中去。

一、建立价值管理专业小组

在高校内部实行价值管理是一项系统化和专业化的工作，为此，需要建立价值管理小组。小组的组成除了校内人员，即主要是高校图书馆工作委员会成员，另外聘请部分校外价值管理领域的专家参与，其职责包括收集数据、建立高校图书馆资源利用绩效价值评估模型、制定功能指标赋值绩点标准及成本级点标准、确定价值评估的对象、收集功能和成本相关数据信息、对图书馆资源利用进行功能成本分析、对图书馆资源利用运行状况作出绩效评价及提出图书馆资源利用绩效提升的改进方案。

二、制定图书馆功能绩点及成本级点标准

（一）图书馆功能绩点的概念及标准

1. 图书馆功能绩点的概念

图书馆资源利用的功能涉及经济功能、学术功能和使用功能 3 个一级指标，10 个二级指标，其功能值有各自的计量标准和单位，需引入功能绩点的概念用以统一制定标准。我们对高校图书馆资源利用的功能绩点作如下定义：高校图书馆资源利用的功能绩点是指高校图书馆运用自身的人力、财力、物力资源，在为学校师生员工的教学、科研提供服务的过程中实现的经济、学术和使用功能的赋值标准，绩点值的大小由该项功能的重要程度决定，亦受到所实现功能的质量和数量的影响。一般情况下，绩点值越大越重要，功能目标实现的数量也就越多，反之亦然。

2. 图书馆功能绩点的标准

在价值管理专业小组与内外专家充分调研与多次商讨修订之后，具体赋值如下。

（1）经济功能

查收查引次数：1 个绩点/次；科技查新项数：10 个绩点/次；各类咨询报告：10 个绩点/次；开设文献检索课程：1 个绩点/10 个学生。

（2）学术功能

科研项目：纵向科研经费以万元计，0.4 个绩点/万元；横向社会服务经费以万元计，0.2 个绩点/万元。

科研成果：论文被 SCI/EI/CSSCI 收录，2 个绩点/篇；出版专著：10 个绩点/本；发明专利：10 个绩点/个。

成果获奖：国家级奖项：1000 个绩点/项；省部级奖项：300 个绩点/项；市局级奖项：100 个绩点/项。

（3）使用功能

空间资源使用：年入馆总人次，以万次计算，10 个绩点/万次；报告厅使

用，1 个绩点/次。

纸质资源使用：年借还量，以万册计算，100 个绩点/万册；中外文期刊签到，以万册计算，100 个绩点/万册。

电子资源使用：电子资源下载数，以万次计算，10 个绩点/万次；电子资源检索数，以万次计算，5 个绩点/万次。

（二）图书馆成本级点的概念及赋值标准

1. 图书馆成本级点的概念

高校图书馆在为师生员工提供全面服务时必定会消耗相应的资源，其中人力资源以专业技术人员为核心，包括管理人员及临时用工人员；物力资源包括图书馆的建筑面积、馆藏图书及大宗设备；财力资源主要是保证图书馆正常运行的全部资金投入。由于这些指标的标的具有不同的单位，为便于定量计算，因此，引入成本级点的概念。所谓成本级点，是指高校图书馆在为师生员工服务实现其功能时所投入的人力资源、财力资源和物力资源的赋值标准，级点越多，说明投入的资源量越大，或者说占用的资源越多，反之亦然。

2. 图书馆成本级点的标准

（1）人力资源成本

以图书馆的专业技术及管理人员（临时用工人员）作为考核因素，以人为单位计量，高级职称人员：20 个级点/人；中级职称人员：10 个级点/人；中级职称以下人员：2 个级点/人。

（2）财力资源成本

根据财务决算报表，以每年学校给图书馆的财务总支出为考核因素，以万元计，支出额 1 万元计 1 个级点。

（3）物力资源成本

物力资源应该包括图书馆的建筑面积、馆藏纸质图书量及大宗设备的数量。本书选取建筑面积、馆藏纸质图书量及当年设备投入及运行费用作为主要考核指标。

建筑面积，以万平方米计，每万平方米的建筑面积计 100 个成本级点；馆藏纸质图书量以万册计，每万册图书 1 个成本级点；当年设备投入及运行费用以万元计，每万元投入 1 个成本级点。

三、搜集图书馆资源利用价值绩效评估的信息

（一）搜集评价对象的功能信息

根据指标体系搜集该高校图书馆 2013—2015 年功能指标完成信息。为使统计看起来一目了然，分别对 2013—2015 年该高校图书馆的经济功能、学术功能、使用功能进行统计。❶

1. 经济功能

2013—2015 年经济功能指标完成信息统计如表 12-3 所示。

表 12-3　2013—2015 年经济功能指标完成信息统计

年份	项目			
	查收、查引/次	科技查新/项	各类咨询分析报告/篇	开设文献检索课程学生/人
2013	279	39	30	2 271
2014	288	26	18	1 800
2015	164	8	40	580

2. 学术功能

学术功能指标完成信息统计如表 12-4 所示。

表 12-4　2013—2015 年学术功能指标完成信息统计

年份	项目							
	科研项目		科研成果			成果获奖		
	纵向经费到款数/万元	横向经费到款数/万元	发明专利数/项	出版专著数/本	论文被 SCI/EI/CSSCI 收录数/篇	国家级奖/项	省部级奖/项	市局级奖/项
2013	7 909	3 012	122	12	723	0	5	10
2014	6 689	1 314	138	6	1 147	1	4	6
2015	9 682	3 018	642	14	1 253	0	5	15

❶ 本书的图书馆案例分析数据均出自南京某理工类高校图书馆年报数据。

3. 使用功能

2013—2015 年使用功能指标完成信息统计如表 12-5 所示。

表 12-5　2013—2015 年使用功能指标完成信息统计

年份	项目					
	空间资源使用		纸质资源使用		电子资源使用	
	年入馆总量/万次	报告厅使用/次	年总借还量/万册	中外文期刊签到/万册	电子资源总下载/万次	电子资源总检索/万次
2013	107	102	22.4	2.2	167.5	701.4
2014	129	116	18.3	2.7	259.5	862.1
2015	146	112	14.8	2.8	426.7	953.3

其中对于纸质资源的使用与电子资源的使用占较大比重，因此，将纸质资源和电子资源的使用情况也分别列出（见表 12-6 至表 12-8）。

表 12-6　2013—2015 年图书馆纸质资源使用情况统计一览表

年份	项目	读者分类									
		本科生	工勤人员	海外教育学院	继续教育学院	教师/干部	离退休人员	图书馆工作人员	校外人员	研究生	总计
2013	借阅人次/(人·次)	13 440	30	576	79	519	18	68	3	2 385	17 118
	借阅册次/(册·次)	171 781	505	4 161	626	6 671	279	1 698	32	37 955	223 708
	有效读者/人	21 624	178	1 558	354	1 907	345	157	160	3 369	29 652
	借阅比例一/%	62.2	16.9	37.0	22.3	27.2	5.2	43.3	1.9	70.8	57.7
	借阅比例二/%	794.4	283.79	267.1	176.8	349.8	80.9	1 081.5	20.0	1126.6	754.4

年份	项目	读者分类									
		本科生	工勤人员	海外教育学院	继续教育学院	教师/干部	离退休人员	图书馆工作人员	校外人员	研究生	总计
2014	借阅人次/(人·次)	12 741	24	292	3	659	12	68	1	2 366	16 166
	借阅册次/(册·次)	140 919	268	1 610	30	7 908	171	1 397	2	30 490	18 2795
	有效读者/人	22 724	182	1 262	342	2 585	347	165	311	3 682	31 600
	借阅比例一/%	56.1	13.2	23.1	0.9	25.5	3.5	41.2	0.3	64.3	51.2
	借阅比例二/%	620.1	147.3	127.6	8.8	306.0	49.3	846.7	0.6	828.1	578.5
2015	借阅人次/(人·次)	11 644	14	114	1	632	11	56	3	2 201	14 676
	借阅册次/(册·次)	113 101	168	535	4	8 366	129	788	26	24 521	147 638
	有效读者/人	22 399	182	973	341	2 736	350	165	412	3 958	31 516
	借阅比例一/%	52.0	7.7	11.7	0.3	23.1	3.1	34.0	0.7	55.6	46.6
	借阅比例二/%	504.9	92.3	55.0	1.2	305.8	36.9	477.6	6.4	619.5	468.5

表 12-7 2013—2015 年中文库电子资源使用情况统计一览表 单位：篇

序号	期刊	检索量			下载量		
		2013 年	2014 年	2015 年	2013 年	2014 年	2015 年
1	中国学术期刊全文库	1 210 549	2 576 293	2 994 405	469 176	551 922	1 180 517
2	中国博士论文全文库	932 696	1 247 684	278 480	49 538	56 847	71 816
3	中国硕士论文全文库	1 015 243	1 248 701	2 260 485	114 700	186 666	296 402
4	中国重要会议论文全文库	1 542 179	1 135 163	1 010 202	15 083	10 661	11 792
5	中国重要报纸论文全文库	791 782	1 132 577	1 207 334	1 347	5 885	6 235
6	中国工具书网络出版总库	1 744	2 318	3 246	75	49	109
7	维普科技期刊库	36 147	58 489	36 147	74 277	95 277	481 218
8	万方数据资源系统	191 183	56 290	96 967	66 632	823	12 511
9	中国科学引文数据库（CSCD）	24 874	36 541	19 878	18 767	5 258	5 274
10	国研视点全文数据库	78 712	69 424	72 197	22 673	32 105	36 580
11	通信标准服务网（通信行业标准）	—	—	—	25 045	20 751	22 950
12	人大复印资料全文库	1 945	2 997	22 215	1 102	1 256	5 779
13	读秀学术搜索	435 522	368 697	418 397	102 683	130 386	176 070
14	电子图书 ger-ebook	—	—	—	186 626	157 381	123 255
15	新东方英语多媒体学习库	—	—	—	116 424	135 013	127 245
16	起点考试库	—	—	—	43 008	45 746	44 500
总 计		6 262 576	7 935 174	8 419 953	1 037 156	1 436 044	2 602 253

表 12-8 2013—2015 年外文库电子资源使用情况一览表 单位：篇

序号	数据库	检索量			下载量		
		2013 年	2014 年	2015 年	2013 年	2014 年	2015 年
1	ACM	33 848	2 603	9 460	10 141	11 069	10 800
2	APS	8 666	7 857	2 904	6 245	10 344	11 229
3	ACS	58 096	34 311	30 032	56 272	67 636	61 361
4	IEL	152 594	165 665	160 883	160 256	173 155	192 791
5	ELsevier SD	31 977	20 969	23 367	77 295	99 804	114 901

序号	数据库	检索量			下载量		
		2013 年	2014 年	2015 年	2013 年	2014 年	2015 年
6	Wiley	—	—	—	63 706	36 239	31 607
7	Spring Link				18 955	17 163	17 424
8	Nature	3 602	2 866	2 634	12 651	18 135	26 809
9	Science	—	—	—	3 022	5 525	4 506
10	百链云图书馆	275 821	325 532	420 695	21 093	67 349	96182
11	EBSCO-HOST	105 974	28 382	334 206	4 602	11 162	9302
12	PQDT	18 488	6 920	6 855	7 484	625	350
13	Ei Village2	24 538	28 672	33 870	—	—	—
14	SCI	—	—	—	132 865	416 484	687 549
15	CPCI	—	—	—	20 006	149 689	296 054
16	国道 SpcialSciDBS	34 744	58 200	55 214	35 446	62 633	58 783
17	OSA	2 650	3 834	3 050	7 320	12 364	8 136
18	ESI			28 342	—	—	25 409
19	InCites	—	—	1 294	—	—	11 268
总　计		750 998	685 811	1 112 806	637 359	1 159 373	1 664 461

4. 计算功能绩点

将统计所得数据转换成相应绩点，并计算功能绩点，如表 12-9 所示。

表 12-9　2013—2015 年图书馆资源利用绩效价值评估功能值总计

项目		年份		
		2013	2014	2015
经济功能绩点	查收、查引	279	288	164
	科技查新	390	260	80
	各类咨询分析报告	300	180	400
	开设文献检索课程	227	180	58

项目			年份		
			2013	2014	2015
使用功能绩点	空间资源使用	年入馆总量	1 070	1 290	1 460
		报告厅使用	102	116	112
	纸质资源使用	年借还总量	2 240	1 830	1 480
		中外文期刊签到	220	270	280
	电子资源使用	电子资源总检索	3 507	4 311	4 767
		电子资源总下载	1 675	2 595	4 267
学术功能绩点	科研项目	纵向经费到款	3 164	2 776	3 873
		横向经费到款	602	263	604
	科研成果	发明专利	1 220	1 380	6 420
		出版专著	120	60	140
		发表论文	1 446	2 294	2 506
	成果获奖	国家级奖	0	1 000	0
		省部级奖	1 500	1 200	1 200
		市局级奖	1 000	500	1 000
功能总绩点			19 062	20 793	28 811

代入指标权重值后计算功能总值，如表12-10所示。

表12-10　代入各指标权重计算功能总值

项目		年份		
		2013	2014	2015
经济功能绩点	查收、查引	9	9	5
	科技查新	149	10	3
	各类咨询分析报告	11	6	14
	开设文献检索课程	7	6	2

项目			年份		
			2013	2014	2015
使用功能绩点	空间资源使用	年入馆总量	173	209	237
		报告厅使用	16	19	18
	纸质资源使用	年借还总量	381	3119	252
		中外文期刊签到	37	46	48
	电子资源使用	电子资源总检索	666	819	906
		电子资源总下载	318	493	811
学术功能绩点	科研项目	纵向经费到款	345	303	422
		横向经费到款	66	29	66
	科研成果	发明专利	143	161	751
		出版专著	14	7	16
		发表论文	169	268	293
	成果获奖	国家级奖	0	113	0
		省部级奖	170	136	136
		市局级奖	113	57	113
功能总绩点			2652	3002	4093

（二）搜集评价对象的成本信息

1. 人力资源成本

高校图书馆的人力资源成本主要表现为图书馆支付给职工的薪金总量，包括国家规定的基本工资与津贴。而根据职称等级的不同，用于支付的薪金也各有差异。评估高校图书馆 2013—2015 年人力资源成本的统计，如表 12-11 所示。

表 12-11　2013—2015 人力资源成本统计　　　　单位：人

年份	项目		
	高级职称人数	中级职称人数	中级以下人员人数 含临时工
2013	12	30	58

续表

年份	项目		
	高级职称人数	中级职称人数	中级以下人员人数 含临时工
2014	15	26	49
2015	17	24	43

2. 财力资源成本

高校图书馆的财力资源成本主要包括每年学校在建设图书馆上的投入经费，用于新建或扩建馆舍、购置文献、增添设备、美化环境的基建费，也包含馆舍修缮费、行政费、业务费等相关维持费用。这里统计的是 2013—2015 年每年纸质资源投入、电子资源投入及相关行政费用（见表 12-12）。

表 12-12　2013—2015 年财力资源成本统计　　　　　单位：万元

年份	项目		
	当年纸质资源投入	当年电子资源投入	当年行政管理费用
2013	298.1	363.3	16
2014	333.2	376.4	24
2015	344.8	426.6	20

3. 物力资源成本

高校图书馆的物力资源是货币资金的实物形态，主要是指馆舍建设、仪器设备、实体藏书、电子期刊资料、杂志等物质资料的总和，2013—2015 年评估高校物力资源成本统计如表 12-13 所示。

表 12-13　2013—2015 年物力资源成本统计

年份	项目		
	当年设备投入及运行 维护费用/万元	图书馆馆舍面积 /平方米	馆藏图书总量 /万册
2013	32	41 949	202.0

年份	项目		
	当年设备投入及运行 维护费用/万元	图书馆馆舍面积 /平方米	馆藏图书总量 /万册
2014	45	40 549	203.4
2015	40	40 549	211.6

4. 成本级点

将统计所得数据转换成相应级点，计算成本级点值（见表12-14）。

表 12-14　2013—2015 年图书馆资源利用绩效价值评价成本值总计

项目		年份		
		2013	2014	2015
人力 资源 成本	高级职称人员	240	300	340
	中级职称人员	300	260	240
	中职以下人员（含临时工）	116	98	86
财力 资源 成本	当年纸质资源投入	298	333	345
	当年电子资源投入	363	376	427
	当年行政管理投入	16	24	20
物力 资源 成本	设备投入及运行维护	32	45	40
	图书馆舍	419	406	406
	馆藏图书	202	203	212
总级点		1 986	2 045	2 116

四、对高校图书资源利用绩效进行功能成本分析

（一）功能权重的确定

1. 一级指标专家打分

处理一级指标打分结果如表12-15所示。

表 12-15　一级指标专家打分统计

专家	一级指标		
	经济功能	学术功能	使用功能
专家 1	7	6	8
专家 2	5	6	10
专家 3	7	9	9
专家 4	7	9	10
专家 5	8	5	6
专家 6	6	9	7
专家 7	7	7	7
专家 8	5	8	5
专家 9	5	6	9
专家 10	8	8	4
平均分	6.5	7.1	7.5

根据 10 位专家对 10 个一级评价指标打分的平均值构建判别矩阵：

$$X_{ij} = \begin{bmatrix} 7 & 6 & 8 \\ 5 & 6 & 10 \\ 7 & 9 & 9 \\ 7 & 9 & 10 \\ 8 & 5 & 6 \\ 6 & 9 & 7 \\ 7 & 7 & 7 \\ 5 & 8 & 5 \\ 5 & 6 & 9 \\ 8 & 8 & 4 \end{bmatrix} \tag{12 - 17}$$

根据熵值法计算流程可以计算出 P_{ij}，e_j，g_j，W_j 分别为

$$\boldsymbol{P}_{ij} = \begin{bmatrix} 0.11 & 0.08 & 0.11 \\ 0.08 & 0.08 & 0.13 \\ 0.11 & 0.12 & 0.12 \\ 0.11 & 0.12 & 0.13 \\ 0.12 & 0.07 & 0.08 \\ 0.09 & 0.12 & 0.09 \\ 0.11 & 0.10 & 0.09 \\ 0.08 & 0.11 & 0.07 \\ 0.08 & 0.08 & 0.12 \\ 0.12 & 0.11 & 0.05 \end{bmatrix} \qquad (12-18)$$

$$\boldsymbol{e}_j = \begin{bmatrix} 0.993 & 0.985 & 0.977 \end{bmatrix} \qquad (12-19)$$

$$\boldsymbol{g}_j = \begin{bmatrix} 0.006 & 0.015 & 0.023 \end{bmatrix} \qquad (12-20)$$

$$\boldsymbol{W}_i = \begin{bmatrix} 0.136 & 0.340 & 0.523 \end{bmatrix} \qquad (12-21)$$

一高校图书馆资源利用绩效价值评价一级功能指标经济功能、学术功能、使用功能的权重分别为 0.136，0.340，0.523。

熵值法所得出的权重数值与传统权重确定方法相比较的优势可由图 12-3 比较看出。

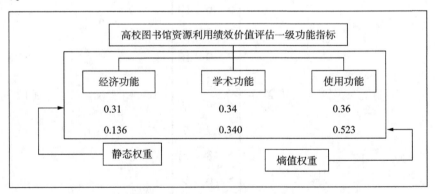

图 12-3　熵值法相较于传统权重确定方法优势的数据说明

2. 二级指标打分结果

处理二级指标打分结果（见表 12-16）。

表 12-16　二级指标处理打分结果统计

权重	指标									
	经济功能				学术功能			使用功能		
	查收查引	科技查新	各项咨询分析报告	开设文献检索课程	科研项目	科研成果	成果获奖	空间资源使用	纸质资源使用	电子资源使用
平均值	4.3	5.0	4.8	4.1	5.8	6.2	6.0	7.3	7.7	8.6
占比	0.236	0.274	0.264	0.225	0.322	0.344	0.333	0.309	0.326	0.364
二级指标权重	0.032	0.037	0.036	0.031	0.109	0.117	0.113	0.162	0.170	0.190

3. 一级和二级指标权重值

一级和二级指标分别权重值如图 12-4 所示。

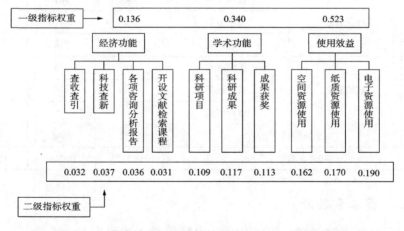

图 12-4　图书馆资源利用绩效评价一级、二级指标权重

（二）功能系数的计算

根据评估图书馆 2013—2015 年的指标完成情况，对应二级指标的指标，按照功能系数计算公式（式 12-14）得出各年度的功能系数（见表 12-17）。

表 12-17　2013—2015 年功能及功能系数统计

项目			年份		
			2013	2014	2015
经济功能绩点		查收、查引	9	9	5
		科技查新	149	10	3
		各类咨询分析报告	11	6	14
		开设文献检索课程	7	6	2
使用功能绩点	空间资源使用	年入馆总量	173	209	237
		报告厅使用	16	19	18
	纸质资源使用	年借还总量	381	3119	252
		中外文期刊签到	37	46	48
	电子资源使用	电子资源总检索	666	819	906
		电子资源总下载	318	493	811
学术功能绩点	科研项目	纵向经费到款	345	303	422
		横向经费到款	66	29	66
	科研成果	发明专利	143	161	751
		出版专著	14	7	16
		发表论文	169	268	293
	成果获奖	国家级奖	0	113	0
		省部级奖	170	136	136
		市局级奖	113	57	113
功能总绩点			2652	3002	4093
功能系数			0.272	0.308	0.420

（三）成本系数计算

根据评估图书馆 2013—2015 年投入总额汇总，按照式 12-15 计算图书馆每年度的成本系数（见表 12-18）。

表 12-18　2013—2015 年成本及成本系数统计

项目		年份		
		2013	2014	2015
人力资源成本	高级职称人员	240	300	340
	中级职称人员	300	260	240
	中职以下人员（含临时工）	116	98	86
财力资源成本	当年纸质资源投入	298	333	345
	当年电子资源投入	363	376	427
	当年行政管理投入	16	24	20
物力资源成本	设备投入及运行维护	32	45	40
	图书馆舍	419	406	406
	馆藏图书	202	203	212
总级点		1986	2045	2116
成本系数		0.323	0.333	0.344

（四）价值系数的计算

根据式 12-16 计算该图书馆 2013—2015 年每年度的价值系数（见表 12-19）。

表 12—19　2013—2015 年价值系数统计

系数	年度		
	2013	2014	2015
功能系数	0.272	0.308	0.420
成本系数	0.323	0.333	0.344
价值系数	0.842	0.925	1.221

五、该校图书馆资源利用绩效的价值分析

对高校图书馆资源利用绩效进行功能、成本、价值分析，最终目的在于改进提高图书馆资源利用绩效价值。对于该校图书馆 2013—2015 年不同的价值系数，应针对具体问题，分析差异的缘由，从而通过改进功能和合理配置成本，挖掘出图书馆自身的潜力，实现图书馆与高校一并发展的优良局面，即在提高图书馆资源利用绩效价值的同时提高高校的整体实力和竞争力（见表 12-20）。

表 12-20　2013—2015 年图书馆资源利用绩效评估结果及排序

年度	项目					
	绩效功能		绩效成本		绩效价值	
	功能系数	排名	成本系数	排名	价值系数	排名
2013	0.272	3	0.323	3	0.842	2
2014	0.308	2	0.333	2	0.925	1
2015	0.420	1	0.344	1	1.221	3

注：其中绩效功能和绩效成本的排序是按照系数大小而定，绩效价值的排序是按照其价值系数与价值系数理想值（等于 1）接近度排名，差距越小越靠前。

由价值系数的计算公式可知，当 LPVC = 1 时，表明这一年图书馆资源的利用绩效价值最优，即这一年度功能和成本相适宜，暂时不需要改进。但这仅仅是一种理想状态，是工作时实际追求的目标，很难恰好实现。因此，以 LPVC = 1 为参照标准，拟定可接受的价值系数偏差为 0.2（不计十分位之后的小数点），即当 0.8≤FPVC≤1.2 时，该价值系数被认为是较为合理的。标准确定后，我们可以看到以下几点。

①该校图书馆资源利用绩效呈逐年增加的态势，说明该校对图书馆资源的投入是有效的，使用功能与学术功能两者呈正相关性，即随着使用功能的增加，学术功能也随之增加，较好地体现了学校图书馆对教学科研的贡献度，对图书馆资源的配置和利用总体是合理的，应当对图书馆工作给予充分的肯定。

②从分析的结果来看，三年的成本级点大致相当，其成本系数分别为 0.323、0.333、0.344，说明该校对图书馆的投入变化不大，每年的投入略有提高，绩效的提升主要来源于各项功能值的提高。

③对功能绩点的分析可以看到，经济功能的绩点变化不大，其占的比重也较小，使用功能绩点和学术功能绩点提高的较多，所占的比重也较大。在使用功能中，空间资源的使用逐年增加，学生的入馆人数每年递增，表明图书馆仍然是师生员工较好的学习空间；纸质资源的使用则逐年下降，与此同时，电子资源的使用大幅增加，说明师生的阅读习惯正发生根本性的改变。在学术功能中，科研经费纵向稳步增长，对功能值贡献较多，横向经费较少且增长缓慢，对功能值贡献

偏少；成果获奖普遍较少，对功能值贡献较低；科研成果中，专利和论文逐年增长，尤其是专利增长显著。

④2013 年的价值绩效略低于理想状态，主要在于使用功能绩点和学术功能绩点较低。在使用功能中，尽管纸质资源的使用量是历年最多的，但电子资源使用情况较 2014、2015 年偏低；在学术功能中，科研项目和科研获奖大致相当，科研成果（发明专利和发表的论文数）则较少，使得该年的资源利用绩效较差。

⑤2014 年的价值系数最接近 1，说明该年资源利用的功能与资源投入的成本比较匹配，2014 年资源运行的价值绩效则是最好的参照，图书馆管理人员可以通过分析 2014 年的投入成本与功能产出的情况，制订能够使得价值最大化的管理方案。

⑥2015 年的价值系数大于 1，说明该年资源利用的功能大于资源投入的成本，对整体绩效贡献最大的除了使用功能中电子资源使用效率高外，学术功能中，在科研成果里发明专利数有了显著的增长，贡献了 751.14 个绩点，是前两年的 5 倍左右。功能值偏离理想状态较远，是一种高效能不稳定的状态，或功能过剩的状态。

六、提升图书馆资源利用绩效价值的建议与对策

对该校图书馆资源利用三年的绩效进行价值分析，可以清楚地把握资源利用的状况，进而制定针对性的持续改进方案，以提高图书馆资源利用的绩效价值。

（一）充分发挥图书馆的功能，切实为教学科研工作提供有效保障

现代化的图书馆是现代化大学的三大支柱之一（师资、教学设备、图书馆）。图书馆文献量的多寡、服务水平的高低、技术设备的好坏已成为衡量一所大学教学、科研水平的重要指标。高校图书馆的职能主要有两个方面：教育职能和情报职能。教育职能体现在对学生进行思想政治教育、专业教育、综合教育、文献检索和利用教育四个方面；情报职能体现在充分开发与利用图书馆的文献资源，为教学和科研提供高层次的情报信息上。

从上述分析中不难发现，总体而言，高校学术功能的提升伴随着图书馆资源利用的使用功能的提高，说明了图书馆与该校学术水平的提高是高度关联的。但

就图书馆职能的发挥而言，教育职能发挥还不够，情报职能也有需要改进的空间。在查收、查引、提供各类咨询分析报告及为学生开设文献检索课程等方面，不仅数量少，而且呈逐年下降态势，这方面的工作在今后需要得到大力加强。从空间资源和使用情况来看，该校图书馆每年的学生入馆人数呈稳定的递增状态，表明图书馆作为师生员工学习空间的效用仍然是主要的功能，应当进一步改善硬件条件，扩大阅读空间，提供优良的阅读环境。从对图书馆的资金投入来看，三年中没有太多的增加，也在一定程度上制约了图书馆功能的发挥，如 2015 年的价值绩效明显偏离理想状态，这是一种高效能的不稳定的状态，要继续保持这样的高绩效，需要增加投入，以不断改善软硬件设施。硬件设施是影响资源利用的重要因素，可借助书刊橱窗、专题书架、书刊展示台与多媒体工具等，积极向学生传达信息，转变图书馆单一的藏书定位，进而转向更为立体互动的信息交流模式。电子阅览设备多受网络连通速率的影响，因此，一个畅通无阻的网络对于提高图书馆电子资源的使用效率影响颇大，加强图书馆的网络建设，减少故障并提高网速，定能使电子资源的使用效率再上一个台阶。此外，在版权允许的范围内加大高校间的协同发展，加大馆际互借及文献共享的力度，既提高了资源的使用效率，又在一定程度上实现了成本节约。

（二）绩效评价服务于资源配置，切实提高图书馆资源的使用效率

高校图书馆资源利用的绩效评价目的在于对资源利用的情况作出客观的分析，为有效地利用和配置资源提供可靠和科学的依据。就目前高校的图书馆现状而言，为读者提供的资源包括空间资源、纸质资源和电子资源，具体到一所高校，相对而言，空间资源的进一步拓展往往会受到很大的限制，而纸质资源和电子资源就成了资源配置的主要方面。

从该校图书馆资源使用的现状来看，出现了一个非常明显的趋势：纸质资源使用的逐年递减和电子资源使用的大幅增加，这从一个侧面说明了图书馆用户的阅读习惯正发生较大的变革，电子资源将成为未来用户使用的主要渠道，在配置资源时应当根据这一现状进行调整。因此，高校图书馆要及时适应这一变化，科学合理配置电子资源，将电子资源的有效使用，特别是提高用户的信息获取能力列为重点工作。建立统一的电子资源平台，通过对不同格式、不同类型、不同来

源的信息整合，使其相互融合，无缝链接，实现跨库检索，以利师生更便捷地查找电子资源；开通外网合法用户访问权限，实现读者在校外对校内图书馆信息资源的远程访问，为师生的学习和科学研究提供方便；对数据库的使用情况进行统计分析，结合高校的学科特点，建立相关性更高的专业数据库，自主开发有特色、有个性的数据库以提高有限资金的使用效率；加强计算机网络软硬件的维护，确保用户获取学术资源信息的畅通。

（三）加大图书馆资源宣传的力度，发挥馆员的信息导向作用

用户是否了解图书馆已有的资源是影响图书馆资源利用率高低的重要因素之一。从该校电子资源使用的情况来看，数据库使用的效率极不平衡，有的下载数、检索数都较高，有的数据库使用率不太理想。究其原因在于用户对相关的数据库或不太熟悉，或不会使用，因此，图书馆应当从以下两个层面加大工作的力度。一方面，加大对现有资源的宣传力度，要充分利用 Web 2.0 技术，采用 RSS、博客、微博等形式，主动到学生喜欢去的网站搭建平台，包括推荐服务区、问题解答区、学术交流区、经典书评区等，让学生进行知识的交流和分享及新书的推荐和评论，这样把传统的、单一的信息服务变为互动的、个性化的高效服务，让读者了解电子资源。除此之外，还要着力提高读者正确有效地使用电子资源的能力，建立多形式的电子资源使用帮助系统，通过在线咨询服务，及时有效地化解使用中的难题；积极开设资源专题讲座及相关文献检索课程，以提高用户对于资源的使用能力。另一方面，发挥馆员的信息导向作用，提升馆员的整体素质和服务水平。现代高校的图书馆管理人员，不但要具有图书情报方面的专业知识，还要掌握计算机网络技术及数据库的相关知识，因此，要有组织、有计划地开展馆员的培训工作，使得他们不仅熟悉馆藏电子资源结构，还要及时整理出读者最感兴趣、最有价值的信息，并对读者的阅读内容和检索方法等做好导引工作，从而为广大师生提供高质有效的服务。

（四）借力绩效评价的手段，对高校图书馆资源利用实施绩效管理

对高校图书馆资源利用实施绩效管理是指为实现图书馆的工作目标，通过管理人员和员工持续地沟通，经过绩效计划、绩效实施、绩效评价和绩效反馈四个环节的不断循环，不断改善图书馆资源利用的绩效。

对高校图书馆资源利用实施绩效评价是全面实施绩效管理的关键环节，是图书馆日常工作的重要组成部分，不应当被认定为某一阶段（年终）的特定活动，因此，需要建立一个资源利用绩效管理体系。这个管理体系包括以下几方面的内容：建立内部绩效评价小组，积极培养从业人员的绩效评估意识，使其成为图书馆图书借阅之外的另一项系统而常规的工作，在科学合理的评价体系的引导下，注重收集和传递绩效信息，并以规章制度的形式确定下来，从而确保其不间断、准确、高效的执行；绩效评价小组在绩效改进方面应有明确的目标，目标既可以是宏观也可以是具体细致的，要在结合绩效评价结果的基础上制定目标，进而提出切实可行的计划和具体实施方案；进行绩效沟通与辅导，通过定期的报表和有关记录，收集和积累资源利用的绩效数据，对偏离目标的行为及时进行纠偏，保证绩效管理过程的有效性；绩效考核与反馈，直接根据绩效评价模型对计划阶段制定的考核指标和标准进行评价，对前一绩效周期的成果进行检验和反馈；绩效诊断与提高，针对评价的结论进行价值分析，提出改进方案，总结提高并进入下一循环。

价值管理理论应用到高校图书馆资源利用绩效评估中是一种极具现实意义的新的尝试，选取图书馆资源利用绩效作为价值研究的对象，运用建立的价值评价模型对某一高校图书馆不同年份的绩效功能与成本进行价值分析，弥补了传统评价方式重投入轻产出且评价过于主观模糊的缺陷，为后续的绩效改进提供了依据。同时，该评估模型也可应用到高校校际间图书馆资源利用绩效评价中去，具有较强适应性，相信会在今后的高校管理中得到应有的重视。

价值管理的理论和方法源于企业，将其引入到高校图书馆资源利用绩效评价之中，不是生搬硬套，而要结合高校的特点，创新方法和手段，从指标体系的甄选，到评价方法的应用，从评价模型的建立，到评价结果的分析，都需要从整体上把握高校图书馆的本质特征，以最大限度地体现绩效评价在评价目的、评价对象、评价范围、评价使用等方面的特指性，提高价值管理应用于高校图书馆资源利用绩效评价的科学性。

当然，借鉴价值管理的理论和方法对高校图书馆资源利用绩效进行价值评价是一种新的尝试，有许多方面仍需要做进一步思考和改进。本书采用价值管理"产出/投入"这一相对简单的模型，而高校图书馆因为它本身的特性决定了其投入、产出有时难以清晰界定，评价结果仍有可能会与实际产生少许偏差。对不同类型、不同层次高校而言，衡量其图书馆资源的功能产出的标准是有差异的，受文章篇幅所限，本书的指标体系只是根据理工科高校的特点而确定的，而对于其他类型的高校显然是不合适的。另外，选取南京某高校图书馆 2013—2015 年度的数据，年份跨度并不够长，由于高等教育产出的滞后性特点，会使得评价结果并不如预计中那样充分，仍需要进行跟踪、研究及反馈。总的来说，基于价值管理视角的高校图书馆资源利用绩效价值评价在一定程度上反映了高校图书馆的资源利用情况，可以为优化高校图书馆资源配置提供参考，其作为高校图书馆资源利用绩效评价方式的一种，是对传统评价的方式的补充和丰富。

第十三章
价值管理在高校物资采购控制中的应用

近年来，我国高等教育事业正处于高速发展阶段，国家加大了对高校教育经费的投入，学校的教学仪器、实验设备、图书馆资料等大宗物资的采购量也在迅速发展。将价值管理原理引入高校物资采购中，对投标单位所提供的物资进行功能成本分析，科学选择中标单位，配置合理物资设备，实现学校投入效益的最优化，不仅可以为学校培养高质量的人才提供物质保证，为学校科研工作的顺利开展创造有利条件，同时还能为学校创造较高的经济效益，带来良好的社会效益。因此，在高校采购物资中尽可能降低采购成本，提高投资的效益和提升投资价值势在必行。

第一节　高校物资采购中存在的问题

一、过度放大价格的因素

当前，高校物资采购的评标办法一般有两种，一是低价中标法，在其他条件具备的情况下价低者中标；二是综合评分法，综合考虑产品的技术质量，供方的信誉、品牌，供后的服务水平，以及产品的价格等，其中价格因素往往占有很大的比重。因此，在现实的采购工作中，会过度放大价格因素而忽视了其他的因素。因为资金有限或是来源不足，在高校物资采购中就将价格放在评标的首位，甚至将压低物资的价格作为物资采购的唯一目的而忽视物资的质量和售后服务。物资的质量是最重要的要素，也是物资采购的核心，应该是首要考虑的关键要素。在物资采购过程中，要把质量放在首位，服务紧随其后，要相同质量讲服务，相同服务讲价格，确保使用部门能够顺利使用物资。

二、片面追求物资的功能

高校物资采购的特征是数量大、品种多、对象复杂。面对品种繁多、数量较大的物资需求，很多商家、厂家就片面想以尽可能多而且先进的功能争得这一市场，以求在招标中赢得优势，为高校提供尽可能多的物资。同时，高校为了迎合教育和科技的不断发展，特别是在采购高科技产品的过程中确实会出现片面追求物资的功能而忽略了用户本身的实际要求的情况，且由于商品的品种和质量也随着技术开发和技术创新而飞速变化，因此，在编制采购计划的过程中，往往是脱离实际的需要追求高大上，使得确定的技术参数、技术指标、商品质量过高，造成功能的过剩，产生不必要的资金浪费现象。

三、缺少专业化的工作队伍

高校采购的物资涉及的面广，许多物资设备的专业性非常强，需要有专业技术人员的参与。高校一般设有招投标办公室，有的是独立设置，大多是与财务处、监察处等合署办公，人员严重不足。一方面，管理人员不够，造成工作头绪多难以应付，很难做细；另一方面，专业技术人员更缺，在编制采购计划的过程中对所采购物资的功能定位不准的现象经常发生，给招标和评标工作带来了不利影响。

四、缺乏谈判议价的能力

在高校的采购招标中主要采用公开招标的方式。由于高校教学、科研设备技术指标复杂、性能指标精确度高，现行选用的单一的公开招标方式已很难满足需求。当前，大部分高校对设备的采购招标还没有完全进入市场化阶段，在招标的过程中由于宣传力度不足，来参加竞标的商家相对较少，有的甚至只有唯一的商家参加竞标，不得不采取选择招标、谈判招标采购的形式，这样就使得学校在设备的购买方面处于被动地位，需要在实现的功能和提供的资金方面作出科学合理的选择，与商家进行谈判和议价能力还不强。

第二节　建立物资采购的价值管理模型

采购物资的评标，就是在高校物资采购复杂的采购种类和采购内容的情况下，通过竞争选择一个能实现采购目标，又同时实现采购成本在同期采购计划下处于较低水平的状态。采购工作中的这一目标与价值管理所要实现的价值管理最优的目标是一致的，因此，将价值管理的理论应用于高校的物资采购中是切实可行的。

一、采购物资的功能界定

采购物资功能的界定是一个系统的过程，它包括功能指标体系的建立、指标权重的确定和功能值的计算三个部分。完善的功能指标体系是所有评标工作开展的前提，而指标权重的确定能够显示出各个指标之间的重要度区别，是投标单位采购物资价值评估定量分析的根据。在分析采购物资功能的基础上，建立较为健全的评估指标体系，再结合专家打分法确定各个功能指标的权重，最后利用加权平均法计算各投标单位所提供的采购物资的功能值。

（一）采购物资的功能指标体系的建立

需要建立功能指标一级指标和二级指标，一级指标包括产品技术与产品质量、履约能力与经营业绩、售后服务与维保承诺。一级指标下还可以有二级指标，产品技术与产品质量指标下包括产品的技术参数满足度，以及产品质量（根据产品的先进性、匹配性、稳定性、专业性、可靠性等划分等级）；履约能力与经营业绩指标下包括投标产品生产者（制造商）资质、近两年的销售额及成功案例情况；售后服务与维保承诺指标下包括免费质保、施工组织方案、本地化服务能力、后期服务方案等。

（二）采购物资的功能指标权重的确定

确定功能权重系数一般采用评分法或环比排序法等对各项功能的重要程度进行评价，计算或明确各项功能权重系数。

1. 评分法

一种对定性描述进行定量化转化的方法，选择领域内若干代表性专家根据评价对象的特征制定评价标准，将评价指标划分评价等级，并根据等级赋予得分范围，等级的选择可以参照学界公认的标准，按 10 分制的评分标准，可按 9~10 分、7~8 分、5~6 分、3~4 分、1~2 分打分。专家综合自己的经验和主观判断，依据制定的标准给出各评价指标的打分，经过对评分结果的综合、整理、分析，最终得出评价结果的方法。

2. 环比评分法

一种通过确定各因素的重要性系数来评价和选择创新方案的方法，是指从上至下依次比较相邻两个指标的重要程度，给出功能重要度值，然后令最后一个被比较的指标的重要度值为 1（作为基数），依次修正重要性比值，以排列在下面的指标的修正重要度比值乘以与其相邻的上一个指标的重要度比值，得出上一指标修正重要度比值。用各指标修正重要度比值除以功能修正值总和即得各指标权重。

（三）采购物资功能值的计算

根据功能指标体系所列各项指标，对各项功能给予一定的赋值标准，赋分标准如下。

1. 产品技术与产品质量（满分 100 分）

①产品技术参数满足度。投标产品满足标书全部技术要求的得 60 分；在此基础上，有一项正偏离（评委会认定有实际意义）得 1 分，有一项不满足扣 2 分，最高不超过 70 分；6 项及以上不满足的本项不得分。

②产品的质量。根据投标产品先进性、匹配性、稳定性、专业性、可靠性等划分等级，本项总分不超过 30 分。

2. 履约能力及经营业绩分（100 分）

①投标产品生产者（制造商）资质（50 分）。通过 ISO 9001 质量管理体系认证的得 25 分；通过 ISO 14001 环境管理体系认证的得 25 分。

②投标人所投产品的生产者上年度实际完成的产品销售额（30 分），按照销售额高低前三名的分别得 30 分、20 分、10 分。

③投标供应商所投品牌的产品近两年以来单个合同供货成功案例（20 分）。

3. 售后服务及维保承诺（100 分）

①响应招标文件要求免费质保及维保期限 6 年的，得 20 分，不响应不得分。在 6 年质保及维保基础上，免费质保及维保每延长 1 年加 2 分，最高得 25 分。

②投标人具备本地化服务能力（25 分）。在本市设有生产者授权的售后服务机构得 25 分。

③项目整体施工组织设计及安装完成验收方案的科学性、合理性、可靠性，较好的 25 分，一般的 20 分。

④免费质保及维保期内及期后服务方案（25 分）。如服务体系、服务内容、故障解决方案、响应时间、软件升级、专业技术人员保障及培训计划等。

评标委员会专家对各方案功能满足程度分别用百分制打分并取平均值，按照各功能指标的权重系数加权得分。所有的参数应在招标文件中载明。

二、采购物资的成本界定

采购物资的成本是由买价、采购费用、售后服务维保费用构成的。买价即产品本身的报价；采购费用包括运杂费、运输途中的合理损耗、入库前的整理挑选费用和国外进口物资应负担的进口关税；售后服务的维保费用，包括项目施工安装、故障解决、软件升级、产品配件的优惠供应等。这些费用应全部包含在投标单位的报价成本之中。

三、采购物资价值的界定

（一）采购物资的价值

由价值管理的原理可知，价值管理并不是单纯地追求降低成本，也不是片面地追求功能的强大，而是追求二者的比值提高。把价值管理引入采购评标中，就是利用价值管理的原理，预设评标因素与评标标准，通过一定的评审程序对各投标文件进行分析，比较各种采购方案，用科学的分析方法，力求处理好功能与成本关系，使资源得到更有效的利用，从而选择价值较高的投标者，最终选择切实可行的方案并对此进行优化和改进。根据价值管理的公式，高校采购物资的价值公式可表示为 PGV = PGF/PGC。其中，PGV 为采购物资价值（Procurement Goods Value），

PGF 为采购物资功能（Procurement Goods Function），PGC 为采购物资成本（Procurement Goods Cost）。

（二）采购物资的价值系数

在价值管理理论中引入价值系数的很重要的原因是功能和成本的单位不统一。采购物资的价值是以采购物资的功能指标实现情况来衡量的，某种物资功能指标体系中的指标具有不同的衡量标准，如产品的技术参数、产品的信誉和品牌的质量、履约的能力和经营的业绩、项目施工、售后服务、免费质保及维保承诺情况，虽然我们为了统一计量功能值，把功能值按照其实现的情况赋予了相应的得分，但其单位是"分"，而采购物资的成本都是以货币来衡量，单位为"元"，单位不统一不具有比值意义。针对这一主要问题，在高校采购物资的价值计算中通常采用相对系数比的形式。

①采购物资的功能系数如式（13-1）所示：

$$PGFC = \frac{F_i}{\sum_{j=1}^{n} F_j} \tag{13-1}$$

式中，FPFC 为采购物资功能系数（Procurement Goods Function Coefficient），F_i 为第 i 个投标单位的功能值，$\sum_{j=1}^{n} F_j$ 为所有投标单位的功能总值。

把单个参投单位的功能值与全部参投单位功能值总和作比，采购物质的功能系数反映的是某参投单位的功能值的相对大小。

②采购物资的成本系数如式（13-2）所示：

$$PGCC = \frac{C_i}{\sum_{j=1}^{n} C_j} \tag{13-2}$$

式中，PGCC 为采购物资成本系数（Procurement Goods Cost Coefficient），C_i 为第 i 个投标单位的成本值，$\sum_{j=1}^{n} C_j$ 为所有投标单位的成本总值。

把单个投标单位的成本值与全部投标单位的成本值总和作比，物资采购的成本系数反映的是某投标单位成本值的相对大小。

③采购物资的价值系数如式（13-3）所示：

$$PGVC = \frac{FPFC}{FPCC} \qquad\qquad (13-3)$$

式中，PGVC 为采购物资价值系数（Procurement Goods Value Coefficient），PGFC 为采购物资功能系数（Procurement Goods Function Coefficient），PGCC 为采购物资成本系数（Procurement Goods Cost Coefficient）。

（三）采购物资的价值分析

当 PGVC>1，即 PGFC>PGCC 时，说明该投标单位所提供的采购物资的功能相对于购买成本是有过剩的，物美价廉。

当 PGVC<1，即 PGFC<PGCC 时，说明该投标单位所提供的采购物资的功能相对于购买成本是不足的，物次价贵。

当 PGVC=1，即 PGFC=PGCC 时，说明该投标单位所提供的采购物资的功能相对于购买的成本比较匹配，物有所值。

价值系数大于 1 或者小于 1 的情况在实际运用的过程中比较常见，在采购物资中运用价值分析，为合理地选择中标方案提供了科学的依据，在具体应用中还需要结合其他的因素综合考虑。

第三节　价值管理在高校物资采购中的应用实例分析

某高校预为全校学生宿舍购置 7500 台（功率为 1 匹，1 匹=0.746kW）空调设备，现向社会公开招标。现有 A、B、C 三家投标单位合格，A 的竞标价格为 2100 万元，B 的竞标价格为 1900 万元，C 的竞标价格为 1700 万元。现以价值工程方法进行详细分析和评审，步骤如下。

一、确定功能指标

以空调招投标作为价值管理研究的对象，各项功能一级指标分别为 F_1（空调技术与空调质量）、F_2（履约能力与经营业绩）、F_3（售后服务与维保承诺）。

二、进行功能成本分析

首先，按照各功能重要性程度进行比较，计算出各功能权重系数 K_i（见表 13-1）。

表 13-1　功能权重系数计算

指标	F_1	F_2	F_3	得分/分	K_i
F_1	3	2	4	9	0.39
F_2	3	3	2	8	0.35
F_3	2	4	2	6	0.26
合计	—	—	—	23	1.00

其次，计算各投标单位的功能系数，由评审委员会对各评标方案的各功能满足程度以百分制评分，将各方案得分按功能权重系数 K_i 加权，然后得出各方案的功能系数 F_i（见表 13-2）。

表 13-2　各投标单位的功能系数计算

投标单位	F_1	F_2	F_3	加权得分 $(F_i \times K_i)$	功能系数 F_i
	0.39	0.35	0.26		
A	95	88	85	89.95	0.336
B	85	90	87	87.27	0.326
C	93	90	88	90.65	0.338
合计	—	—	—	267.87	1.000

再次，计算各投标方案的成本系数（见表 13-3）。

表 13-3　各投标单位的成本系数计算

投标单位	A	B	C	合计
投标报价/万元	2100	1900	1700	5700
成本系数 C_i	0.368	0.334	0.298	1.000

最后，计算各投标方案的价值系数（见表 13-4）。

表 13-4　各投标单位的价值系数计算

投标单位	A	B	C
功能系数 F_i	0.336	0.326	0.336
成本系数 C_i	0.368	0.334	0.298
价值系数 V_i	0.913	0.976	1.123

三、进行价值分析并确定中标单位

从表 13-4 中可见，C 投标人的价值最高，选择该投标人中标。C 投标人获胜的原因不仅在于其价格最低，而且该厂家提供的空调功能也是最好的，其性价比最高。

可见，价值管理理论在高校物资采购评标中的应用应该能较好地解决目前招标投标活动中的一些问题。通过科学的方法进行招标投标，不但有效地提高了招标过程中的效率和积极性，同时有效地引导了生产者的经营方向及销售过程中的不足。现阶段对价值管理在高校管理中的实际应用还是鲜少出现，倡导科学的理念和方法应用于实践中是高校管理者需要不断为之努力的。

第十四章
价值管理在高校学科建设绩效评价中的应用

学科是高校的基本单位，学科建设是推动高校"双一流"建设的基础性工程，学科建设绩效评价是推动学科建设的重要保障。从高校学科建设绩效评价及内涵出发，分析当前高校学科建设绩效评价中存在的问题，建立高校学科建设绩效价值评估模型，通过对学科建设的过程和结果进行功能成本分析，进而对高校的学科建设的成效得出科学、公正、客观的评价，不仅可为中央和地方政府合理配置教育资源提供决策依据，以实现投入效益最优化，而且可以使高校从评价的结论中认清自身在学科建设中的优势和差距，从而有针对性地进行持续改进，促进学校学科建设健康有序发展。

第一节 高校学科建设绩效评价及其内涵

一、学科

学科主要有三种含义：一是指教学的科目，是学校教学的基本单位，如数学、英语等；二是学术的分类，是科学的分支，如社会科学的教育学、法学等；三是指学术或学界的组织，是高校教学、科研等的功能单元，也是对高校人才培养、教师教学、科研业务隶属范围的相对界定。

二、学科建设

作为大学的基础工程，学科建设以教育学和管理学两个领域的理论为指导，根据学科发展的内在规律及学校特色与优势，确定适合自身发展的研究方向，培养优秀的学科团队，为社会培养高素质的人才，产生高水平的科研成果，形成高规格的科研基地，从而提高高校整体的学术水平。

三、学科建设绩效评价

评价主体从投入与产出两个视角，对建设过程中人才培养、科学研究、学科平台、学科队伍、学科影响的过程和成果进行测量，考核学科建设的成果和效率，为政府主管部门或高校内部管理提供决策参考。

第二节　高校学科建设绩效评价的现状分析

一、评价之初存在的问题

（一）概念界定需清晰

一部分学者认为学科建设绩效是建设结果，另一部分学者认为建设的过程和结果都应当纳入绩效的范畴。绩效应当包含两个方面的含义：一方面是指建设获得的成果，通常以产出绝对值的方式呈现；另一方面是指建设的效率，即与资源投入相关的产出值，通常是以产出相对值的形式出现。从投入—产出的角度来界定学科建设的绩效更为完整和准确。

（二）评价目的需端正

以资源配置导向为目的评价往往会导致功能性的倾向。开展学科建设绩效评价应当立足于诊断性评价，通过评价发现学科建设中的不足，通过结果的反馈提出改良意见；立足于激励性评价，对评价结果中进步显著的弱势学科应该给予资源上的支持。

（三）评价主体需明确

高校学科建设绩效评价主体呈多元化状态，常见的有政府、第三方评价机构及高校本身。三者所承担的任务不尽相同：政府对高校学科建设的绩效评价旨在为其资源分配提供依据；第三方机构开展评价的主要目的是为社会公众了解高校学科水平提供服务；高校自我评价着眼于对校内各学科建设的持续改进。

二、评价之时存在的问题

（一）评价指标需完善

当前评价体系仍然不健全，有些指标是产出的绝对值，有些则是平均值，这将会导致评价结果不科学。

（二）评价标准需统一

评价标准是价值界限和优良程度的标杆。现有学科建设评价标准存在不确定性，各类评价机构所列的指标体系都存在着一定的差异，导致评价结果五花八门。

（三）评价方法需科学

科学的评价方法有利于保证评价工作顺利展开和结果的有效性。目前绩效评价常用的方法有数据包络分析法、层次分析法、平衡记分卡等，每种方法都有其优缺点，尚需要选择更为科学的评价方法。

（四）评价信息需真实

高等教育服务特殊性给数据信息的公开和获取增加了很大的难度，信息的透明度较低，相关信息和数据的获取成为绩效评价的最主要障碍，信息公开在高校要进一步落实。

三、评价之后存在的问题

（一）评价结论需公正

市场导向容易导致重效率、轻公平，重结果、轻过程的问题，由于利益相关者的存在，往往会与事实产生偏差，对于评价结果会产生影响。

（二）评价反馈需及时

美国心理学家斯金纳认为，行为结果越及时地反馈给本人，越有利于工作改善。然而实际评价中往往更多地关注评价过程，评价结束后的结果得不到及时有效的反馈。

（三）持续改进需落实

绩效评价是为了改进工作，提高绩效，对于存在的问题，要想办法去解决。

这方面的工作落实的力度还不够大，没有后续的改进措施和相应的补救方案，缺少监管和督促。

第三节　价值管理在高校学科建设绩效评价中的应用

一、高校学科建设绩效价值评价的功能分析

（一）建立高校学科建设绩效价值评价的功能指标体系

对学科建设进行功能分析，是指学科建设的实现目标或成果而言，也就是说，通过一系列的学科建设的举措，学科建设实现了其功能目标，达到了建设的目标和任务。根据学科建设的内涵，建立高校学科建设的功能指标体系，包括5个一级指标，12个二级指标，28个三级指标（见表14-1）。

表14-1　高校学科建设功能指标体系

项目	一级指标	二级指标	三级指标
学科建设实现的功能目标	人才培养（0.22）	人才培养的数量（0.45）	授予博士学位或硕士学位的学生人数
			授予学士学位的学生人数
		人才培养的质量（0.55）	本科毕业生考取硕士生的升学率
			毕业生初次就业率
			获得国家、省优博、优硕论文数
	科学研究（0.23）	科研项目（0.25）	获得国家自然科学基金项目数
			获得国家社会科学基金项目数
		科研论文（0.35）	国际三大检索刊物检索（SCI/EI/ISTP）的论文总数
			《中国人民大学复印报刊资料》《新华文摘》转载量、CSSCI检索的论文总量
		科研成果（0.40）	国家三大奖（自然科学奖、科技进步奖、技术发明奖），教育部人文社科奖获得数
			获得专利数
			成果转化

项目	一级指标	二级指标	三级指标
学科建设实现的功能目标	学科平台（0.20）	学位点情况（0.27）	一级学科博士点
			一级学科硕士点
		重点学科情况（0.55）	进入美国基本科学指标数据库进入 ESI 全球前 1% 的学科
			国家重点学科（含培育点）
			省级重点学科（含培育点）
		实验室建设情况（0.18）	国家重点实验室（包括基地、中心）
			省部级重点实验室（包括基地、中心）
	学科队伍（0.25）	队伍结构（0.32）	学历结构（教师获得博士学位率）
			职称结构（教师中获得高级职称率）
		队伍水平（0.68）	学科带头人数量（院士、长江学者、国家级重点人才工程培养对象）
			教师人均获得科研经费的数量
	学科影响（0.10）	学术交流（0.46）	主（承办）各类学术会议
			参加各类学术会议
			邀请讲学或受邀讲学
		学术任职（0.54）	学科带头人学术兼职
			学科成员学术兼职

（二）高校学科建设功能指标权重的计算

采取定量与定性相结合的层次分析法对指标权重系数进行计算。一是建立层次结构模型，将复杂的问题层层分解，构造具有层次结构的模型。二是构建各层次中的所有判断矩阵，判断矩阵反应的元素之间的两两关系及其重要性程度，一般采用的是 1~9 排序及倒数标度方法，判断矩阵元素 a_{ij} 的标度方法（如表 14-2 所示）。三是，层次的单排序及其一致性检验。根据排序算出各判断矩阵的最大特征根 Q_{max} 及其特征向量 w，接着使用归一化的处理（使各个分向量的总和为 1）。四是层次总排序及其一致性检验。经过专家打分，采用层次分析法处理，最终得出各一、二级指标权重系数（表 14-1）。

表 14-2　层次分析法判断矩阵

标度	含义
1	表示两个因素相比，具有同样的重要性
3	表示两个因素相比，一个因素比另一个因素稍微重要
5	表示两个因素相比，一个因素比另一个因素明显重要
7	表示两个因素相比，一个因素比另一个因素强烈重要
9	表示两个因素相比，一个因素比另一个因素极端重要
2，4，6，8	上述两相邻判断的中间值
倒数	因素 i 与 j 比较的判断 a_{ij}，则因素 j 与 i 比较的判断 $a_{ji}=1/a_{ij}$

（三）高校学科建设功能绩点及其赋值标准

由于各项功能指标的衡量单位和标准不一样，需要将其同一化，于是引入功能绩点的概念。高校学科建设的功能绩点是指高校在学科建设中实现其目标任务的赋值标准，绩点值的大小与该项功能的重要性程度及所完成的目标任务的质量和数量成正相关，因此绩点值的制定要经过专业人员的反复试验与修改，才能更具代表性与合理性。

二、高校学科建设绩效价值评价的成本分析

成本分析是指对政府和学校的投入的成本情况进行分析，包括分析成本投入构成的指标体系，确定成本权重系数，以及成本值的计算。

（一）高校学科建设投入的成本指标体系

学科建设需要投入一定的人力、物力和财力，其成本指标体系如表 14-3 所示。

（二）确定高校学科建设成本的权重系数

学科建设成本的权重计算与功能指标权重的计算一样采用层次分析法，其数值详见表 14-3。

表 14-3　高校学科建设成本构成的指标体系

项目	一级指标	二级指标
学科建设投入的成本	人力资源 0.40	正高职人员数
		副高职人员数
		中级职称人员数
		其他人员
	物力资源 0.25	占用的实验仪器设备
		占用的科研用房
	财力资源 0.35	国家、省专项投入经费
		学校自筹投入经费

(三) 高校学科建设成本值的计算

虽然学科建设中人力、财力、物力看起来单位是不统一的，但是归根到底都可以换算成金钱的投入。人力资源包括引入成本、使用成本、开发成本、离职成本。物力资源主要指投入的实验室及仪器、所占用的科研用房等，是货币的实物形态，物力资源的消耗等同于货币的支出。财力资源即政府与学校对学科建设进行的共同投入。因此，在实际成本分析中，都可以以货币的真实消耗为其赋值。

三、高校学科建设绩效评价的价值界定

(一) 高校学科建设绩效价值评价的公式及其内涵

学科建设绩效价值评价的界定过程是综合考虑其功能产出和成本投入的过程，通过对功能指标的实现情况的统计汇总，结合成本分析，得出它的功能成本比，即学科建设绩效价值。依据价值管理公式价值=功能/成本，可用公式 DPV=DPF/DPC 表示。式中，DPV 为学科建设绩效价值（Discipline Performance Value）；DPF 为学科建设绩效功能（Discipline Performance Function）；DPC 为学科建设绩效成本（Discipline Performance Cost）。

(二) 高校学科建设绩效评价的价值系数

由于功能和成本的单位不一致，因此引入价值系数的概念，从而以相对系数法确定价值系数。

学科建设的功能系数用公式表示为 DPFC（Discipline Performance Function

Coefficient）$= F_{si}/\sum_{j=1}^{N} F_{sj}$，分子代表第 i 个学科的绩效功能值，分母代表所有参评学科的绩效功能总值，即 i 学科在学科建设中的贡献度。

学科建设的成本系数用公式表示为 DPCC（Discipline Performance Cost Coefficient）$= F_{si}/\sum_{j=1}^{N} F_{sj}$，分子代表第 i 个学科建设绩效成本值，分母代表所有参评学科的绩效成本总值，即 i 学科在学科建设中的资源占有度。

学科建设绩效评价的价值系数（Discipline Performance Value Coefficient，DPVC）＝学科建设绩效功能系数（DPFC）/学科建设绩效成本系数（DPCC）。因此，DPVC 也称为学科建设绩效的价值契合度。

（三）高校学科建设绩效评价的价值分析

价值系数一般存在于数值 1 附近，大于 1 或者小于 1 都存在可以改进的地方，等于 1 是比较理想的状态但是通常难以实现。

当 DPVC＝1，即 DPFC＝DPCC 时，价值契合的理想状态，说明学科建设的绩效功能产出跟成本投入比匹配，是一种最合理的资源充分利用的状态，既不存在功能过剩也不存在浪费。

当 DPVC<1，即 DPFC<DPCC 时，价值短缺的低效率状态，说明学科建设的成本投入相对于功能产出有资源浪费的情况，取得目前的绩效并不需要这么多成本投入。

当 DPVC>1，即 DPFC>DPCC 时，价值溢出的高效率状态，说明学科建设所取得的功能相对于投入的成本是高效率的，但这种高效率通常是不稳定的，如果长期的高功能低成本可能会导致绩效功能的下滑。

四、高校学科建设绩效价值评价的实施步骤

（一）建立价值管理专业小组

小组人员的组成要兼顾人员学识的综合性和分布的均衡性，一般由各高校从事高等教育研究的专家学者及价值管理领域内的专家共同组成。主要职责是运用价值管理的方式和方法，对高校各学科的发展状况、效率和效益进行专业化的定量考核，并提出改进方案。

（二）制定高校学科建设绩效功能指标的绩点赋值标准

绩点数值的赋值标准直接影响评价的结果，具有很强的导向性。因此，价值管理小组要组织专业人员，依据各项指标的重要性程度，经过多方征询意见和反复论证后，得出相对公正的绩点标准。

（三）选择高校学科建设绩效评价的对象并收集相关信息

评价对象的选择与评价主体及其实施的任务密切相关，高校内部组织的自我评价，其对象涵盖学校所有学科，政府或第三方机构开展的评价，其对象往往是某一特定的学科。收集信息的前提是对参评学科的范畴进行清晰的界定和划分，对各项指标进行详细统计。

（四）对高校学科建设绩效进行功能成本分析

功能成本分析的关键在于两个方面：其一是指标体系的构建，需要从学科建设的内涵出发，经过充分的论证，不断完善，体现学科建设的系统性特征；其二是权重系数的确定，目前使用的客观赋权法和主观赋权法，前者更加科学，但数据获取难度较大，容易造成评价结果失真，而后者虽然简单实用，但是评价结果易带上主观色彩。

（五）对高校学科建设绩效进行价值分析

价值管理原理的核心在于用最小的成本投入，实现用户所必需的功能。事实上，评价某个学科建设的绩效，就是分析其资源投入的占有度与产出的贡献度相匹配的程度，完全匹配是理想状态，偏离理想状态的绩效都是需要改进的。

（六）提高高校学科建设绩效的改进方案

价值管理的理论和方法中，价值的改进提升提出了五种不同的路径，但由于高校是一个典型的非营利组织，有其独特的发展规律，在实际操作中还需要具体问题具体分析，从五种路径中选择最适合的改进方法，以期达到理想的效果。

第十五章
价值管理在高校绩效拨款中的应用

改革开放以来，随着我国经济体制的不断改革，高等教育投资体制的改革不断深化，高等教育的投资主体越来越多样化，政府包办的单一的拨款模式逐步转变为多元化的筹资模式，高等教育的收费模式也在不断发展变革中。然而，我国大部分公办高校的财政经费仍然主要依赖于政府拨款，政府拨款约占高校财政经费的 50%~80%。随着高等教育办学规模的不断扩大，办学经费短缺问题日益严重，在紧张的财政拨款下，要想用好现有的教育经费，提高教育财政经费的使用效率和效益，实现高等教育事业可持续发展，高等教育财政拨款模式的改革是必然趋势。将价值管理的理论和方法应用于高校的绩效拨款之中，建立价值绩效拨款模式，在经费相对不足的情况下，有效配置财力资源，让资金充分地实现其价值，可实现高等教育资源使用的价值最优化，从而使得高等教育的教学、科研、人才培养、社会服务等功能更好地回报社会。

第一节　高校绩效拨款的研究意义及研究概述

一、研究意义

随着我国经济体制的不断改革深化，高等教育的发展不再是单纯注重数量的增加和规模的扩大，而是更加注重效率和效益的提高，高校资源合理配置和有效使用备受社会各界关注，高等教育的绩效业已成为高等教育财政拨款的重要依据。以学生数量为依据的拨款模式，已经越来越不适应高等教育发展的需要，在高等教育财政拨款的过程中引入绩效拨款的模式，实现资源配置的最优化，不仅促进了我国高等教育事业的可持续发展，同时也促进了高校的内部管理治理能力的提升。

（一）有利于高等教育资源的使用效率和效益得到改善

一直以来，我国政府拨款模式缺乏对高校的绩效考核，高等教育资源分配不合理，从而导致高校对现有资源使用过于粗放，资源的利用效率不高，影响了高等教育公平和效率的实现。从20世纪90年代末期以来，政府大力推进高等教育事业的发展，高校数量增加，规模不断扩大，财政紧缺成为制约高等教育事业发展的瓶颈。价值绩效拨款是通过对高校功能成本的综合分析，把资源的分配与产出联系起来，高等教育财政拨款更显公开性和透明性，使高等教育有限的资源得到充分的利用，这样能够实现更高的效益和效率，激励各高校之间的良性竞争，更好地培育高校的社会责任感，不断地提高资源的使用效率。

（二）有利于政府财政拨款更加科学合理

国家"双一流"战略的实施需要政府及社会各界的大力支持，需要有效地利用高校的现有资源并实现其资源投入的价值最优化。高等教育资源的分配不能单一地以学生数量来进行分配，而应该对效率和效益更高的地区和高校给予更多的资源。近几年来，中央和地方政府都高度重视高等教育的发展，在政府财政紧张的情况下，政府仍加大对高校建设财政拨款力度，经费的使用效益也成为高等教育绩效拨款的重要衡量依据，价值绩效拨款模式的建立，也为政府财政拨款提供了科学决策的依据。

（三）有利于高校办学自我管理能力的提高

通过对高校各项功能成本指标的数据进行分析、研究、比较，借助价值管理的理论和方法，综合考量高校的绩效价值，更好地分析各个高校的运行现状，以及高校内部资源使用状况，从而使高校的管理者可以根据研究结果找到各自存在的不足之处，从而发现问题，分析问题，解决问题，促进高校的可持续发展和高校内部管理能力的有效提升。

二、高校绩效拨款研究概述

1989年，列文（Levin）认为在一个国家经济困难的时候，如果高等教育的成本还不断上升，这是教育财政面临的最大的难题。他指出，在维持原来教育成本的基础上必须提高其效率和效益，或者在实现同等教育质量的同时降低高等教

育的成本。另一大难题是经费短缺，需要高校从更多的地方寻求经费并通过他们来保持教育的公平发展。❶

王颖、史胜安指出，近年来绩效拨款模式在国际上越发流行，这种模式也逐渐转变成政府资源配置的一种方式。随着我国公共财政体制的不断建立和完善，绩效拨款也逐渐被我国高等教育事业运用。通过完善的指标体系、科学的研究方法和评价标准对各高校的运行状况进行综合评估和衡量，根据评估和衡量结果，政府对效益高的院校拨款增加，而对效益低的则相应减少，这样更加体现了高等教育财政的公平性。

凯夫（Cave）指出，让绩效以数字的形式表现出来并将这些数据进行合理的分析、整理和比较，将一些叙述性的指标通过赋值转化成数字的形式，并对每项绩效进行比较分析，这样高等教育的运行更加公平和权威。

1993 年，中共中央、国务院在《中国教育改革和发展纲要》中提出高等教育拨款体制需要改革，应该利用拨款手段对高等教育进行宏观调控。对各大高校应该区别拨款，并且拨款的标准和方法也应该变革，改变过去按照学生人数进行的单一的拨款模式。

1995 年，王善迈教授提出高等教育财政拨款必须以实现高等教育的效益和效率为目标，制定一套行之有效的拨款模式。高等教育的拨款也要实现高等教育资源的最优化，在有限的资源内实现其最大的效率，同时拨款也要兼顾公平的原则。

1996 年，张更华提出以建立基金会的形式相对独立运作进行高等教育财政拨款。实现这种模式，政府依据的是通过中介机构根据高校的办学层次、类型和效益进行拨款。这种拨款模式是一种机制上的巨大变革。

1997 年，蕲希斌认为对高校的拨款应该公正透明，因此，需要建立高教基金委员会，这样就能确保基金得到合理的分配。同时也要肩负起评估、监督和规划的职责。

2001 年，伯克（Burke）和莫达雷西（Modarresi）就提出了将办学目标、绩效指标、绩效指标权重、成功指标纳入绩效拨款的范畴，通过对该四个组成部分

---

❶ 黄丽. 基于绩效评价的高等教育财政拨款问题研究 ［D］. 长沙：长沙理工大学，2009.

的考核进行分析和决策，从而作出绩效拨款。

2002 年，王雪峰教授就认为高校的产出应该成为拨款的重要依据。高校的产出应该包括综合教育数量、教育质量、办学效益三类指标，通过对该三类指标的考核来进行拨款。这种类型的拨款公式主要是对高校的综合指标的考量。

2002 年，陈伟指出绩效拨款的基础是绩效，高等教育财政拨款可以对某些特定的方面或者表现比较突出的方面来进行拨款，并且拨款的金额还要表明其使用的用途。阎维方等人提出高等教育拨款由普通拨款加专项基金组成，这种拨款方式主要考量的是高校的教学活动、行政事务、后勤服务、学生服务、建筑维修和其他方面，这种拨款方式不仅能有效地分配资源，也使得政府财政更显公平。

2003 年，李文利、魏新提出了高校拨款不能再是以学生人数为依据的单一的拨款，而是应该将教学活动、行政事务、后勤服务、学生服务、建筑维修和其他方面纳入成本的范畴。孙志军和金平的分析表明，绩效拨款的主要特征是产出和效率导向。要想提高大学效率，需要将结果导向和顾客中心的理念运用于高校中。另外，将投入与产出联系起来，要将更多的资金分配给效益高的学校。

2004 年，朱昌发分析比较了澳大利亚、美国、日本、英国四国的高等教育财政拨款体制。研究发现，国外更加注重的是高等教育产出的科研成果，高等教育财政应该进行绩效拨款。尹玉玲研究发现世界上许多国家都建立了拨款中介机构，如英国建立了高等教育基金会，美国则建立高等教育管理委员会等机构。付雪、朱为英提出的拨款公式主要参照的是因素法原理，这种拨款机制兼顾公平和效率，在这种机制中拨款分为两部分：一般拨款与专项拨款。

2005 年，韩莉、李辉认为，要想调动高校自主办学的积极性并降低教学成本，就需要更加注重高校的教学质量及高校产出的效益，并且建立良好的问责机制。

2006 年，马陆亭认为，高等教育的财政拨款应该分为基础的教学拨款及科研建设的拨款，这种拨款模式主要是根据基本支出预算加上项目支出预算加上绩效支出预算组成的。

2007 年，吴伟、刘志民认为，高等教育的产出型拨款机制会造成高校之间马太效应加剧，因为产出型拨款模式非常注重高校的办学效益或者是投入与产出的比例，这样一来高等教育中基础专业比重大的高校等处于不利地位。这样的拨款方式不能保证高等教育实现基本功能，更不用说高等教育的健康发展了。因此，片面地追求效益反而不利于高等教育的健康发展。贺松柏、李钥对中德两国的财政体制进行了细致的对比和分析，并且总结了德国先进的拨款理念，这种先进的理念可以很好地指导我国财政体制的变革。周乐、龙思红发现不仅我国的财政管理体制发生了变化，而且我国的预算管理制度也在不断进步，我国公共财政体制的不断改革也促进了高等教育事业的发展。唐英认为，过去单一的以学生人数为依据的高等教育财政体制已经不适应现代高等教育的发展，高等教育财政体制的改革势在必行，若要提高高等教育的效率和效益，就必须建立一套符合高等教育发展的财政拨款体制。

2008年，赵鹏程、戴婧认为高等教育的财政拨款应该依据高校的人力、财力、物力三方面的资源利用率来进行拨款，建立一套卓有成效的资源利用率指标体系，并依此作为拨款的依据。

2011年，李兰兰针对美国社区学院绩效拨款机制及其对我国高职院校发展的研究中认为，绩效拨款是一种拨款模式，这种拨款模式会鼓励学院提高或减弱某些预计的产出。绩效拨款可以提高学生的成绩，还可以提高学院高质量的产出，提高效益，同时有利于创建一种问责制度。王敬红、李文长对高等教育资源配置模式与绩效进行研究，从资源配置模式与绩效这对关系入手，探讨基于绩效目标的高等教育资源配置模式和行动策略，并且着力进行高校绩效评价和绩效拨款方面的研究。

2012年，顾颖在研究中表明，美国早在20世纪60年代就开始了对高等教育拨款机制的探索，绩效拨款是通过对高校绩效进行科学研究得出的一种新的拨款模式，这种拨款模式可以决定拨款的方向和数量。根据大学的绩效来进行拨款，这样更加体现了办学的公平性。张甫香建议在生均拨款基准定额之外，设立生均指标考核奖励经费，提出绩效拨款，建议以年度浮动的自然生定额标准设定全日制在校生定额绩效考核奖励经费。

综上所述，近年来，越来越多的国家开始研究绩效拨款，绩效拨款越来越受到世界范围内的广泛研究和运用，在发达国家尤其是英美等国家已经普遍运用了。在我国，虽然有许多学者也对绩效拨款有所研究，但真正运用的还不多。由于目前我国高等教育的管理体制还不够完善，绩效分析考核与拨款的关系还未确定下来，如何将绩效纳入财政拨款中还需要进行进一步研究。只有将高等教育的绩效很好地运用到高等教育的财政拨款中，我国的高等教育财政拨款才会更加显得公平，财政拨款的效率才能得到大的提高，从而建立一套符合我国国情和现状的高等教育财政拨款体制。

第二节　高校绩效拨款的定义界定

一、绩效拨款的概念

绩效管理运用于公共财政领域主要涉及绩效预算、绩效拨款等若干概念。拨款则是一种现实的政府行为，政府拨款就是各级政府根据不同部门的合理的预算支出安排，将部分公共收入分为若干类，通过一定的程序，按照一定的方法，分别划拨到各种部门和组织中去，从而实现预算的计划目标。绩效拨款是落实绩效预算的规划目标，在拨款程序、拨款方法、拨款评价等政府财政拨款的各个环节均体现出绩效理念，实现拨款的效率、效益和公平、公正。

二、高校绩效拨款的概念

高校绩效拨款是指政府在对高校进行财政拨款时发挥市场机制作用，将服务和效率导入高等教育领域，将政府财政拨款与高校的运行绩效联系起来，高质量、高水平运行的高校获得更多的资源，通过绩效拨款机制促进高校间的质量竞争，使高等教育财政资源的分配更有效率。

三、高校绩效价值拨款的概念

高校价值绩效拨款是指政府主管部门在对高校进行财政拨款的过程中，以产出和效率为导向，将财政的预算拨款与大学的"绩效产出"联系起来的拨款方式，其主要特征是使那些以较少的成本投入获得最大的功能产出的高校，或者说具有正绩效的高校，获得更多的财政资源配置。用公式表示为 $T=T_1+T_2$，T 为某一高校预算拨款总额，T_1 为某一高校基础性拨款总额，T_2 为某一高校绩效性拨款总额。

第三节　国外高校拨款机制的发展和现状

一、美国高校拨款机制

20 世纪 70 年代，美国政府出现财政危机，高等教育的财政更为紧张，在紧张的财政拨款下高等教育产出也非常低下，政府对高校的财政拨款经费给予越来越高的关注度，政府关心拨出去的款项是否被有效合理地使用，关注高等教育产出的绩效。20 世纪 70 年代的美国，政府对高等教育的拨款模式主要有以下三种：第一种是根据学生入学人数进行拨款；第二种是根据职业教育的时间和性质（例如学时、学习中所需的设备、学习的时间等）进行拨款；第三种是根据学校的产出拨款，产出越高拨款就越多。第一、第二种拨款模式都是有缺陷的，前者只注重学生的数量而不是质量，后者只注重职业性质。所以，第三种模式越来越被美国政府和高等院校采纳。第三种就是绩效拨款模式，在这种拨款模式中，将学生的数量因素所占的比重相对减少，而将绩效因素的比重相对提高。❶ 绩效拨款最先是在美国的田纳西州被使用的。1978 年，田纳西州政府的高等教育拨款就采用了绩效拨款模式。拨款公式中的因子有教学基本经费、学生资助部分、办公经费、专项经费、科研经费及绩效等。田纳西州高教委员会根据对各项指标统计分析，对各个高校进行绩效考核，将不同的功能按比例转化成分值，得分最高的学校得到的高等教育的绩效拨款比其他高校多 5.45% 的增加额。这种拨款方案都有周期，田纳西州以 5 年为一个周期，绩效评估的指标和标准是在专家、学者、高校管理人员的共同参与下制定的，更加凸显其公开公平和透明的原则。

绩效拨款中各项功能指标设定的权重也不是固定不变的，各个指标会随着时

---

❶ 李兰兰. 美国社区学院绩效拨款机制及其对我国高职院校发展的启示 [J]. 职教论坛，2011 (16)：89-92.

间的变化而发生改变。例如，在 1997 年，田纳西州绩效拨款依据的标准有大学本科生专业分数、考试的通过率、大学生通过测试获得的教育成就、在校生和已经毕业的校友发展状况的调查、对不合格的课程的考评、对缺陷的校正行为、硕士课程的评价或定位（二年制学院）、对特殊的人群的招生情况、所有学生的毕业率和完成课程学时的情况，每项所占的权重是 10。而在 2001—2004 年学术水平测验和课程评价的权重为 60，满意度调查和学生成绩权重各占 15，计划与合作能力的权重是 10。

二、丹麦高校拨款机制

1992 年，丹麦也开始了高等教育拨款体制的改革，在改革中引入了绩效拨款机制。改革前，丹麦的财政拨款的金额是根据预计完成学业的学生人数进行拨款的。一方面，这种拨款模式具有较大的不确定性，根据预测而拨款，入学人数远远超过实际完成学业的人数，真正能毕业的实际人数很难预估；另一方面，这种拨款方式缺少一定的灵活性，预估的拨款金额不易变更，如果拨款金额少于实际毕业人数所需的金额，拨款金额也不会增加。

丹麦政府针对当时高等教育发展存在的问题，在改革后的高等教育财政拨款体制中，教学经费运用了计价模型的绩效拨款机制。这种体制有时也被称为按课程领域划分的预算，属于一种投入拨款。大学收入的三分之一是由计价模型分配的教学经费组成的。通过这种体制，大学拥有了对资金支配更自主的权利，大学在对不同学院和专业的分配中可以根据客观情况来支配，而不是过去死板的支配模式，这样的支配模式更具备灵活性，更符合高校自我的发展。将资金进行合理分配，对学科及学院之间区别分配，更有利于提高资源利用率。每个学校可以根据自己的实际情况开设不同的学院及专业，并且设定专业录取的学生数，当学生数超过录取人数时学校也可以挑选学生。在这种分配模型中需要考虑两个因素，即通过哪些标准来衡量产出，衡量这些产出对应的标准成本是多少。在计价模型的绩效拨款机制中，通过考试的学生数即为衡量产出的标准，其中没有通过考试或者没有参加考试的学生不计数，纳入产出的即为有效学生数，没有纳入的则为无效学生数，有效学生数的总额决定了拨款的预算总额。随着专业领域的不同，有效学生的生均定额也是不同的，三个部分的成本组成了定额：其一是教学与设备成本；其二是其他相关教学成本，包括管理和房屋成本；其三是实践性课程成本。丹麦教育部在 2000 年就对 20 个专业进行了成本定额，并在拨款的过程中使用了该定额。这样一来，通过一个学校的有效学生数的计算就可以得出政府对高校的预算拨款金额。但是这种拨款模式也不是完美的，生均培养成本的确定是一大难题。考虑到实际情况，丹麦的生均成本是以往年的培养成本为基准的，而不是根据某个效率最高的学校的专业作为准则计算的。生均定额也不是固定不变的，需要每年依据实际情况进行调整，这样教育部的预算才能得到平衡。这种计价模型的引入并没有得到普遍认可，甚至还有来自社会各方面的批评，甚至政府部门也对该模式持否定态度，因而这种模式并没有在丹麦被广泛应用。丹麦政府为了保证高校的教学质量，加强了对大学质量的考核评估，并且将评估结果纳入考核的标准之中。丹麦的评估中心也应运而生，该评估中心独立于政府。

三、荷兰高校拨款机制

荷兰的高等教育系统由专业训练的学院（HBO）和学术训练的大学（WO）两类不同层次的教育构成。专业训练的学院提供的是学士层次，上四年的课程；学术训练的大学提供四年制硕士和四年制博士教育。荷兰政府对高等教育的拨款模式也不尽相同，他们现有的两类高校得到的拨款依据就是不同的：专业训练类高校得到的拨款是定员定额拨款，就是按照学生人数的多少来进行的拨款模式；对学术训练型大学，荷兰政府不仅注重其投入的考核，同时也关注其产出的多少，将两者相结合来进行绩效拨款。荷兰政府早在 2000 年就将绩效拨款模型引入了高等教育的财政拨款之中。

绩效拨款模型是一种分配模型，这种分配模型首先决定教育部对所有大学的总预算，根据总预算再确定各个高校得到的预算金额。❶ 总预算主要由教学和研究两个部分组成。以 2000 年荷兰高等教育投入经费为例，荷兰高校得到的政府划拨的高等教育经费占学校全部总经费的 35.8% 之高，各校获得的划拨经费由获

---

❶ 孙志军，金平. 国际比较及启示：绩效拨款在高等教育中的实践 [J]. 高等教育研究，2003（6）：88-92.

得毕业文凭的学生数量（50%）、一年级学生数量（13%）及基本的教学设施（37%）三个部分组成。各个大学获得的基本教学设施部分的经费一般是相对固定的，这部分的经费不受学生人数的多少影响，它保证了高等教育最基本的运营。一般根据各学校往年的基数确定其数额。获得文凭的学生数和招生数（一年级学生数量）的多少决定了各校获得经费的多少。由于不同的专业教学成本存在差别，在生均拨款额度上将成本分为高低两类成本，一般说来，人文学科可以归属为低成本类，而工科和医学学科可以归类为高成本类，并且这两类的生均成本比率是1∶1.5。获得毕业文凭的学生数量及一年级学生数量这两个因素得到的教学经费占高校经费的63%之多。综上所述，可以发现获得文凭的学生数和新生数体现了高校的绩效，因为学生是最能反映高校的声誉和影响力的，各大学的招生数不同，反映了大学质量的不同。

四、国外高校绩效拨款机制的发展

产出和效率导向是绩效拨款的主要特征。近年来国外政府纷纷开始了对高等教育财政拨款体制的研究和变革，具体原因有如下几点：高等教育的发展必须切合社会的发展并服务于社会，因此，只有将产出和效率纳入高等教育拨款的影响因素中，高等教育的产出才能增长，绩效才能提高；高等教育资源的分配依据是产出，产出对资金的拨款起到了更大的影响作用，这样的拨款更显公平性，使得培养更多学生及更高质量的高校获得更多资源；高等教育的财政拨款模式更加公开透明，其效率也就大大提高了；促进各个高校之间的良性质量竞争。

然而，社会各界对绩效拨款引进高等教育财政拨款方式的看法不尽相同。持反对态度的原因可以归为两方面：一是绩效拨款的评价结论要求高等教育机构设立的指标体系相对完善，然而，现今绩效考核的指标标准难以衡量和确定，产出指标缺乏科学性；二是像荷兰、丹麦等早些年引入绩效拨款机制的国家，其实行的成效不是特别明显，实施后也没有从根本上促进高校之间质量的良性竞争。尽管如此，绩效拨款机制相较于以往的拨款模式还是相对科学的，绩效拨款也将是世界各国高等教育发展的一种趋势，许多教育学者、专家对此还是持认可的态度。从目前情况可以看出，绩效拨款符合许多国家的国情和现状。像丹麦这样的国家，采用的是产出定向的绩效拨款模型，丹麦的国情是国内实际能够顺利毕业的学生数量比较低，采用产出定向的绩效拨款模式大大激励了各个高校将教学质量摆在了高校管理至关重要的地位，能够迫使更多的入学学生顺利毕业，从而避免了大学资源的浪费现象。有些国家将绩效因子纳入高等教育财政拨款公式中，激励大学不断地追求更高的质量和实现更多的效益，随着绩效指标体系的不断完善，绩效拨款在高等教育资源分配中所占比重也会越来越高。

第四节　国内高校拨款机制的发展和现状

改革开放以来，不管是我国的经济体制、财政体制还是高等教育体制都进行了逐步深入的改革，促使我国高等教育财政拨款体制不断变革。事业费和基本建设费两部分共同组成了高等教育财政的常规拨款。事业费是由财政部按照具体的定员，学生数的人均拨款额乘以总人数将经费下拨到各部委，各个部委再按照学校的人数划分给各个高校，高等院校的基本建设费用是由中央财政通过核算和审批统一拨款给高校。

一、我国高等教育财政管理体制的发展变迁

中华人民共和国成立以来，高等教育的发展越来越受到国家、政府和社会各层的重视和关注，我国对教育实行的投资体制是以政府投入和管理为主的体制。

（一）中央统一财政下的分级管理

中华人民共和国成立初期，中央财政高度集中，各个高校得到的财政拨款经费由与他们相关的政府单位决定，由于经费的投入主体不同及经费的来源不同和管理部门的不同，将经费主要划分为三个类型：教育部（教委）负责直接领导的高校；中央各部委负责直接领导的部属高校；省政府或者省级以下政府的省、市（直辖市、一般地市等）、自治区负责直接领导的地方高校。

（二）条块结合，以块为主的拨款思路

我国在实行计划经济体制期间实行条块结合、以块为主的拨款思路，这种拨款思路表现为各级政府部门在核算和制定预算的同时，不仅受到下级部门制约，

还需要与同级管理部门协商制定，并且需要同级人大常委会的审定与批准；各个部门在对经费进行下达和制定预算的过程中，教育经费与其他经费区别开来单独立项。这样就使得教育经费的使用情况更加公开透明，下级政府部门对本辖区内的经费管理和控制有更多的自主权。1972—1979 年的管理体制是在国家财政预算中的教育经费单独列出，自上而下的层层关联下达的经费拨款模式，高等教育经费层层拨款、公开透明并且按照统一计划下达，这样的拨款模式较好地适应了当时紧张的教育经费的现状，同时也加强了各级政府对高等教育经费的管理。❶

（三）收支划分，分级包干新型财政体制

改革开放以后开始深化财政体制的改革，实施收支划分、分级包干的新型财政体制，中央和地方两级政府部门共同安排和负责高等教育事业费的拨款。中央主要是对财政的高度宏观调控，地方政府对高等教育财政经费拥有更高的自主分配权，地方教育部门可以根据各个高校的实际情况区别拨款，这样不仅提高了地方的积极性，也提高了高等教育投资的效益。这种新型的财政体制有利于高等教育经费合理使用，避免了高等教育资源的浪费，促进了高校对教育经费使用效率的关注。

（四）投入体制多元化

1994 年，我国开始实行税费改革，并开始实施分税制，各级政府的教育责任更加明确。随着我国高等教育管理体制的不断发展变化，高等教育的投入体制也发生了变革，由中央政府和地方政府两级部门管理和控制的高等教育投入体制也不断发生着变化，中央与地方两级管理共同构成了高等教育投资管理体制，高等教育的财政从过去的单一地依靠国家财政拨款逐渐发展为高等教育的投入体制越来越多元化，国家对高等教育财政预算的比例呈现出不断下降的趋势，高校经费来源除国家拨款外，还包括学生个人缴费和高校创收等其他方面的收入，高等教育投入的机制多元化使得教育成本得到分担和补偿。

---

❶　顾颖. 高等教育财政拨款制度比较研究——兼论对甘肃省高校拨款改革的启示［D］. 兰州：西北师范大学，2012.

二、高等教育事业费拨款模式的发展

中国高等教育拨款模式从中华人民共和国成立到 1985 年为一个阶段，这个阶段的拨款模式是"基数+发展"的模式，即根据学生人数进行基础的定员定额拨款加上高等教育发展所需的经费；1985 年以后的拨款模式是"综合定额+专项补助"的形式。

（一）"基数+发展"模式

中华人民共和国成立后，《关于加强文教卫生事业定员定额的制定工作的联合通知》指出，定员定额是指根据事业机构规模的大小和机构内所需的人员、设备和各项管理费用的预算开支。根据定员定额规定的经费可以分为在校生经费开支和教职工经费开支两部分。学生经费开支由公务费、购买设备的费用、业务费、人民助学金、修缮的费用等共同组成。由于各个科目标准不同，需要对各个标准进行制定之后再将制定的标准乘以学生的总人数并将得到的各项结果加总最后得出学生经费总额。教职工经费开支由教职工的标准工资、补助工资和职工福利工资构成。教职工经费的标准定额由这三项工资费用的年度总决算得出教职工的平均工资，用教职工平均工资乘以教职工总人数得出教职工经费总开支。高等教育事业的核定标准即为定员定额法，根据在校生的人数及人均的经费进行拨款，使用这种方法可以保证人员最基本的开支，在制定各项经费标准的过程中要求将各项经费分列，专款专用，因此各项定额标准与其定员数乘积的加总构成了拨款总额。但是这种拨款模式也存在缺陷，在一定程度上限制了高校资源利用的统筹规划，高校资金处于相对分割的状态，高校资源使用效率也降低了。在基数加发展的模式中，高校的规模和日常开支决定了政府财政或高校主管部门的拨款，这种以往年财政为依据的拨款方式是一种增量预算的方式，虽然操作简单，但是这种模式太过粗糙，而且核定高校成本不科学，单位成本高的高校可以获得更高的经费，没有反映一个学校的运行绩效，高校在现有资源短缺的情况下，对于已有的资源也没有得到很好地发挥和利用，使用的效益更是低下。

（二）"综合定额+专项补助"拨款模式

随着 1986 年《高等学校财务管理改革实施办法》的颁布，原国家教委决定废除原来基数加发展的拨款模式，在新颁布的办法中规定，对各个高校的年度财政预算的制定要根据各个学校各个专业及不同学科层次的学生需求和学校各自的实际情况，在此基础上结合国家的财务状况，按照综合定额加专项补助的办法进行财政经费的核算。

高等教育财政拨款模式的改革是高等教育事业发展的必然趋势，将原本的以基数加发展的拨款模式转变为综合定额加专项补助的拨款模式更符合现实的需求和发展。原本的定员定额的管理逐步转变为综合定额的管理，政府和有关教育部门在制定财政预算计划时，根据不同学校、不同学科、不同专业、不同类型、不同地区的生均经费，并将经费下达到各个地区和高校，而专项补助又是对这种拨款模式的一种补充行为，专项补助更多的是考虑到高校发展的特殊性，国家财政部门和高等教育机构在特殊的情况下核定其预算并且下达经费。

综上所述，综合定额加专项补助的拨款方式将高等教育经费划分为两个部分。从过去的定员定额发展为专项定额，表面上看没什么变化，它们都是根据高等教育教学的工作量来确定高等教育经费的模式。但是实际上专项定额的拨款模式将在校学生数和在校教职工数统一归于在校生人数，在预算管理方面采用的是根据人数定额拨款，所拨款项多了不需退还，少了也不会增加，高校自主平衡经费的使用，给了高校更高的自主支配性，在一定程度上提高了高校管理财务的积极性，提高了经费的使用率，克服了原本基数加发展模式的随意性，更加有利于实现高等教育政策制定的目标，高校拨款和专项补助之间更加紧密了。新的拨款模式相对优于原本的基数加发展的拨款模式，但是这种新型的模式也不是完美的，这种拨款模式没有反映出每一年高校的实际办学成本，也容易诱导高校一味地扩大招生，扩大办学规模，各个高校专业设置越来越多且失去了各自特色，这也是 20 世纪 90 年代我国综合性大学激增的原因之一，这显然违背了最初的办学理念，高校更像是利益机构而不是单纯培养人才的地方。王善迈教授就指出，对于综合定额和专项补助的财政拨款体制，虽然政府拨款的依据是在校生人数和各项开支，并且在一定程度上也体现了财政拨款的公平性，但是这种拨款模式不能体现出各个高校实际实现的效益，经费的使用效率也未能全面体现。虽然高校对财政经费的支配拥有了一定的支配权，但是高等教育效益和效率未能体现出来。

2002 年，随着高等教育体制的改革，高等教育财政拨款模式转变为基本支出预算与项目支出预算相结合的拨款模式。高等教育财政拨款的基本支出经费包括在校教职工和学生人数、离退休人员经费及作为公共经费的学生人数。高校采用这种模式可更好地促进高校的日常运转，提高资源使用率，更好地实现教学目标。

国家实行综合定额加专项补助的拨款模式要求中央财务高度集中，随着我国经济体制的改革，高校财政的管理手段和模式也得到了不断提高，这种模式使得中央对地方财政实行很好的控制，避免了财政拨款中的腐败现象，高等教育经费的拨款得到了良好的事前监督。

三、现行高等教育拨款模式中的绩效拨款

改革开放以后，随着国家经济体制的不断改革和深化，高等教育管理体制的变革也不断进行。自 20 世纪 80 年代以来，随着科研项目基金和专项基金的不断出现，高等院校之间的竞争也越来越激烈，在这样的情况下衍生出了"211 工程"和"985 工程"，这些工程的拨款模式都是集中经费型，采取的高等教育绩效拨款机制是绩效专项经费。

（一）"211 工程"建设及绩效拨款

从 20 世纪 90 年代末到 21 世纪初，为了促进高等教育更好地面向 21 世纪的世界，国家计划建设 100 所左右的高校并且建设一大批重点专业和学科，使这些高校逐渐跻身于世界闻名高校之列。在"九五"期间，教育部已经批准了 101 所高校列于"211 工程"之中，并创建了 602 个重点学科，其基础建设资金更是达到 174.93 亿元。在"十五"期间，又新增了几所"211 高校"，"211 高校"达到 107 所，重点学科也达到了 777 个，建设资金更是猛增至 184.74 亿元。高等教育在"211 工程"上的经费投入是中华人民共和国成立以来最高的，当然高校想要进入"211 工程"之列需要经过部门预审、预备立项、专家审核、批准立项这四个严苛的步骤，因而必须是具有一定实力的高校才能加入"211 工程"。对"211 高校"的财政管理采取的是中央统一规划高校的财政预算，并根据实际情况再确定分配到各个学校的经费，每笔款项都有其针对性，多余的款项高校可以留下自主分配。"211 工程"的经费是高校综合预算的重要组成部分，它属于专

项资金预算，是根据项目的资金来源划分到年度总预算中，并实现高等教育的收支平衡。国家根据高校报批的可行性项目报告和中央总的经费预算来将资金分配到各个高校和重点学科，并且根据资金来源编入年度预算中。不同类型的高校由不同的政府部门管理，地方所属学校的年度预算由地方政府部门审核，而中央部委高校则由中央主管部门审核，审核完成后，将审核报告报送中华人民共和国财政部、发改委，并报送给"211 工程"主管办公室。审核通过之后将中央财政预算和投资计划下达到各个地方；对于有些专项资金不是中央审批的，地方高校向地方政府提交项目资金申请表，并由地方审核批复，审核通过即地方政府下达资金到高校。"211 工程"资金经审核通过后将资金下达到各个地方，地方政府和高校必须严格按照规定执行，不能随意变更，中央的专项资金需要按时完成计划，若没有按时完成，资金可以顺延到下半年使用，但是专项资金不能挪作他用。"211 工程"的专项资金是两个部分构成——基础项目支出和其他项目支出，专项资金不能用于类似还款、捐献或者其他投资等与项目无关的支出上。到年底，根据专项资金实际使用情况将决算报送给相关政府部门和行政事业单位财务决算中，同时也需要将资金使用情况报送给"211 工程"管理办公室，其再将决算纳入他们的总决算中。"211 工程"中的高校在申报专项资金时，政府部门及"211 工程"协调小组会考虑它们的绩效，绩效高的得到的专项资金就越高。将绩效管理运用到"211 工程"建设中，不仅提高了高校内部管理水平和效益，也促进了高等教育事业的发展。

（二）"985 工程"建设及绩效拨款

"985 工程"是党中央、国务院在世纪之交为建设具有世界先进水平的一流大学而作出的重大决策。1998 年 5 月 4 日，江泽民在庆祝北京大学建校 100 周年大会上向全社会宣告："为了实现现代化，我国要有若干所具有世界先进水平的一流大学。"1999 年，国务院批转教育部《面向 21 世纪教育振兴行动计划》，"985 工程"正式启动建设。"985 工程"一期建设率先在北京大学和清华大学实施。2004 年，根据《2003—2007 年教育振兴行动计划》，教育部、财政部印发《教育部、财政部关于继续实施"985 工程"建设项目的意见》，启动二期建设。2010 年，根据《国家中长期教育改革和发展规划纲要（2010—2020 年）》，教育部、财政部印发《教育部、财政部关于加快推进世界一流大学和高水平大学建设的意见》。2011 年 12 月 30 日，教育部部长袁贵仁在十一届全国人大常委会第二十四次会议时表示，不再新设这两个工程的学校，同时为了注重学科导向，引入竞争机制，实施了"985 工程优势学科创新平台"。全国共有 41 所"985"高校。项目学校财政资金的预算是通过目标、任务和项目学校的数量等种种因素共同决定的，项目学校编制下一年的财政预算是以上年的决算为依据的，编制的预算需要上报给财政部门。财政部门收到申报书后会安排中介机构对该校进行审核，通过审核制定出下一年的项目预算。"985 工程"的专项资金也需要纳入高校总预算中，从而实现财政的收支平衡。"985 工程"专项资金的使用范围是限定的，专项资金不得用作其他用途，它主要用于项目管理、人员经费、设备购置、维修费用等。每到年底，项目学校需要将学校本年度的收支情况上报给财政部，最后由财政部审核并作出决算。"985"高校一般都采用绩效考评制度，根据项目学校提交的可行性报告和绩效目标的对比分析，对绩效较高的项目学校给予更多的财政拨款。由于"985 工程"学校的要求相对"211 工程"更为严苛，因此"985 工程"的高校数量也比较少，因而专项资金也比"211 工程"高校相对力度大。"985 工程"的成立进一步提高了我国高等教育的发展，促进了我国培养一批可以与世界一流大学接轨的高校。2016 年 06 月 23 日，教育部官网发布文件，宣布 382 份规范性文件失效，包含《关于继续实施"985 工程"建设项目的意见》等"985""211"工程及重点、优势学科建设的相关文件。

（三）我国高等教育财政拨款模式存在的不足

随着我国高校规模的不断发展壮大，高等教育财政问题也层出不穷，具体表现如下。

1. 高等教育财政投入不足

随着我国高等教育管理体制的不断改革和发展，我国高等教育财政经费的来源也越来越多样化。改革开放以后，我国的高等教育经费的财政拨款金额呈现下降趋势，但是政府对高等教育的拨款仍然是国家财政的重要拨款对象。随着高校办学的数量和规模不断扩大，高校资源和财政经费的需求也不断增长，从 1998 年到 2006 年 9 年的时间里，正是我国高校猛增的时间段，普通高校数量从 1022

所增加到 2311 所，高校的数量不断增加的同时，各大高校招生的数量也不断激增。我国的高等教育的经费投入远远不能满足高等教育的发展需求。据相关资料统计，2000—2006 年我国财政经费占 GDP 的比例分别为 2.87%、3.19%、3.32%、3.28%、2.79%、2.16%、3%。而 2006 年世界各国教育财政投入的平均水平已经达到了 7%，发达国家达到了 9%，经济一般的国家都达到了 4.1%。因此，我国高等教育经费的投入与其他发达国家相比是远远落后的，与世界平均水平相比也是落后的，说明我国的教育经费短缺非常严重，我国的教育经费跟不上不断扩大的教育规模，影响了高等教育质量的提升。

2. 高等教育财政拨款缺乏公平与效率

由于高等教育财政的拨款方式不够合理，高等教育资源的分配不是很公平，甚至在有限的资源分布中资源也没有创造出足够的效益，使得高等教育财政拨款缺乏公平和效率。高等教育运用的拨款模式没有考虑高等教育的效益，现行的高等教育财政拨款模式采用的是综合定额加专项补助，在专项资金的使用过程中也没有考虑资金产生的效益，不同的地区得到的金额也存在差异，城市比农村获得的多，发达的比不发达的获得的多。在高等教育财政经费分配的过程中，资源的分配没有做到很好地促进高校之间的竞争和自我发展，高等教育资源浪费，有限的资源也没有得到很好的利用，资源使用效率低下。因此，高等教育的发展相对还是滞后的。

3. 高等教育财政拨款"财权""事权"分离

在我国现行的财政拨款体制下，国家财政经费由类、款、项、目四个级别组成，教育经费的级别属于款级且教育经费未能单独立项。在这种体制下就形成了教育事权归教育部、教育财权归财政部的分离局面，这种事权与财权分离的局面有许多弊端。

第一，教育经费不够透明。教育经费在财政经费所处的级别是款和目级，但是政府和人大对国家财政预算的审核只到类级。

第二，经费供求不平衡。在财权与事权分离的拨款体制下，教育部门负责制定预算和教育目标，并且将预算和目标纳入社会经济发展计划当中。然而财政部编制财政计划，并将财政预算纳入国家财政总预算中，制订计划和作出预算的部门不同，因而原则也就不同，这种分离状态必然导致教育经费供求的不平衡。

第三，教育资源使用效益低下。在财权与事权的分离的状况下，教育部门行使的事权也不尽合理，因为他们对财政经费的多少不够明确。

第五节　高校绩效拨款价值管理模型的建立

一、高校价值绩效拨款的功能界定

高校功能的界定是一个系统的过程，这个过程由功能指标体系的建立、指标权重的确定和功能值的计算三个部分组成。绩效拨款开展的前提是完善的功能指标的确定，而对指标设置不同的权重就能将功能的重要性程度区分开来，指标权重的确定是高校绩效拨款定量分析的基础。想要分析高校的功能指标就需要建立健全功能指标体系，再采用强制打分法结合专家打分法确定各个功能指标的权重，最后利用加权平均法计算各高校的功能值。

（一）高校价值绩效拨款功能指标体系的建立

高校的功能指标体系要全面地反映高校的办学目标，根据高校的办学职能，高校绩效功能的一级指标如图 15-1 所示。

1. 学科建设

学科建设是高校职能建设的龙头，关乎高校的发展前景，是高校功能指标的重要组成部分。良好的学科平台是高校实力的体现，不仅培养人才，而且更加吸引人才，主要体现在学科层次，师资水平，世界级、国家级高水平学科等（见图 15-2）。

2. 人才培养

人才培养是高校最基本的职能，对于高校来说怎样培养人才和培养什么样的人才是一个亘古不变的话题。高校人才培养主要包括数量和质量两个方面，数量方面主要由在校生数量衡量，在校生的人数又由研究生在校生和本科生在校生组成；质量方面主要由学生就业率、本科生考研升学率、杰出校友等方面组成（见图 15-3）。

一级指标

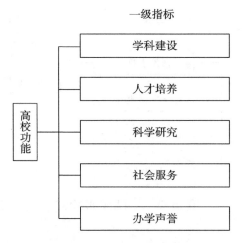

图 15-1 高校功能一级指标

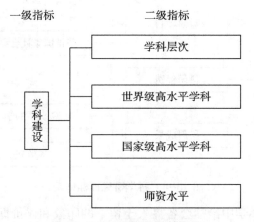

图 15-2 学科建设指标体系

3. 科学研究

高校是知识创新的集聚地，是学术成果转化的孵化摇篮，科研工作水平的高低是衡量一所高校办学水平的关键性指标。高校的科研工作主要由科研项目、科研经费和科研成果三个方面组成。科研项目分为获得国家自然科学基金数及获得国家社会科学基金数，科研经费主要是以纵向经费来表现，科研成果的表现形式为高水平的学术论文（主要是在 *Science*、*Nature* 发表的论文）。各类获奖成果等（见图 15-4）。

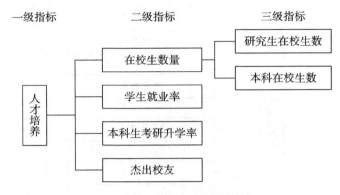

图15-3 人才培养指标体系

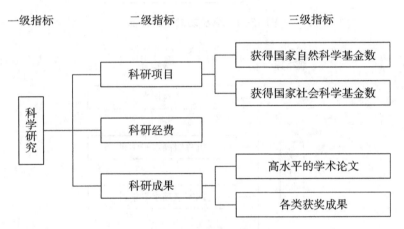

图15-4 科学研究指标体系

4. 办学声誉

高校在长期的办学中给社会各界人士留下的印象和评价即高校办学声誉。高校是社会组织的一个组成部分，其日常活动与社会紧密相连，因而高校经常要与政府、学术界、事业单位、其他院校、媒体等打交道，在此过程中必然形成一定的声誉。这种声誉的好坏直接影响一个高校的号召力及吸引力等，声誉也是高校的无形资产，在长期的社会实践中由多种因素综合影响而成。高校的办学声誉主要表现在校友捐赠、生源竞争力、媒体影响力这几个方面（见图15-5）。

5. 社会服务

现代高等教育的发展要求高校更加注重社会服务功能的提升，高校培育人才的最终目的是服务社会，更好地促进社会的发展进步。将服务社会的理念植入高

一级指标　　　　　二级指标

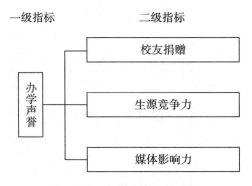

图 15-5　办学声誉指标体系

校科研之中，这样科研就更具现实意义和价值。高等教育要服务于社会发展需求，自觉推动新兴产业的发展，更加多样地服务于社会。高校的社会服务主要表现在知识产权专利数、获得社会服务经费数（见图 15-6）。

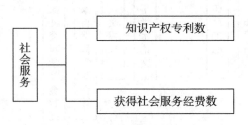

图 15-6　社会服务指标体系

在分析高校的功能各级指标的基础上，建立高校绩效拨款功能指标体系（见图 15-7）。

（二）高校价值绩效评估指标体系权重确定方法

高等教育绩效拨款是一项系统工程，在确定功能之后就需要建立各项指标体系并确定其权重。权重表示的是各项功能指标在整个组织系统中所占的比重，比重分别代表着其重要性程度，权重越高代表该指标越重要。产生权重的方法有很多，一般首先采用的是专家打分法来确定权重的分配，专家根据自己的知识和经验分析不同层级功能指标的重要性程度，下一级指标对上一级的影响程度，从而确定评价指标的权值。根据专家意见的表现形式不同，具体方法有直接定权法、强制打分法、层次分析法等。

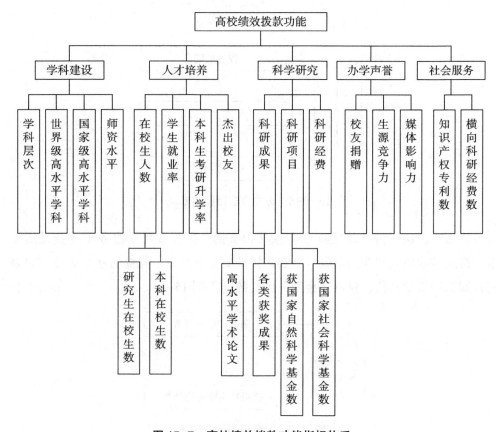

图 15-7　高校绩效拨款功能指标体系

1. 直接定权法

由每个专家根据自己的知识和经验直接给出各指标的权重，且权重之和为 1。然后求多个专家所给权重之和的平均值作为各指标的权重。设 W_{ij} 为第 j 个专家对 i 个指标所给的权重，则第 i 个指标的权重 W_i 为

$$W_i = \frac{\sum\limits_{j=1}^{n} W_{ij}}{n} \qquad (15-1)$$

式中，n 为专家人数。

2. 强制打分法

强制打分法是将所有指标两两对比，根据相对重要程度由大到小，分别打

9、8、7、6、5、4、3、2、1、0分。打分时应该满足 $a_{ii}=5$，$a_{ij}+a_{ji}=10$（$i,j=1,2,\cdots,n$）。具体打分的方法是：如果 A_1 与 A_2 同样重要，则 $a_{12}=a_{21}=5$，如果 A_1 比 A_2 重要，则 $a_{12}=6$，$a_{21}=4$；A_1 比 A_2 重要得多，则 $a_{12}=9$，$a_{21}=1$，依此类推。也即判断了 a_{ij} 值后，则 $a_{ji}=4-a_{ij}$（$i,j=1,2,\cdots,n$），打完分后，将分数进行汇总，然后作归一化处理即可得到各指标的权重（见表 15-1）。

表 15-1　强制打分模式

指标	指标						
	A_1	A_2	$\cdots$	A_j	$\cdots$	A_n	合计（$\sum\limits_{j=1}^{n} a_{ij}$）
A_1	a_{11}	a_{12}	$\cdots$	a_{1j}	$\cdots$	a_{1n}	
A_2	a_{21}	a_{22}	$\cdots$	a_{2j}	$\cdots$	a_{2n}	
$\vdots$	$\vdots$	$\vdots$	$\cdots$	$\vdots$	$\cdots$	$\vdots$	
A_i	a_{i1}	a_{i2}	$\cdots$	a_{ij}	$\cdots$	a_{in}	
$\vdots$	$\vdots$	$\vdots$	$\cdots$	$\vdots$	$\cdots$	$\vdots$	
A_n	a_{n1}	a_{n2}	$\cdots$	a_{nj}	$\cdots$	a_{nn}	

3. 层次分析法

早在20世纪70年代初美国运筹学家萨蒂（Saaty）教授就提出了一种定性与定量相结合的多目标决策的研究方法，即层次分析法。这种方法首先将一个复杂的问题分解成若干个组成因素，并通过两两之间的比较确定各自的重要程度，从而通过重要性程度确定各因素的权重，最后再按权重值进行排序。层次分析法是一种系统化、层次化的分析方法，它操作起来简便而且实用，在研究复杂问题的时候运用它可以更好地分析问题和解决问题。这种分析方法结合强制打分法可以很好地将专家打分结合实际数据将复杂问题简约化，并且这种分析方法注重与其他研究方法的结合使用，提高了研究的科学性，因此层次分析法有很高的应用价值。运用层次分析法建模，大体上可按下面四个步骤进行。

①建立层次结构模型。首先要充分了解层级结构的系统，再将系统里的各个因素分为不同的层次，紧接着用层次框图说明层次之间的从属关系和递进关系。运用层次分析法分析决策问题时要将复杂的问题层层分解，并将每个层次的每个元素都清晰化，构造的模型要具有层次结构。在层次结构模型中，复杂问题分解

为元素，元素再按照其属性分解各个层次，这些层次分为三类，分别是：第一层为最高层，这一层一般也被称为目标层，它代表的是问题的预定目标或者理想结果；第二层为中间层，这一层也被称为准则层，顾名思义它是为了实现目标的各项准则，包括准则及子准则；第三层为最底层，即措施层或者方案层，它包括解决问题的各种方案和措施等。在层次分析法中，每一层的元素一般是不受限定的，但是为了决策的科学性也不推荐设置太多的元素，不然元素之间的比较就相对困难一些。

②构造出各层次中的所有判断矩阵。各层次的判断矩阵反映了元素之间的两两关系及其重要性程度。一般采用的是 1~9 排序及倒数核度方法。判断矩阵元素 a_{ij} 的标度方法如表 15-2 所示。

表 15-2　层次分析法判断矩阵

标度	含义
1	表示两个因素相比，具有同样的重要性
3	表示两个因素相比，一个因素比另一个因素稍微重要
5	表示两个因素相比，一个因素比另一个因素明显重要
7	表示两个因素相比，一个因素比另一个因素强烈重要
9	表示两个因素相比，一个因素比另一个因素极端重要
2, 4, 6, 8	上述两相邻判断的中间值
倒数	因素 i 与 j 比较的判断 a_{ij}，则因素 j 与 i 比较的判断 $a_{ji} = 1/a_{ij}$

假设某一个准则下面有 n 个元素，因此需要将第一个元素与其他的元素做 $n-1$ 次比较，第二个元素需要与其他元素做 $n-2$ 次比较，因为前面第一个元素已经与第二个元素比较，因此以此类推总共需要比较判断的次数是

$$(n-1) + (n-2) + \cdots + 2 + 1 = \frac{n(n-1)}{2} \qquad (15-2)$$

即对于 n 阶判断矩阵：

$$A = \begin{bmatrix} \dfrac{w_1}{w_1} & \dfrac{w_1}{w_2} & \cdots & \dfrac{w_1}{w_n} \\[2mm] \dfrac{w_2}{w_1} & \dfrac{w_2}{w_2} & \cdots & \dfrac{w_2}{w_n} \\[2mm] \vdots & \vdots & \ddots & \vdots \\[2mm] \dfrac{w_n}{w_1} & \dfrac{w_n}{w_2} & \cdots & \dfrac{w_n}{w_n} \end{bmatrix} \qquad (15-3)$$

只需给出其上（或下）三角的 $n(n-1)/2$ 个判断即可。

③层次的单排序及其一致性检验。层次单排序的意思是在计算某一准则下的所有元素对它的重要性程度的排序。根据排序算出各判断矩阵的最大特征根 $Q_{\max}$ 及其特征向量 w，接着使用归一化的处理（使各个分向量的总和为 1）。这种方法就是反映同一个层次的因素对于上一个层次的重要性程度。然而层次单排序的确定也需要判断矩阵的一次性检验，对 A 元素确定不一致的一个范围，如果不在范围内则需要重新调查。假设 Q 代表的是因素，Q 又依赖于 a_{ij}，因此，如果 Q 比 n 大得越多，不一致就越严重，如果不一致越严重则得出的判断误差就越高。因此，衡量 A 的不一致程度可以用 $Q-n$ 来表示，即设定一个衡量不一致程度的数量指标———一致性指标 CI，一般定义 CI 为

$$CI = Q_{m}ax - n/(n-1) \qquad (15-4)$$

当 CI＝0，有完全的一致性，CI 接近于 0，有满意的一致性，CI 越大，不一致性越严重。

引入随机一致性指标 RI 可以衡量 CI 的大小，随机构造 500 个成对比较矩阵，$A_1, A_2, \cdots, A_{500}$，因而得到的一致性指标为 $CI_1, CI_2, \cdots, CI_{500}$。

$$RI = (CI_1, CI_2, \cdots, CI_{500})/500 = \{(Q_1 + Q_2 + \cdots + Q_{500})/500\} - n\}/(n-1) \qquad (15-5)$$

萨蒂教授等给出的结果如表 15-3 所示。

表 15-3　层次单排序

n	1	2	3	4	5	6	7	8	9	10	11
RI	0	0	0.58	0.90	1.12	1.24	1.32	1.41	1.45	1.49	1.51

④层次总排序及其一致性检验。层次总排序即同一层次对最高层，即目标层的重要性影响程度的排序。这个过程是由最高到最低依次进行排序的，同时也需要对各个层次进行判断矩阵一次性检验，不合格的需要重新开始（见图 15-8）。

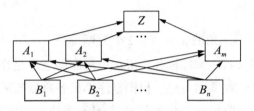

图 15-8　层次总排序

如图 15-8 所示，Z 为目标层，A 层 m 个因素为 $A_1, A_2, \cdots, A_m$，对 Z 的排序为 $a_1, a_2, \cdots, a_m$。

B 层 n 个因素对上层 A 中因素为 A_j 的层次单排列为 $b_{1j}, b_{2j}, \cdots, b_{nj}(j=1,2,\cdots,n)$。

B 层的层次总排序为

B_1：$a_1b_{11}+a_2b_{12}+\cdots+a_mb_{1m}$

B_2：$a_1b_{21}+a_2b_{22}+\cdots+a_mb_{2m}$

$\vdots$

B_n：$a_1b_{n1}+a_2b_{n2}+\cdots+a_mb_{nm}$

即 B 层第 i 个因素对总目标权重的权值为 $\sum\limits_{j=1}^{m} a_jb_{ij}$。具体见表 15-4。

表 15-4　层次总排序

B	A				
	A_1　a_1	A_2　a_2	$\cdots$	A_m　a_m	B 层的层次总排序
B_1	b_{11}	b_{12}	$\cdots$	b_{1m}	$\sum\limits_{j=1}^{m} a_jb_{1j} = b_1$

B	A				
	A_1　a_1	A_2　a_2	$\cdots$	A_m　a_m	B 层的层次总排序
B_2	b_{n1}	b_{n2}	$\cdots$	$b2m$	$\displaystyle\sum_{j=1}^{m} a_j b_{2j} = b_2$
$\vdots$	$\vdots$	$\vdots$	$\cdots$	$\vdots$	$\vdots$
B_n	b_{n1}	b_{n2}	$\cdots$	b_{nm}	$\displaystyle\sum_{j=1}^{m} a_j b_{nj} = b_n$

层次总排序的一致性检验步骤如下。

设 B 层 $B_1, B_2, \cdots, B_n$ 对上层（A 层）中因素 $A_j (j = 1, 2, \cdots, m)$ 的层次单排序一致性指标为 C_{Ij}，随机一致性指标为 R_{Ij}，则层次总排序的一致性比率为

$$\mathrm{CR} = (a_1 \mathrm{CI}_1 + a_2 \mathrm{CI}_2 + \cdots + a_m \mathrm{CI}_m) / (a_1 \mathrm{RI}_1 + a_2 \mathrm{RI}_2 + \cdots + a_m \mathrm{RI}_m)$$

$$(15 - 6)$$

当 CR 小于 0.1 时，认为层次总排序通过一致性检验。由上所述，可以发现这时具有满意的一致性，如果不满意则需要调整再计算。

在实际情况中使用层次分析法确定权重还要简便得多，因为指标之间难免会出现重叠或者交叉，权重的合成就更为简单了。如果最底层指标 C_1 根据判断矩阵算得的权重为 W_1，它对应的两个上级指标 B_1 和 A_1 的权重分别是 W_2，W_3，则底层指标 C_1 相对于总目标的权，即 $W = W_1 W_2 W_3$。

二、高校价值绩效拨款的成本界定

高校价值绩效拨款的成本从价值管理的角度来界定，即院校为实现自身功能的投入，具体到高等教育层面，指的是来自社会各界包括政府、企业、个人对高等教育财政的总投入，是各种资源耗费的货币表现。高校拨款成本的分类有多种方式，依据现行制度规定的支出分类，可分为教育事业支出、科研事业支出、上缴上级支出、经营支出等；依据成本支出的受益或分摊期限，可分为资本性支出和经常性支出，资本性支出主要是固定资产置办的支出，经常性支出主要是高校日常运作的支出；依据计入成本对象的方式，可分为直接成本和间接成本，直接成本主要表现为师资薪酬，间接成本主要表现为高校的管理费用。综合以上高校成本的归类方法，将高校绩效价值的成本主要分为人力资源成本、财力资源成本

和物力资源成本（具体内涵详见第九章第五节相关内容）。

三、高校绩效拨款的价值界定

（一）高校绩效拨款的价值内涵

价值管理是一个系统的过程，它包括价值分析及根据分析结果进行的价值提升。高校绩效作为价值管理的对象，首先通过对高校的功能成本分析得出其绩效价值，其数值不是越大越好，也不是越小越好，想要创造最优的价值，需要做深入的分析与界定。

高校绩效拨款的价值界定过程是综合考虑高校功能产出和成本投入的过程，通过对每个高校功能指标实现情况的统计汇总，高校的功能实现即高校绩效的成果表现，结合每个高校实现各自功能指标所投入的人力、财力、物力成本分析，得出高校绩效的功能成本比，即高校绩效价值。根据价值管理的公式，高校绩效价值可表示为

$$PFV = \frac{PFF}{PFC} \qquad\qquad (15-7)$$

式中，PFV 为绩效拨款价值（Performance Funding Value），PFF 为绩效拨款功能（Performance Funding Function），PFC 为绩效拨款成本（Performance Funding Cost）。

（二）高校绩效拨款的价值系数

在高校绩效价值分析的应用中通常引入相对系数的概念，主要基于两个方面的因素。一方面，对高校绩效评估是一个相对概念，只有在系统内各研究对象的相互比较中才能得出结论；另一方面，由公式（15-7）可知，功能的单位与成本的单位是不同的，要取得价值的数值必须进行无量纲处理。因此，对高校的运行绩效的价值评估中分别引入绩效功能系数、绩效成本系数和绩效价值系数的概念。

①高校绩效功能系数可表示为

$$PFFC = \frac{F_{pi}}{\sum_{j=1}^{n} F_{pj}} \qquad\qquad (15-8)$$

式中，PFFC 为高校绩效功能系数（Performance Funding Function Coefficient），F_{pi} 为第 i 个高校的绩效功能值，$\sum\limits_{j=1}^{n} F_{pj}$ 为所有参评高校的绩效功能总值。

把单个参评高校的绩效功能值与全部参评高校的绩效功能值总和作比，高校绩效功能系数反映的是某参评高校的绩效功能值的相对大小。

②高校绩效成本系数可表示为

$$PFCC = \frac{C_{pi}}{\sum\limits_{j=1}^{n} C_{pj}} \tag{15 - 9}$$

式中，PFCC 为高校绩效成本系数（Performance Funding Cost Coefficient），C_{pi} 为第 i 个高校的绩效成本值，$\sum\limits_{j=1}^{n} C_{pj}$ 为所有参评高校的绩效成本总值。

将单独的参加评比的高校的绩效值比上全部参加评比的高校绩效的总值，高校绩效成本系数反映的是某参评高校的绩效成本值的相对大小。

③高校绩效价值系数可表示为

$$PFVC = \frac{PFFC}{PFCC} \tag{15 - 10}$$

式中，PFVC 为高校绩效价值系数（Performance Funding Value Coefficient），PFFC 为高校绩效功能系数（Performance Funding Function Coefficient），PFCC 为高校绩效成本系数（Performance Funding Cost Coefficient）。

四、高校绩效拨款的价值分析

绩效价值系数一般存在于数值 1 附近，大于 1 或者小于 1 都表明存在可以改进的地方，虽然说等于 1 是最理想的情况，但是通常情况下比较难以实现。

当 PFVC>1，即 PFFC>PFCC 时，说明该高校所取得的绩效功能相对于投入的成本是有过剩的部分的，长期的高功能低成本可能会导致绩效功能的下滑。

当 PFVC<1，即 PFFC<PFCC 时，说明该高校的成本投入相对于高校的绩效功能产出有资源浪费的情况，取得目前的绩效并不需要这么多成本投入。

当 PFVC=1，即 PFFC=PFCC 时，说明该高校的绩效功能产出跟成本投入比较匹配，是一种资源最合理、充分利用的状态，既不存在功能过剩，也不存在资源浪费。

价值系数大于 1 或者小于 1 的情况在实际运行的过程中比较常见，对于过于偏离 1 的情况应该根据评估对象的具体现状分析，采取对应的措施进行改进调整，达到一种在合理控制成本的前提下提升高校功能，从而实现一个较为理想的高校绩效价值的状态。

第六节　高校绩效拨款价值管理模式的构建

由高校运行绩效的价值分析可知，一所高校运行绩效的价值系数反映了该校投入与产出的关系，当一所高校绩效价值系数大于 1 时，表明该校在一定投入的成本下，功能实现了正绩效，对这类高校在政府财政资源的配置中，除了获得基础性的财政拨款外，应该获得额外的奖励性绩效拨款。为此，引入价值绩效因子的概念，并在此基础上建立价值绩效拨款的公式。

一、高校拨款价值绩效因子的定义

价值绩效因子：PFV_i（Performance Factor Value）= $\Delta FPVC_i / \sum_{i=1}^{n} \Delta FPVC_i$，式中，$\Delta FPVC_i = FPVC_i - 1$，$\Delta FPVC_i$ 为价值溢出值（其值为正、负或 0），PFV_i 为 i 高校的价值绩效因子，n 为 $\Delta FPVC_i$ 值大于 0 的高校数量，$\sum_{i=1}^{n} \Delta FPVC_i$ 是指所有价值溢出值为正数的高校价值溢出值的总和，$\Delta FPVC_i$ 值的大小反映的是一所高校运行绩效的优劣。

当 $\Delta FPVC_i > 0$ 时，说明 i 高校的绩效为正值，可以得到绩效拨款。

当 $\Delta FPVC_i \leqslant 0$ 时，说明 i 高校的绩效为负值或 0，不能得到绩效拨款。

因此，PFV_i 是 i 高校价值绩效拨款所占的份额，体现的是一所高校在学科建设、人才培养、科学研究、社会服务、办学声誉方面的绩效水平，是在固定成本投入下的效益最大化水平。

二、高校绩效价值拨款的模式构建

价值绩效拨款是指政府主管部门在对高校进行财政拨款过程中，以产出和效率为导向，将财政的预算拨款与大学的绩效产出联系起来的拨款方式，其主要特征是使那些以较少的成本投入获得最大的功能产出的高校获得更多的财政资源配置。用公式表示为

$$T_i = T_{i1} + T_{i2} \qquad\qquad (15-11)$$

式中，T_i 为某一高校预算拨款总额，T_{i1} 为某一高校基础性拨款总额，T_{i2} 为某一高校绩效性拨款总额。

$T_{i1} = \sum_{i=1}^{n} A_i X_i + \sum_{i=1}^{n} B_i Y_i$，$A_i$ 为拨款项目，如离退休人员经费、各类学生人数、专业设备补助费、长期外籍专家经费等；X_i 为相关拨款的标准；B_i 为各类专项补助；Y_i 为相关拨款的标准。

$T_{i2} = T_t \times PFV_i$，公式中 T_t 表示某一级政府主管部门对所辖高校全部的绩效拨款的总额，PFV_i 为高校的绩效因子。

第七节　高校绩效拨款价值管理实例分析

传统的高校拨款模式对政府财政收入太过依赖，并且政府拨款没有充分体现各高校的效率与责任。基于价值管理的高校绩效拨款，通过对高校运行绩效的功能成本分析，得出每所高校的绩效价值因子，对运行状况具有正绩效的高校给予绩效拨款，结果较为公正合理。不仅能够找到高校发展可以提升的空间，也能够使高校之间的绩效情况得到较为真实的比较。本章选取"985"高校中的 22 个综合性大学，将价值管理理论运用到高校绩效拨款的实践中去。

一、建立价值管理专业小组

在高校拨款方面实行价值管理是一项系统化和专业化的工作，需要建立相应的组织，依据专业化的知识才能有效开展工作。为此，需要在学校及政府各部门之间建立第三方组织，聘请高等教育方面的专家学者组成价值管理专业小组，统筹负责高校的价值绩效考核和拨款工作。

(一) 价值管理专业小组的组成

针对高校绩效拨款实施价值管理建立的价值管理专业小组，要考虑到具体实

施价值管理理论的环境，价值管理小组人员的选取不仅要兼顾人员学识的综合性，还要考虑人员分布的均衡性，一般由各大高等院校从事高等教育研究的专家学者、政府部门主管高等教育财政拨款的人员、从事高校管理工作的人员等组成，同时要有相应的价值管理领域内的专家参与，这样既能够有价值管理理论专家的专业指导，又能够根据高校的实际情况给予评判，从而把理论和实际进行最大程度的结合。

（二）价值管理专业小组的职责

对高校进行绩效拨款是高等教育财政的重要内容，该小组的职责是从政府的层面上运用价值管理的方式和方法，对各高等院校的发展状况、效率和效益进行专业化的定量考核，并提出改进方案，从而促进学校的事业发展。具体有以下几个方面的职责：一是收集数据，对高校运行状态进行对比分析，包括校内、校外的比较分析，确定绩效拨款的目标、任务和预期的结果；二是建立高校绩效价值管理的模型；三是制定功能、成本指标赋值绩（级）点标准；四是确定价值管理的对象；五是收集整理高校的功能和成本数据信息；六是对高校绩效拨款进行功能成本分析；七是对高校运行状况作出价值绩效评价；八是提出高校绩效拨款的改进方案。

二、制定功能绩点及成本级点标准

制定高校功能绩点及成本级点标准，对高校实现的功能及投入的成本分别统一计量单位，其目的是在进行价值绩效评估的定量分析过程中，使得不同的指标值可以统一分析和比较。

（一）功能绩点赋值标准

功能值的赋值标准应该组织校内外专家在充分的专题调研和论证之后，制定相应标准，并经过多次测试和反复修订而成。具体赋值如下。

1. 学科建设

国家一级学科博士点 100 个业绩点/个，国家一级学科硕士点 50 个业绩点/个。世界级高水平学科：美国基本科学指标数据库进入 ESI 全球前 1% 的 300 个业绩点/个。国家级高水平学科：国家重点学科 200 个业绩点/个。师资队伍水平：两院院士 600 个业绩点/人；长江学者特聘教授 300 个业绩点/人；国家杰出基金获得者 200 个业绩点/人。

2. 人才培养

在校生人数，研究生 0.2 个业绩点/人，本科生 0.1 个业绩点/人。本科生就业率：学生就业率以 80% 为基准，超过一个百分点奖励学校 200 个业绩点，降低一个百分点扣除学校 200 个业绩点。本科生考研升学率：本科生考研升学率以 10% 为基准，超过一个百分点奖励学校 200 个业绩点，降低一个百分点扣除学校 200 个业绩点。杰出校友：杰出校友的范围很广泛，大到世界级，小到地市级，总之是对社会有正面影响力的人物。杰出校友涵盖的领域也很广泛，可以是杰出的政商人才，也可以是教育界、公益和文体方面的人才，增设国防院校特别人才贡献指标。杰出校友按人数单位计算，从 1978 年恢复高考之后产生的杰出校友计算，一个杰出校友奖励学校 100 个业绩点/人。

3. 科学研究

科研项目：获得国家自然科学基金，10 个业绩点/项；获得国家社会科学基金，30 个业绩点/项。论文、论著、教材业绩点：论文（必须以本校作为第一单位），在 Science、Nature 发表论文，1000 个业绩点/篇。科研成果：国家自然科学奖、科技进步奖、技术发明奖、哲学社会科学奖，奖励学校 100 个业绩点/项。科研经费：纵向科研经费以万元计，奖励学校 1 个业绩点/万元。

4. 办学声誉

校友捐赠：是指大学接收的在校学生、已毕业的学生和教职工人员等的捐赠。校友捐赠是指中国大学 1952 年（含）以后毕业校友、在读学生和教师捐赠的总额，以万元计，奖励学校 1 个业绩点/万元。媒体影响力：是指国内新闻媒体对大学的新闻报道、高校微博等新媒体影响力等指标构成，以万条计，奖励学校 10 个业绩点/万条。生源竞争力：是指高校录取的各省市自治区高考文科和理科状元数，当年每录取一个优秀生源计 50 业绩点/个。

5. 社会服务

获得的知识产权授权数：知识产权授权以项计，奖励学校 100 个业绩点/项。获得的横向社会服务科研经费：横向社会服务经费以万元计，奖励学校 0.5 个业绩点/万元。

（二） 成本级点赋值标准

1. 人力资源成本

以各校的专任教师人数作为主要考核因素，以人为单位计量，1 个成本级点/人。

2. 财力资源成本

根据各校财务决算报表，以各校每年的财务支出总额为考核因素，以百万元计，1 个成本级点/百万元。

3. 物力资源成本

物力资源应该包括学校的占地面积、房屋面积及大宗设备的数量。本文选取占地面积、房屋面积两项作为主要考核指标。占地面积，以万平方米计，每百万平方米的占地面积计 10 个成本级点。用房面积，以万平方米计，每百万平方米的用房面积计 10 个成本级点。

三、选择拨款对象并收集相关信息

（一） 选择价值绩效拨款的对象

为了全面、客观地显示出价值管理理论之于高校绩效拨款的优越性，现选取全国"985"高校中的 22 所综合性大学作为研究对象，这 22 所高校都属于同类型的高校，因而具有可比性。由于其他"985"高校的数据难以收集全面，因此本书将以这 22 所高校的绩效为例，包括北京大学、清华大学、复旦大学、南京大学、上海交通大学、西安交通大学、浙江大学、南开大学、天津大学、中山大学、山东大学、吉林大学、厦门大学、武汉大学、东南大学、湖南大学、中南大学、重庆大学、四川大学、兰州大学、东北大学、同济大学，对其运用价值管理理论进行绩效拨款的分析。

（二） 收集价值绩效拨款对象的信息

1. 绩效拨款的功能信息

根据已构建的高校绩效拨款的功能指标体系，搜集 22 所"985"高校的功能指标完成信息。为了使统计信息看起来更加清楚，分别对 2014 年该 22 所高校的学科建设、人才培养、科学研究、社会服务、办学声誉的情况进行统计。

①人才培养情况统计如表 15-5 所示。数据均来自各大高校官网的信息公开栏目及 2013 年各高校财务结算报表，以下表同。

表 15-5　人才培养情况统计

编号	学校	学生/人		本科生就业率/%	本科生考研升学率/%	杰出校友/人
		本科生	研究生			
1	北京大学	15 106	28 445	97.37	40	473
2	清华大学	15 408	27 704	98.10	54	309
3	复旦大学	17 100	14 800	96.75	33	215
4	南京大学	14 363	15 068	98.76	43	152
5	上海交通大学	16 099	19 632	97.45	32	80
6	西安交通大学	15 644	14 199	96.70	47	50
7	浙江大学	23 438	22 376	95.86	35	144
8	南开大学	12 873	11 432	96.14	34	81
9	天津大学	16 676	16 671	99.29	39	34
10	中山大学	32 690	17 795	94.12	28	74
11	山东大学	41 437	16 034	93.83	34	80
12	吉林大学	43 024	24 021	96.10	32	117
13	厦门大学	19 570	20 409	93.30	24	50
14	武汉大学	31 886	23 366	91.18	37	113
15	东南大学	32 000	13 000	98.60	36	50
16	湖南大学	20 800	14 000	90.94	16	25
17	中南大学	33 945	18 770	93.68	—	41
18	重庆大学	29 168	22 699	95.00	25	25
19	四川大学	40 000	20 000	95.29	46	51
20	兰州大学	18 912	10 425	87.81	—	32
21	东北大学	27 074	10 620	95.20	34	31
22	同济大学	18 503	17 075	95.49	29	42

②科学研究情况统计如表 15-6 所示。

表 15-6　科学研究情况统计

编号	学校	指标							
		科研项目		科研成果					科研经费（纵向）/万元
		获得的国家自然科学基金/项	获得的国家社会科学基金/项	在 *Nature* 与 *Science* 发表的高水平论文数	获得的国家三大奖及社科奖/项				
					自然科学奖	科技进步奖	技术发明奖	社会科学奖	
1	北京大学	559	31	17	23	14	4	53	32 875
2	清华大学	478	19	32	16	30	31	4	65 519
3	复旦大学	555	31	15	9	14	4	22	8 143
4	南京大学	347	42	9	17	5	2	6	12 173
5	上海交通大学	842	21	6	9	40	7	0	9 288
6	西安交通大学	346	17	1	6	18	11	0	5 608
7	浙江大学	676	29	5	7	36	10	7	15 524
8	南开大学	179	25	1	7	0	2	9	3 331
9	天津大学	241	4	0	1	17	1	5	4 107
10	中山大学	508	29	3	7	11	0	7	7 235
11	山东大学	397	27	0	2	10	4	5	4 887
12	吉林大学	321	42	4	8	11	3	6	7 105
13	厦门大学	280	37	5	2	0	1	8	8 262
14	武汉大学	392	39	0	2	19	2	20	5 403
15	东南大学	261	16	1	0	8	3	0	3 951
16	湖南大学	133	16	0	2	14	2	0	4 940
17	中南大学	418	17	0	1	23	10	0	7 922
18	重庆大学	136	18	0	0	12	0	0	3 734
19	四川大学	357	45	3	1	10	6	10	7 843
20	兰州大学	154	14	0	4	2	0	1	2 377
21	东北大学	154	2	0	0	8	3	0	1 739
22	同济大学	393	16	1	2	9	2	0	4 022

③学科建设情况统计如表15-7所示。

表15-7 学科建设情况统计

编号	学校	功能指标						
		学科层次		入围世界ESI前1%学科数/个	国家重点学科总数/个	师资队伍水平		
		一级学科博士点/个	一级学科硕士点/个			两院院士/人	长江学者/人	国家杰青/人
1	北京大学	50	52	15	125	78	164	204
2	清华大学	36	44	9	116	76	138	180
3	复旦大学	35	52	11	86	25	105	89
4	南京大学	40	18	8	55	31	90	97
5	上海交通大学	36	21	11	49	40	79	98
6	西安交通大学	27	45	7	36	24	50	32
7	浙江大学	58	72	13	71	27	94	99
8	南开大学	29	44	5	44	8	45	34
9	天津大学	27	36	3	35	14	42	22
10	中山大学	42	53	9	22	6	45	65
11	山东大学	40	55	5	22	9	39	32
12	吉林大学	45	59	5	32	9	31	29
13	厦门大学	31	48	3	38	12	29	38
14	武汉大学	43	58	7	46	16	68	43
15	东南大学	29	49	5	19	11	35	35
16	湖南大学	25	41	4	14	4	24	18
17	中南大学	33	58	4	33	17	33	19
18	重庆大学	28	51	2	17	5	21	13
19	四川大学	44	57	6	43	13	24	41
20	兰州大学	19	44	7	8	9	16	18
21	东北大学	21	37	2	24	5	19	27
22	同济大学	25	46	4	21	14	28	31

④社会服务情况统计如表 15-8 所示。

表 15-8　社会服务情况统计

编号	学校	获得的专利数/项	横向科研经费/万元
1	北京大学	333	190 451
2	清华大学	1 112	366 172
3	复旦大学	324	106 969
4	南京大学	299	84 215
5	上海交通大学	704	267 906
6	西安交通大学	453	66 063
7	浙江大学	1 373	298 337
8	南开大学	200 以下	33 366
9	天津大学	502	94 558
10	中山大学	228	99 891
11	山东大学	422	76 035
12	吉林大学	347	74 697
13	厦门大学	206	86 001
14	武汉大学	235	98 829
15	东南大学	700	102 869
16	湖南大学	200 以下	28 804
17	中南大学	280	79 143
18	重庆大学	395	74 579
19	四川大学	306	80 746
20	兰州大学	200 以下	22 283
21	东北大学	200 以下	59 549
22	同济大学	312	125 863

⑤办学声誉情况统计如表 15-9 所示。

表 15-9　办学声誉情况统计

编号	学校	指标		
		校友捐赠/亿元	生源影响力（录取的状元）	媒体影响力（媒体报道）/万条
1	北京大学	12.48	482	616

编号	学校	指标		
		校友捐赠/亿元	生源影响力（录取的状元）	媒体影响力（媒体报道）/万条
2	清华大学	11.45	403	589
3	复旦大学	0.59	3	268
4	南京大学	5.18	6	125
5	上海交通大学	0.46	5	164
6	西安交通大学	0.29	0	67
7	浙江大学	5.79	0	176
8	南开大学	0.41	0	110
9	天津大学	1.01	4	58
10	中山大学	1.12	7	184
11	山东大学	0.40	0	94
12	吉林大学	0.16	0	64
13	厦门大学	1.98	0	112
14	武汉大学	2.69	0	156
15	东南大学	0.42	0	62
16	湖南大学	0.16	0	42
17	中南大学	1.26	0	58
18	重庆大学	0.61	0	58
19	四川大学	0.29	0	90
20	兰州大学	0.06	0	35
21	东北大学	0.31	0	25
22	同济大学	0.44	0	105

2. 绩效拨款的成本信息

绩效拨款的成本信息如表 15-10 所示。

表 15-10　绩效拨款的成本信息

编号	学校名称	考核指标			
		专任教师/人	本年度经费总支出/万元	学校占地面积/万平方米	建筑总面积/万平方米
1	北京大学	3 725	749 561	278	200

编号	学校名称	考核指标			
		专任教师/人	本年度经费 总支出/万元	学校占地面积 /万平方米	建筑总面积 /万平方米
2	清华大学	3 356	1 175 249	393	211
3	复旦大学	2 700	459 448	244	149
4	南京大学	2 251	332 566	228	116
5	上海交通大学	2 851	653 489	322	191
6	西安交通大学	2 861	433 425	198	203
7	浙江大学	3 350	768 118	450	207
8	南开大学	1 985	250 827	456	137
9	天津大学	2 425	305 442	182	139
10	中山大学	3 463	444 901	587	200
11	山东大学	4 152	357 317	334	276
12	吉林大学	5 659	400 415	611	358
13	厦门大学	2 678	431 357	600	199
14	武汉大学	3 737	408 251	346	262
15	东南大学	2 573	253 940	392	171
16	湖南大学	1 950	243 771	153	113
17	中南大学	3 241	359 239	376	273
18	重庆大学	2 728	283 118	367	149
19	四川大学	5 049	336 599	470	255
20	兰州大学	1 986	159 638	254	133
21	东北大学	2 491	252 710	261	113
22	同济大学	2 786	376 734	257	168

四、对高校价值绩效拨款进行功能成本分析

(一) 功能权重的确定

鉴于前文对于功能权重的确定已经做了详尽的介绍，具体细节不做重复，一级和二级指标的权重确定过程如下。本文采取强制打分法，分别确定一、二级指

标的权重。

1. 一级指标功能权重的确定

设 A_1＝人才培养，A_2＝科学研究，A_3＝学科建设，A_4＝社会服务，A_5＝办学声誉。聘请10位专家，按照强制打分法的要求，分别进行两两比较打分，现将打分后的统计结果归纳如表15-11所示。

表15-11　一级指标功能权重的确定

一级指标	一级指标					合计 ($\sum\limits_{j=1}^{n} a_{ij}$)	指标权重
	A_1	A_2	A_3	A_4	A_5		
人才培养 A_1	$a_{11}=5$	$a_{12}=6$	$a_{13}=7$	$a_{14}=7$	$a_{15}=6$	31	0.248
科学研究 A_2	$a_{21}=4$	$a_{22}=5$	$a_{23}=6$	$a_{24}=6$	$a_{25}=5$	26	0.208
学科建设 A_3	$a_{31}=3$	$a_{32}=4$	$a_{33}=5$	$a_{34}=4$	$a_{35}=4$	20	0.160
社会服务 A_4	$a_{41}=3$	$a_{42}=4$	$a_{43}=6$	$a_{44}=5$	$a_{45}=4$	22	0.176
办学声誉 A_5	$a_{51}=4$	$a_{52}=5$	$a_{53}=6$	$a_{54}=6$	$a_{55}=5$	26	0.208

2. 二级指标权重的确定

如上所述，各一级指标下的二级指标权重如下。

①人才培养如表15-12所示。

表15-12　人才培养二级指标权重确定

二级指标	二级指标				合计 ($\sum\limits_{j=1}^{n} b_{ij}$)	指标权重
	B_1	B_2	B_3	B_4		
在校生数量 B_1	$b_{11}=5$	$b_{12}=3$	$b_{13}=4$	$a_{14}=4$	14	0.179
本科生就业率 B_2	$b_{21}=7$	$b_{22}=5$	$b_{23}=6$	$b_{24}=5$	23	0.295
本科生升学率 B_3	$b_{31}=6$	$b_{32}=4$	$b_{33}=5$	$b_{34}=4$	19	0.244
杰出校友 B_4	$b_{41}=6$	$b_{42}=5$	$b_{43}=6$	$b_{44}=5$	22	0.282

②科学研究如表 15-13 所示。

表 15-13　科学研究二级指标权重确定

二级指标	二级指标			合计 ($\sum\limits_{j=1}^{n} c_{ij}$)	指标权重
	C_1	C_2	C_3		
科研成果 C_1	$c_{11}=5$	$c_{12}=7$	$c_{13}=6$	18	0.450
科研项目 C_2	$c_{21}=3$	$c_{22}=5$	$c_{23}=5$	13	0.289
科研经费 C_3	$c_{31}=4$	$c_{32}=5$	$c_{33}=6$	14	0.311

③学科建设如表 15-14 所示。

表 15-14　学科建设二级指标权重确定

二级指标	二级指标				合计 ($\sum\limits_{j=1}^{n} d_{ij}$)	指标权重
	D_1	D_2	D_3	D_4		
学科层次 D_1	$d_{11}=5$	$d_{12}=3$	$d_{13}=4$	$d_{14}=2$	14	0.175
世界级高水平学科 D_3	$d_{21}=7$	$d_{22}=5$	$d_{23}=6$	$d_{24}=5$	23	0.287
国家级高水平学科 D_3	$d_{31}=6$	$d_{32}=4$	$d_{33}=5$	$d_{34}=5$	20	0.250
师资水平 D_4	$d_{41}=8$	$d_{42}=5$	$d_{43}=6$	$d_{44}=5$	23	0.287

④办学声誉如表 15-15 所示。

表 15-15　办学声誉二级指标权重确定

二级指标	二级指标			合计 ($\sum\limits_{j=1}^{n} e_{ij}$)	指标权重
	E_1	E_2	E_3		
校友捐赠 $E1$	$e_{11}=5$	$e_{12}=6$	$e_{13}=7$	18	0.450
生源竞争力 E_2	$e_{21}=4$	$e_{22}=5$	$e_{23}=4$	13	0.289
媒体影响力 E_3	$e_{31}=3$	$e_{32}=6$	$e_{33}=5$	14	0.311

⑤社会服务。由于该二级指标只有两项，其指标权重为：获得知识产权专利

数 $F_1 = 0.450$，获得社会服务经费 $F_2 = 0.550$。

（二）价值系数的计算

1. 功能系数的计算

根据 22 所高校的指标完成情况，对应二级指标的指标权重，按照功能系数计算公式（式 7-3）得出各个院系的功能系数（见表 15-16）。

表 15-16　22 所"985"高校的功能及功能系数

高校	指标					功能值（绩点）	功能系数
	人才培养	科学研究	学科建设	社会服务	办学声誉		
北京大学	17 116	23 988	48 133	67 359	65 041	221 637	0.111 0
清华大学	13 197	39 968	42 891	150 737	59 180	305 973	0.153 2
复旦大学	9 010	13 360	24 769	43 996	3 532	94 667	0.047 4
南京大学	7 800	10 553	22 951	36 614	23 785	101 703	0.050 9
上海交通大学	5 350	10 724	23 526	105 354	2 652	147 606	0.073 9
西安交通大学	4 989	4 916	13 544	38 552	1 513	63 514	0.031 8
浙江大学	7 437	11 983	24 740	143 828	26 602	214 590	0.107 5
南开大学	5 047	3 030	10 727	18 176	2 187	39 167	0.019 6
天津大学	4 407	3 088	10 086	48 593	4 783	70 957	0.035 5
中山大学	5 020	6 445	11 712	37 730	5 713	66 620	0.033 4
山东大学	5 559	3 846	9 456	39 900	2 092	60 853	0.030 5
吉林大学	6 953	6 561	9 218	36 157	919	59 808	0.030 0
厦门大学	3 959	6 444	9 865	32 920	9 258	62 446	0.031 3
武汉大学	6 571	5 086	15 241	37 753	12 590	77 241	0.038 7
东南大学	4 814	3 067	9 233	59 789	2 083	78 986	0.039 6
湖南大学	2 517	2 869	5 629	16 921	851	28 787	0.014 4
中南大学	3 487	5 349	9 939	34 364	5 850	58 989	0.029 5
重庆大学	3 657	2 250	5 374	38 284	2 925	52 490	0.026 3
四川大学	5 529	6 426	10 594	35 975	1 585	60 109	0.030 1
兰州大学	2 270	1 621	5 681	15 128	379	25 079	0.012 6
东北大学	3 807	1 498	6 110	25 376	1 473	38 264	0.019 2
同济大学	3 968	3 560	8 835	48 652	2 307	67 322	0.033 7

2. 成本系数的计算

根据 22 所高校人财物投入总额汇总，按照成本系数计算公式（式 9-4）得出各个高校的成本系数（见表 15-17）。

表 15-17　22 所"985 高校"成本系数

高校	成本值（级点）	成本系数
北京大学	16 001	0.057 9
清华大学	21 148	0.076 5
复旦大学	9 883	0.035 8
南京大学	7 972	0.028 8
上海交通大学	14 516	0.052 5
西安交通大学	9 398	0.0340
浙江大学	17 601	0.063 7
南开大学	10 423	0.037 7
天津大学	8 689	0.031 4
中山大学	15 782	0.057 1
山东大学	13 825	0.050 0
吉林大学	19 353	0.070 0
厦门大学	14 981	0.054 2
武汉大学	13 899	0.050 3
东南大学	9 203	0.033 3
湖南大学	7 048	0.025 5
中南大学	13 323	0.048 2
重庆大学	10 719	0.038 8
四川大学	15 665	0.056 7
兰州大学	7 452	0.027 3
东北大学	8 758	0.031 7
同济大学	10 803	0.039 1

3. 价值系数的计算

根据价值系数的计算公式 $FPVC = \dfrac{FPFC}{FPCC}$，得出 22 所高校绩效的价值系数（见表 15-18）。

表 15-18　22 所"985"高校的价值系数

高校	系数		
	功能系数	成本系数	价值系数
北京大学	0.1110	0.0579	1.917
清华大学	0.1532	0.0765	2.002
复旦大学	0.0474	0.0358	1.324
南京大学	0.0509	0.0288	1.767
上海交通大学	0.0739	0.0525	1.408
西安交通大学	0.0318	0.0340	0.935
浙江大学	0.1075	0.0637	1.688
南开大学	0.0196	0.0377	0.520
天津大学	0.0355	0.0314	1.131
中山大学	0.0334	0.0571	0.585
山东大学	0.0305	0.0500	0.610
吉林大学	0.0300	0.0700	0.429
厦门大学	0.0313	0.0542	0.577
武汉大学	0.0387	0.0503	0.769
东南大学	0.0396	0.0333	1.189
湖南大学	0.0144	0.0255	0.565
中南大学	0.0295	0.0482	0.612
重庆大学	0.0263	0.0388	0.678
四川大学	0.0301	0.0567	0.531
兰州大学	0.0126	0.0273	0.462
东北大学	0.0192	0.0317	0.606
同济大学	0.0337	0.0391	0.862

根据 22 所高校的功能系数、成本系数而得来的价值系数计算结果，高等教育的财政拨款就可以依据高校的价值系数的多少来区别拨款数额。

五、提出 22 所"985"高校价值绩效拨款方案

（一）价值绩效因子的计算

根据计算得出的价值系数，将 22 所"985"高校的价值系数减去 1 是高校的价值溢出值，即 $\Delta FPVC_i = FPVC_i - 1$，当 $\Delta FPVC_i > 0$ 时，说明 i 高校的绩效为正值，可以得到绩效拨款。当 $\Delta FPVC_i \leqslant 0$ 时，说明 i 高校的绩效为负值或 0，不能得到绩效拨款。计算发现有 8 所高校的 $\Delta FPVC_i$ 是正值，14 所高校的 $\Delta FPVC_i$ 为负值，即 $\Delta FPVC_i$ 是正值的 8 所高校可以得到绩效拨款，分别是北京大学、清华大学、复旦大学、南京大学、上海交通大学、浙江大学、天津大学、东南大学（见表 15-19）。

表 15-19 22 所"985 高校"绩效因子

高校	指标		
	价值系数（$FPVC_i$）	价值溢出值（$\Delta FPVC_i$）	价值绩效因子（PFV_i）
北京大学	1.917	0.917	0.207
清华大学	2.002	1.002	0.226
复旦大学	1.324	0.324	0.073
南京大学	1.767	0.767	0.173
上海交通大学	1.408	0.408	0.092
西安交通大学	0.935	−0.065	——
浙江大学	1.688	0.688	0.155
南开大学	0.520	−0.480	——
天津大学	1.131	0.131	0.030
中山大学	0.585	−0.415	——
山东大学	0.610	−0.390	——
吉林大学	0.429	−0.571	——
厦门大学	0.577	−0.423	——
武汉大学	0.769	−0.231	——
东南大学	1.189	0.189	0.043

高校	指标		
	价值系数（$FPVC_i$）	价值溢出值（$\Delta FPVC_i$）	价值绩效因子（PFV_i）
湖南大学	0.565	−0.435	—
中南大学	0.612	−0.388	—
重庆大学	0.678	−0.322	—
四川大学	0.531	−0.469	—
兰州大学	0.462	−0.538	—
东北大学	0.606	−0.394	—
同济大学	0.862	−0.138	—

（二）对22所"985高校"运行绩效的分析

对22所"985"高校功能系数、成本系数、价值系数的排序如表15-20所示。

表15-20　22所高校功能系数、成本系数和价值系数排序表

高校	系数					
	功能系数		成本系数		价值系数	
	数值	排序	数值	排序	数值	排序
北京大学	0.1110	2	0.0579	4	1.917	2
清华大学	0.1532	1	0.0765	1	2.002	1
复旦大学	0.0474	6	0.0358	15	1.324	5
南京大学	0.0509	5	0.0288	20	1.767	3
上海交通大学	0.0739	4	0.0525	8	1.408	6
西安交通大学	0.0318	12	0.0340	16	0.935	9
浙江大学	0.1075	3	0.0637	3	1.688	4
南开大学	0.0196	19	0.0377	14	0.520	20
天津大学	0.0355	9	0.0314	19	1.131	8
中山大学	0.0334	11	0.0571	5	0.585	16
山东大学	0.0305	14	0.0500	10	0.610	14
吉林大学	0.0300	16	0.0700	2	0.429	22
厦门大学	0.0313	13	0.0542	7	0.577	17

高校	系数					
	功能系数		成本系数		价值系数	
	数值	排序	数值	排序	数值	排序
武汉大学	0.0387	8	0.0503	9	0.769	11
东南大学	0.0396	7	0.0333	17	1.189	7
湖南大学	0.0144	21	0.0255	22	0.565	18
中南大学	0.0295	17	0.0482	11	0.612	13
重庆大学	0.0263	18	0.0388	13	0.678	12
四川大学	0.0301	15	0.0567	6	0.531	19
兰州大学	0.0126	22	0.0273	21	0.462	21
东北大学	0.0192	20	0.0317	18	0.606	15
同济大学	0.0337	10	0.0391	12	0.862	10

从表 15-20 中可得出以下结论，高校绩效价值拨款能反映高校的运行状况和发展效益，可以为高校资源配置提供有效的依据和参考。

1. 价值绩效评价与绝对评价的结果并不是一一对应

从上述的研究分析可以发现，价值的绩效与绝对量的投入即成本的投入与功能的产出不成一一对应的关系。功能实现的绝对量或成本的投入绝对量排序靠前的，价值绩效排序不一定靠前。所以，得分的多少不代表绩效的高低，得分多也不一定意味着绩效高。

2. 影响高校价值绩效的主要因素是资源有效利用

从以上的研究还可以看到，高校运行的价值绩效形成了两大类 6 种组合：第一类是高绩效，主要特征是资源的充分利用，第一类又有 3 种组合形式，它们分别是高投入对应高产出、低投入对应低产出、低投入对应高产出；第二类就是低绩效，分别是高投入对应高产出、低投入对应低产出、高投入对应低产出，出现第二类的主要原因是资源没有得到充分的利用。因此，我们可以认知到高等教育的绩效常常与投入和功能不能很好地对应，成本投入低的不一定绩效就低，所以我们需要通过对绩效的考核发现资源没有充分得到运用和效率比较低下的方面。

3. 高校价值绩效呈现出明显的地区差异

高校的运行绩效与学校所在地的社会经济发展呈现出正相关性，经济越发达的地区，其所在地区高校的运行绩效越好，具体表现为东部最高，西部次之，中部最低。由于地区差异，可以清楚地发现西部地区高校不管是成本、绩效、投入和价值相对于东部地区高校都落后许多，正是由于在地域上的缺陷及资源的匮乏，西部地区高校总体落后于中东部高校许多，但是西部地区高校的价值得分却没有比中东部高校差很多，说明它的价值绩效也比较高。

（三）22 所"985"高校的价值绩效拨款方案

高校绩效拨款由两部分组成，即 $T_i = T_{i1} + T_{i2}$，T_i 为某一高校预算拨款总额，T_{i1} 为某一高校基础性拨款总额，T_{i2} 为某一高校绩效性拨款总额。

本书就对 8 所"985"高校作出绩效拨款，假设 2015 年度的绩效拨款总额是 10 亿元，那这 8 所高校分别得到的绩效拨款金额如表 15-21 所示。

表 15-21 8 所"985"高校的绩效拨款

高校	价值绩效溢出值 $\Delta FPVC_i$	价值绩效因子 PFV_i	绩效拨款金额 T_i /亿元
北京大学	0.917	0.207	2.07
清华大学	1.002	0.226	2.26
复旦大学	0.324	0.073	0.73
南京大学	0.767	0.173	1.73
上海交通大学	0.408	0.092	0.92
浙江大学	0.688	0.155	1.55
天津大学	0.131	0.030	0.30
东南大学	0.189	0.043	0.43

从 20 世纪 90 年代末期开始，随着我国高等教育办学规模的不断扩大，各高校都开展了大规模的新校区建设，尽管政府部门采取了化解债务的各举措，但时至今日，仍然有不少高校在不同程度上背上了沉重的债务负担，我国的高等教育经费远远落后于世界平均水平，这也使得高等教育的可持续发展受到了影响。改

革开放以后，国家的经济体制不断发生变革，高等教育的财政体制也在变化，但是我国现有的高校拨款体制已经不能适应社会的可持续发展，产生了经费短缺、资源分配不均等现象。因此，我们必须大力改革高校财政管理体制，完善相应的拨款机制。

将价值管理理论应用到高校绩效拨款中，作为一种较新的尝试极具现实意义。把高校绩效作为价值研究的对象，将不同高校的绩效功能和成本加以分析，应用价值系数和价值绩效因子来评价一所高校的运行绩效，弥补了传统评估方式只看重绝对产出的缺陷，同时也为后续的绩效改进提供了依据，这种绩效价值拨款模型的应用价值在高校今后的管理中应该给予一定的重视。

当然，借鉴价值管理的理论和方法对高校实施绩效价值拨款的研究处于起步阶段，本书的研究属抛砖引玉，试图引起同行的共鸣和关注，无论是研究的内容和方法仍需要做进一步思考和改进。价值绩效拨款的依据是对高校运行绩效进行客观公正的评价，而评价的前提是要建立科学的评价指标体系，筛选出符合高等教育运行发展规律的功能、成本指标，考虑周全，在各个指标的权重确定上也会有不同的意见。加上学校的层次不同、类型不一和地区的差异，需要根据各地的实际情况制定不同的标准，考虑不周全则会产生许多不良影响。因此，指标体系要有科学的说服力。但总的来说，基于价值管理理论的高校绩效拨款模式在一定程度上反映了高校的运行绩效、价值管理是一种新型的管理理论方法，可以为优化高校资源配置、促进高等教育的可持续发展提供有益参考。

参考文献

［1］杨丽娟. 高等院校资产管理与预算管理相结合的探讨［J］. 中国经贸导刊，2010（18）：97.

［2］王志国，王伟. 构建高校绩效预算管理的信息化研究［J］. 绥化学院学报，2014（6）：37-39.

［3］顾颖. 高等教育财政拨款制度比较研究——兼论对甘肃省高校拨款改革的启示［D］. 兰州：西北师范大学，2012.

［4］王国平. 价值管理：新形势下中国高等教育管理的必然选择［J］. 价值工程，2013（2）：204-206.

［5］李兰兰. 美国社区学院绩效拨款机制及其对我国高职院校发展的启示［J］. 职教论坛，2011（16）：89-92.

［6］黄丽. 基于绩效评价的高等教育财政拨款问题研究［D］. 长沙：长沙理工大学，2009.

［7］罗伯特·B. 斯图尔特，邱寇华. 价值工程方法基础［M］. 北京：机械工业出版社，2007.

［8］孙志军，金平. 国际比较及启示：绩效拨款在高等教育中的实践［J］. 高等教育研究，2003（6）：88-92.

［9］尹贻林. 建设工程项目价值管理［M］. 天津：天津人民出版社，2005.

［10］张如潮. 价值管理（VM）简介［J］. 价值工程，1998（5）：11-13.

［11］付亚和，许玉林. 绩效考核与绩效管理［M］. 北京：电子工业出版社，2009.

［12］陈芳. 绩效管理［M］. 深圳：海天出版社，2002.

［13］王乃静. 价值工程概论［M］. 北京：经济科学出版社，2006.

［14］何瑛，彭晓峰. 价值管理研究综述［J］. 财会通讯（综合版），2005（8）：110-113.

［15］唐勇军. 价值管理研究综述与评价［J］. 财会通讯（综合版），2007（5）：77-79.

［16］伍国艳. 基于公平和效率的高等教育财政拨款研究［D］. 武汉：武汉理工大学，2006.

［17］帅相志，毛有高，傅庆民. 高校负债办学风险的规避与偿还对策［M］. 北京：科学出版社，2010.

［18］陈建国. 地方高校院系办学绩效评价指标体系构建——以新建本科院校为例［J］. 国家教育行政学院学报，2011（9）：3-7.

［19］倪庆平，李竹宁. 高校部门工作绩效考评体系设计［J］. 经济师，2004（3）：99-100.

［20］王序坤. 高等教育财政拨款方式的改进［J］. 浙江社会科学，1999（6）：42-43.

［21］胡守忠，郑凌莺. 基于价值管理地方高校重点学科建设评价研究［J］. 科研管理，2009（31）：119-122.

［22］王清水，江雪梅. 价值管理在高校建设项目投资控制中的应用［J］. 莆田学院学报，2009（4）：12-15.

［23］刘莉. 基于价值管理的高校财务风险管理研究［J］. 重庆科技学院学报，2011（9）：98-100.

［24］柏凯. 价值工程原理在高校教师资源管理中的应用分析［J］. 价值工程，2012（24）：1-2.

［25］加利·阿什瓦斯，保罗·詹姆斯. 基于价值的管理——实现更大股东价值的方法［M］. 张先治，译. 大连：东北财经大学出版社，2004.

［26］杨丽霞，简毓峰. 国内外高校科绩效评价研究综述［J］. 甘肃高师学报，2007（5）：122-124.

［27］吴文清，王凤华，郎永杰. 论大学内部绩效评价［J］. 北京教育学院学报，2011（3）：44-49.

［28］李达辉. 初论绩效管理的理论基础——兼论系统论在绩效管理中的应用［J］. 成都理工大学学报（社会科学版），2003（4）：86-88.

[29] 戎杰，尉京红．构建适合我国高校特点的绩效考核机制［J］．金融教学与研究，2010（5）：64-66.

[30] 刘映池．我国研究型大学教师绩效考核方法的选择研究［J］．人力资源管理（学术版），2009（2）：120-121.

[31] 樊秀娣．高校管理体制建设的一个开拓性尝试——同济大学开展校内院系办学绩效评估的实践与思考［J］．评价与管理，2007（1）：20-24.

[32] 陈荣华．伴随一生的知识支柱——重温《教育——财富蕴藏其中》［J］．科学咨询，2008（17）：9-10.

[33] 张逸昕，崔茂中．产业资源承载力界定及其技术方法支持——专家评分法和层次分析法的综合应用［J］．管理现代化，2011（5）：33-35.

[34] 肖艳玲，刘晓晶，刘剑波．基于熵值法的员工绩效指标权重确定方法［J］．大庆石油学院学报，2005（1）：107-109.

[35] D. B. 约翰斯通．高等教育财政：问题与出路［M］．沈红，李红桃，译．北京：人民教育出版社，2004.

[36] 柯佑祥．高等教育财政体制的理论与时间分析［J］．江苏高教，1999（2）：41-44.

[37] 佘金凤．高校课程建设中运用价值工程的探讨［J］．技术经济，2005（9）：75-77.

[38] 张大亮，林奕专．绩效管理的系统性分析［J］．企业经济，2003（4）：122-123.

[39] 李小艳，王守瑞．价值工程在高校教师选用中的应用研究［J］．价值工程，2006（7）：78-81.

[40] 王清水，江雪梅．论高校教育成本与规模优化［J］．科技信息，2008（29）：144-145.

[41] 应望江，李泉英．高校绩效评价指标体系设计及应用研究——以教育部直属高校为例［J］．国家教育行政学院学报，2010（2）：45-50.

[42] 王双．法国高等教育评估的实效性分析及其对我国的启示［J］．武汉职业技术学院学报，2008（6）：112-114.

［43］刘天佐. 美国与日本高等教育财政拨款体制对我国的启示［J］. 生产力研究，2007（15）：91-93.

［44］王莉华. 美国高等教育绩效拨款政策研究——两个州的案例比较分析［J］. 清华大学教育研究，2008（2）：63-69.

［45］吴伟，刘志民，郭霞. 我国高等教育财政经费拨款机制与模式的改革方向探索［J］. 江苏高教，2005（4）：49-51.

［46］陶爱元，曹中. 中国高等教育绩效评估指标体系的设计［J］. 统计与决策，2007（11）：74-75.

［47］官风华，魏新. 高等教育拨款模式研究［J］. 教育研究，1995（2）：23-29.

［48］季桂金. VM 在校园建设规划中应用［J］. 价值工程，2007（12）：89-91.

［49］熊丽芳. 基于价值管理的政府投资项目投资控制应用研究［D］. 重庆：重庆交通大学，2008.

［50］毛旭东. 高等学校教师绩效考核的研究［D］. 武汉：武汉大学，2004.

［51］徐洋. 研究型高校教师教学绩效考评研究［D］. 天津：天津大学，2012.

［52］朱惠倩. 高等教育绩效评价研究［D］. 南昌：华东交通大学，2009.

［53］孙逸群. 高校教师绩效评估体系构建研究——以安徽新华大学为例［D］. 合肥：安徽大学，2012.

［54］陈阳君. 基于价值工程的建筑施工项目成本控制研究［D］. 大连：大连理工大学，2008.

［55］王善迈. 教育投入与产出研究［M］. 石家庄：河北教育出版社，1996.

［56］许锐. 我国公办高校事业经费拨款模式改革［J］. 宁波大学学报（教育科学版），2008（6）：96-99.

[57] 李文长，等. 高校资源配置模式与绩效 [M]. 北京：北京师范大学出版集团，北京师范大学出版社，2011.

[58] 张男星. 高等学校绩效评价论 [M]. 北京：教育科学出版社，2012.

[59] 张男星，等. 高等学校绩效评价报告 2012 [M]. 北京：教育科学出版社，2013.

[60] 张男星，王春春，姜朝晖. 高校绩效评价：实践探索的理论思考 [J]. 教育研究，2015（6）：19-28.

[61] 郭芳芳，张男星. 高等教育绩效评价的需求、内涵与机制 [J]. 高教发展与评估，2016（1）：22-32.

[62] 袁振国，张男星，孙继红. 2012 年高校绩效评价研究报告 [J]. 教育研究，2013（10）：55-64.

[63] 顾海良. 高校绩效评价是对中国高校评估模式的积极探索——兼评《高等学校绩效评价论》[J]. 教育研究，2013（3）：148-149.

[64] 王春春，张男星. 美国公立高校绩效评价体系内容与特点分析——以田纳西州为例 [J]. 比较教育研究，2012（1）：23-27.

[65] 丁姗姗. DEA 方法在我国高校绩效评价中的应用 [J]. 经济师，2009（4）：104-106.

[66] 丁振华，吴应宇. 高校绩效评价研究综述 [J]. 江苏高教，2014（4）：64-66.

[67] 杨媚，杨运东，刘卫民，等. 基于 BSC 与 KPI 理论的高校专项资金绩效评价研究 [J]. 会计之友，2016（12）：98-102.

[68] 廖建英，任少波. 基于 BSC 的高校二级学院绩效评价实证研究——以浙江 G 职业技术学院为例 [J]. 教育财会研究，2016（2）：46-50.

[69] 张超豪. 平衡计分卡在高校绩效评价中的应用 [J]. 财会通讯（中），2009（11）：67-68.

[70] 沈立宏，赵怡. 基于数据包络分析的地方高校科研绩效评价 [J]. 高等工程教育研究，2016（3）：147-151.

[71] 周景坤. 关键绩效指标法在高校教师绩效评价中的运用 [J]. 教育探

索，2016（7）：110-112.

[72] 童漩. 价值管理和价值工程在我国的现状 [J]. 基建管理优化，2008（1）：34-37.

[73] 吴柳. 价值管理视域下的高校教师人力资源管理研究 [D]. 南京：南京工业大学，2013.

[74] 荆红娟. 价值管理视域下的高校院系绩效评估研究 [D]. 南京：南京工业大学，2014.

[75] 刘伟国. 建筑产品价值管理研究 [D]. 杭州：浙江大学，2007.

[76] 陈伟珂，林宏莉. 基于价值工程的图书采购资金分配方案研究 [J]. 项目管理技术，2016（2）：85-90.

[77] 张男星. 应用性是高校绩效评价研究的重要指向 [J]. 大学（研究），2011（10）：37-39.

[78] 向林芳. 高校图书馆电子资源投入产出绩效评价体系构建 [J]. 图书馆建设，2010（10）：94-97.

[79] 高杰. 价值管理理论及运用 [J]. 中国科技信息，2005（23B）：15.

[80] 赵春辉. 我国高校图书馆绩效评价研究进展及问题分析 [J]. 图书馆工作研究，2015（2）：16-20.

[81] 王慧芳. 高校图书馆绩效评估体系构建的思考 [J]. 河南图书馆学刊，2006（2）：109-111.

[82] 戴鸿志. 图书馆绩效评价研究综述 [J]. 办公室业务，2012（4S）：63-64.

[83] 王小慧，张月琴. 基于熵值法的图书馆绩效评价 [J]. 科技之友（C版），2013（7）：60-61.

后　记

白驹过隙，岁月如梭。回首往事，不禁感慨、感动和感激。感慨的是时间都去哪儿了，转眼间，自己已经工作近四十个年头，并从自己所热爱的工作岗位上退职。大学毕业后，一直在高校从事教育管理工作，其间工作岗位、工作单位几经变动，从年少轻狂到两鬓白发，丰富的工作经历为本书研究提供了有力支撑。感动的是中国高等教育事业的大发展，作为一个教育工作者，见证了中国高等教育从改革开放初期的精英教育迈向 21 世纪大众化教育快速发展的历程，高等教育改革发展的实践为我们的学术研究提供了现实的需求。感激的是和谐宽松的学术研究环境，从国家、地方主管部门到学校，设立了高等教育研究的专项课题，这些课题以问题为导向，紧紧围绕高等教育发展的实际，使得有志于从事专题研究的同仁组成团队，发挥集体的智慧和力量，联合攻关。

决定将"价值管理在高校绩效评价中的应用"作为选题开展研究，是源于自身的一段学习经历。2012 年 3 月至 8 月，受江苏省高校校长境外跟岗研修项目的资助，我有幸经香港理工大学讲座教授沈岐平先生引荐，赴香港理工大学进行为期半年的跟岗学习考察活动。沈岐平教授作为香港工程管理与项目管理学术研究领域的领先学者，是我国价值工程界理论研究和实践应用的开拓者之一，其价值工程研究成果广泛应用于香港工程领域。在香港理工大学学习期间，有机会与沈岐平先生及其博士生有了较为深入的交流探讨，就价值工程的理论与方法能否在高校管理中应用进行了初步的探讨。

从价值工程的基本原理可以看出，它以功能和成本之间的关系为突破点，通过创造性地找寻提高价值的方法和途径，以达到用最低的成本费用向用户提供所必要的需求，实现价值的最大化。从这个意义上讲，凡是有资源投入的地方就有价值工程理论和方法的用武之地。如果将高校作为一个研究对象，高校在办学过程必然要投入相应的人力、物力和财力资源，来实现培养人才、科研创新和服务社会的基本职能。高校的办学资源永远是紧缺的，如何使投入的每一份资源能够得到合理的应用，产生最大的价值，是每个高校管理者需要密切关注的课题。因此，借鉴价值工程理论与方法在工程领域的成功应用，在高校管理中引用价值管理的思想，一定会在高校的优化资源配置、科学开展绩效评价中发挥重要作用。

2012 年 8 月从香港理工大学跟岗学习结束后，我开始着手这方面的研究，与研究生及课题组的同事们一起围绕这个主题进行了有益的探讨。我的研究生吴柳、荆红娟、曹怡、徐婷婷、项怡、李佳慧、毛文婕先后从不同的角度对价值管理在高校管理中各个领域中的应用进行了实证研究，形成了自己的学位论文或学术论文；我的同事蔡建淮、张晓明、蒋方华也加入了课题组，并结合各自的工作实践开展研究。在此基础上，课题组先后成功申报了江苏省教育科学"十二五"规划 2015 年度立项课题《价值管理视域下的江苏高校绩效拨款机制研究》（课题编号 D/2015/01/56），以及全国教育科学"十二五"规划 2015 年一般课题《价值管理在高校绩效评价中的应用研究》（课题编号 BIA150093）。围绕着上述两个研究课题，课题组进一步厘清研究思路，整合力量，查阅了大量的研究资料，并以江苏省属理工类高校及样本高校院系的办学实践为例，进行了理论和实证研究，取得了初步的研究成果并分别在《江海学刊》《江苏高教》《黑龙江高教研究》《高等建筑教育》《中国报业》《价值工程》等学术期刊上发表。此外，研究团队成员还参加了相关学术研讨会，有多篇论文入选论文集，与国内外同行进行了广泛交流。

这些学术成果凝聚了课题组全体成员的智慧与心血，本书就是课题组学术研究成果的结晶。全书主要由王国平、吴柳、项怡负责归纳、整理并统稿，其中第 7 章由毛文婕撰写，第 8 章由项怡撰写，第 9 章由张晓明撰写，第 10 章由蒋方华撰写，第 11 章由吴柳撰写，第 12 章由徐婷婷撰写，第 14 章由李佳慧撰写，第 15 章由曹怡撰写。即将付印之时，我要真诚地道一声感谢，感谢你们的辛勤付出，感谢你们对学术研究的不懈追求。我要衷心地感谢从事价值管理研究的学界的各位专家学者，你们前期所做的卓有成效的研究使我们受益匪浅，有关价值管理的理论和方法及高校运行中绩效评价的研究成果，开拓了研究的思路，为我们深入的研究奠定了坚实的基础。

随着《国家中长期教育改革和发展规划纲要（2010—2020 年）》《统筹推进世界一流大学和一流学科建设总体方案》等文件多次明确强调要对高校运行的绩效进行评价，绩效评价已提上了议事日程。本书的研究主题正是在此背景下应运而生，将价值管理引入高校绩效评价，是一次新的评价方式的尝试，同时也具备一定的科学性和可行性。在原先关注投入和产出的绝对性评价中提出了价值的匹配问题，对未来高校绩效评价的开展和研究开拓了新的视野。在对价值管理和绩效评价理论分析的基础上，针对传统评价方式的不足，立足于价值管理的优势和独特性，构建出一套较为系统的高校绩效评价的价值评估模型，并以江苏省属理工类高校为样本开展了实证研究，研究的结果和高校运行的实际情况基本吻合。实证研究证实了价值评估模型的可行性，同时也为高校未来的绩效改进提供了思路和方向。当然，本研究作为高校绩效评价视角的拓展，只是一个起点，还需要不断完善，受研究者研究水平和研究时间、研究平台的限制，本研究还有很多不足。

第一，本研究没能对绩效评价本身所存在的不足做出更好的回应。必须承认的是，高校绩效评价作为西方的舶来品，一直以来就是备受争议的，对高校绩效评价的开展向来不缺乏反对的声音。高等教育作为无形的社会产出，到底能不能开展绩效评价及如何开展评价一直是处于不断探讨和有待完善的问题。此外，出于绩效评价本身的定量性要求，评价必须建立在大量的数据和充分的定量研究基础之上，这样评价才更有说服力，然而这与高校功能中不可量化的部分，尤其与社会效益部分是相悖的，受研究者自身的理论与实践知识的不足，本研究尚且没有对此问题做出更好的回应。

第二，受研究条件和时间的限制，高校绩效价值模型还可以进一步完善。高校的绩效评价本身就是一项浩大的工程，涉及非常烦琐和庞大的工作量，尤其在指标体系的构建方面，无论是评价指标的全面选择还是实证数据的获取和计算，要求研究者注入大量的心血和投入大量的研究工作量。受研究条件和时间的限制，本书所构建的高校绩效价值模型还不够完善。一方面，指标的选择难以兼顾全面，只能选择一些有代表性同时具有数据采集可行性的指标，以期反映高校运行绩效中的本质问题。另一方面，在样本的分类中只选择了同一类型的高校，对于高校的分类体系没有再进一步细化。在未来的研究中，针对样本高校的科研情况还可以进一步划分为不同的型，以进一步提高评价的针对性。

第三，高校信息公开制度不够完善为研究数据的获取带来了一定的障碍。定量研究是绩效评价的核心环节，然而当前高校信息的公开尚不够完全透明公开，制度建设还不够完善，使得研究中实证部分数据的获取一度面临很大的障碍。因此，研究中的数据难以实现完全精确，存在一定误差的可能性。同时，也存在一部分理论可行的指标难以付诸实践，不得已选取替代指标。

科学研究的道路是曲折的，但是前途是光明的。高校绩效评价的研究亦是如此。本书的研究作为高校绩效评价的一种新的尝试，纵然还不够完美，作为一种新的视角，希望能够在高校绩效评价研究思路上抛砖引玉，以期引起学界对高校绩效评价问题的重视和思考，真正为提升高校运行的价值水平和可持续发展提供有效的路径选择。

2022 年 3 月于南京江浦学府苑